给 后 来 者：东 西 方 文 明 沉 思 录

梵澄译丛·主编 闻中

# 给后来者
## 东西方文明沉思录

［印］莫罕达斯·卡拉姆昌德·甘地 著

尚劝余 吴蓓 尚沫含 译

广西师范大学出版社
·桂林·

## 总顾问

高世名

## 顾　问

（以姓氏笔画为序）

王志成

毛世昌

卢勇

乐黛云

孙波

孙向晨

杜伽南达

吴学国

余旭红

张颂仁

高世名

雷子人

## 主　编

闻中

# 前言

本书涵盖了甘地生平所写的几乎所有著作。这些著作以出版时间为序排列。

《伦理道德》1907年写于南非，原作为古吉拉特文，曾在《印度舆论》上连载。该作品包含甘地有关伦理和道德的基本思想，是鲜为人知的著作之一，对了解"圣雄"甘地的基本思想至关重要。

甘地在其自传中曾提到拉斯金的《给那后来的》①一书的"魔力"，他在1908年从约翰内斯堡前往德班的二十四小时旅程中读过该书。该书对甘地的生活和工作产生了非常深刻的影响。他后来将该书翻译成古吉拉特文，起名为《萨沃达亚》②。甘地将《给那后来的》一书的主旨解释如下。

---

① 《给那后来的》(*Unto This Last*)，取名于《圣经·新约》"马太福音"一卷中"葡萄园工人的比喻"一节。葡萄园主给雇工们发钱，不管是先来的还是后来的一律发一钱银子，而且从后来的发起，到先来的为止。先来的雇工们抱怨说："我们整天劳苦受热，那后来的只做了一小时，你竟叫他们和我们一样吗？"葡萄园主回答其中的一人说："我给那后来的和你一样，这是我愿意的。""因此，那在后的将要在前，在前的将要在后了。"——译者注

以下注释除特殊标明外皆为译者注，不再一一标出。

② "萨沃达亚"(Sarvodaya)，古吉拉特语音译，意为"所有人的福利""万众之福"。

一、个人利益寓于众人利益之中。

二、律师工作与理发师工作具有同等价值，因为人人都有以工作谋生的同等权利。

三、劳动者的生活，即种地的人和做手工的人的生活，都是有价值的生活。

《印度自治》最初发表于南非《印度舆论》专栏，它是甘地1908年从伦敦返回南非的途中写的，是对印度暴力派的回应。新版《印度自治》出版于1938年。虽然甘地在第一版中所表达的观点没有发生根本性改变，但却经历了"必然的发展"。甘地在第一版序言中写道："在我看来，这是一本可以供孩子阅读的书，它教导爱的福音，取代恨的福音。它用自我牺牲取代暴力。它提倡灵魂力量，反对野蛮武力。"

《来自耶罗伐达圣殿》是甘地1930年被监禁期间所写的书信集，是他每周从浦那耶罗伐达中心监狱写给萨巴玛蒂真理学院①同事的。这些书信最初是用古吉拉特文写的，比较详尽地解释了甘地对真理学院同事必须遵守的十一条院规的思考。这些院规包括真理、非暴力②、禁欲③、控制味觉、不偷窃、不占有、无畏、根除不可接触制④、生计

---

① 萨巴玛蒂真理学院（Satyagraha Ashram, Sabarmati），亦译萨巴玛蒂非暴力抵抗学院或静修院或修道院等，真理学院取自甘地的弟子魏风江先生的译法。本选集中，Satyagraha Ashram 和 Ashram 一律译为真理学院。

② 非暴力（Ahimsa），音译阿希姆萨，意为不杀生、戒杀生。

③ 禁欲（Brahmacharya），通常译为梵行、节制、独身，梵行意思是在梵天中行进，在神灵的创造力中行进，过神仙般的生活，神性般的生活，就是保持思想、语言和行为纯洁。

④ 不可接触制（Untouchability），亦译贱民制，是印度教的一大弊端，不可接触者或贱民是印度教四大种姓之外的等级，地位最为低下，受到各种歧视。

劳动①、精神平等、司瓦德西。

《薄伽梵歌简论》是甘地1930年在耶罗伐达中心监狱写给萨巴玛蒂真理学院同事的信件,是用古吉拉特文写的。甘地一共写了十八封信,每封信论述《薄伽梵歌》②中的一章,试图用简朴的语言和文体解释《薄伽梵歌》哲学的精髓。《薄伽梵歌》在甘地的生命中占有核心地位,吟诵《薄伽梵歌》成为他每日祈祷的不可缺少的组成部分。

《建设纲领》首次出版于1941年,修订版出版于1945年。在这本小册子的前言中,甘地强调,"建设纲领是用真理和非暴力的手段赢得完全独立""就是从基础开始自下而上建设国家"。他补充说:"军事起义的训练意味着学习使用武器,最终结局也许是在原子弹面前自取灭亡。公民不服从的训练则意味着学习如何实施建设纲领。"

《健康之匙》是甘地在1942年"退出印度"运动期间撰写的,当时他被拘押在阿加汗宫。的确,这是一个具有重大意义的举措。甘地没有选择撰写一本有关政治话题的书,而是选择记录下他用简单的"自然疗法"而不是现代医学增进健康的基本思想。甘地最初曾

---

① 生计劳动(Bread Labor),直译为面包劳动,亦译体力劳动,甘地的意思是我们要靠体力劳动来维持生计。
② 《薄伽梵歌》(*Bhagavadgita*),是《摩诃婆罗多》史诗的一部分,是全诗的思想核心,是般度族统帅阿周那与驾驶他的战车的友人克里希纳(毗湿奴神的化身黑天)于大战前夕在战场上的对话,甘地将《薄伽梵歌》视为无价之宝、行为指南、每日参考词典,他从《薄伽梵歌》中学到了许多东西,包括真理、非暴力、不占有、平等、托管等,甘地也从《薄伽梵歌》中获得了道德指南,即只有通过对人类的爱和无私服务,才能认识真理,等等。

在1906年为南非《印度舆论》专栏撰写了有关健康问题的文章。虽然他的基本思想或多或少一如既往，但是，《健康之匙》是一个全新版本。

什里曼·纳拉扬
艾哈迈达巴德
拉吉巴万
1968年10月2日

# 目 录

## 伦理道德

导言 \ 003

第一章　开篇 \ 005

第二章　理想道德 \ 007

第三章　什么是道德行为？\ 009

第四章　存在一条更高的法则吗？\ 013

第五章　作为一种精神的道德 \ 016

第六章　伦理道德或道德伦理 \ 019

第七章　社会理想 \ 022

第八章　个人道德 \ 025

## 给那后来的

英译者说明 \ 031

第二版说明 \ 033

导言 \ 034

第一章　真理的根基 \ 036

第二章　财富的特质 \ 045

第三章　公平正义 \ 053

第四章　价值法则 \ 058

结论 \ 060

## 印度自治

新版序言 \ 065

序言 \ 074

说明 \ 076

留言 \ 079

第一章　国民大会党及其领导人 \ 080

第二章　孟加拉分治 \ 086

第三章　不满与动荡 \ 089

第四章　什么是自治？\ 091

第五章　英国的状况 \ 094

第六章　文明 \ 097

第七章　印度为何沦陷？\ 101

第八章　印度的状况 \ 104

第九章　印度的状况（续）：
　　　　铁路 \ 107

第十章　印度的状况（续）：
　　　　律师 \ 110

第十一章　印度的状况（续）：
　　　　　医生 \ 113

第十二章　什么是真正的文明？\ 116

第十三章　印度怎样才能获得
　　　　　自由？\ 120

第十四章　意大利和印度 \ 123

第十五章　残酷的武力 \ 126

第十六章　消极抵抗 \ 133

第十七章　教育 \ 142

第十八章　机器 \ 148

第十九章　结论 \ 152

附录　一些权威著作与名人
　　　证言 \ 159

# 来自耶罗伐达圣殿

序言 \ 167

第一章　真理 \ 169

第二章　非暴力或爱 \ 172

第三章　禁欲或贞洁 \ 175

第四章　控制味觉 \ 178

第五章　不偷窃 \ 180

第六章　不占有或清贫 \ 182

第七章　无畏 \ 185

第八章　根除不可接触制 \ 187

第九章　生计劳动 \ 189

第十章　宽容，即精神平等
　　　　（上）\ 191

第十一章　宽容，即精神平等
　　　　　（下）\ 193

第十二章　谦逊 \ 195

第十三章　誓言的重要性 \ 198

第十四章　奉献或牺牲 \ 200

第十五章　再论奉献 \ 203

第十六章　司瓦德西 \ 206

## 薄伽梵歌简论

英文译者序言 \ 213

第十二章 \ 214

第一章 \ 218

第二章 \ 221

第三章 \ 225

第四章 \ 230

第五章 \ 233

第六章 \ 236

第七章 \ 240

第八章 \ 243

第九章 \ 246

第十章 \ 250

第十一章 \ 252

第十三章 \ 256

第十四章 \ 259

第十五章 \ 261

第十六章 \ 264

第十七章 \ 266

第十八章 \ 268

英文译者注释 \ 273

参考书目 \ 278

## 建设纲领

前言 \ 281

导言 \ 284

第一章　教派团结 \ 286

第二章　根除不可接触制 \ 288

第三章　禁酒 \ 289

第四章　土布 \ 290

第五章　其他乡村产业 \ 294

第六章　乡村卫生 \ 295

第七章　新式或基础教育 \ 296

第八章　成人教育 \ 297

第九章　妇女 \ 299

第十章　健康与卫生教育 \ 301

第十一章　地方语言 \ 303

第十二章　国语 \ 304

第十三章　经济平等 \ 306

第十四章　农民 \ 308

第十五章　劳工 \ 310

第十六章　原住民 \ 311

第十七章　汉森氏病人 \ 313

第十八章　学生 \ 314

文明不服从运动的地位 \ 318

结论 \ 320

附录 \ 322

## 健康之匙

出版社说明 \ 327

序言 \ 328

**第一部分** \ 330

第一章　人体 \ 331

第二章　空气 \ 334

第三章　水 \ 336

第四章　食物 \ 338

第五章　调味品 \ 345

第六章　茶、咖啡和可可 \ 347

第七章　瘾品 \ 349

第八章　鸦片 \ 352

第九章　烟草 \ 353

第十章　禁欲 \ 355

**第二部分** \ 361

第一章　土 \ 362

第二章　水 \ 365

第三章　以太 \ 371

第四章　太阳 \ 375

第五章　空气 \ 377

**译后记** \ 379

# 伦理道德

# 导言

（1907年1月5日至1907年2月23日，甘地在《印度舆论》中用古吉拉特语连载了芝加哥"伦理文化学会"创始人威廉·麦金泰尔·索尔特的《伦理道德》一书。原书是唯理出版协会丛书之一，1889年在美国出版，后于1905年在英国出版。在古吉拉特语连载中，甘地只概述了十五章中的八章内容）

如今世界上的虚伪越来越普遍。不论一个人信仰什么，都可能只注意表面的形式，而不履行真正的责任。在追求财富的疯狂中，我们很少想到我们所引起的，或可能引起的对其他生命的伤害。欧洲妇女不假思索地戴上柔软的皮手套，全然不顾手套是来自对年幼动物的杀戮。据说洛克菲勒先生是世界上最富有的人，他在积累财富过程中，违背了许多道德规则。由于这类情况很普遍，许多欧洲人和美国人不满世风日下，转而反对精神信仰，他们认为如果一种精神信仰名副其实的话，就不会有世界上的混乱和罪恶。这实在是混淆视听，就像工人抱怨他的工具，而不反省自己的错误一样。这些人不考虑人性中的邪恶，却给精神信仰烙上欺骗的标记，继续为所欲为。

如果所有的精神信仰都毁灭，巨大的灾难就会降临世间，人们会一起背离道德。不少美国人和欧洲人已经感觉到潜藏的危机，开始自告奋勇地以不同的方式，努力把人们带回道德之路。

为此，他们特地成立了一个学会（伦理文化学会，芝加哥），并对各种精神信仰进行了系统的研究。结果他们发现，不仅所有精神信仰都提倡道德，而且它们有着共同的伦理原则。无论一个人是否有某种信仰，服从伦理法则都是他应尽的责任。无论是在今生还是来世，违背伦理法则的人对自己和他人都不会有好处。这类社团的目标是影响那些由于虚伪泛滥而轻视各种精神信仰的人。他们归纳所有精神信仰的基础，讨论并确定它们共同的道德原则，并按照这些原则生活。他们称这种纲领为伦理道德。这些社团的目标不是批评其他的精神信仰，相反，它们向所有的信仰敞开大门，有很多不同信仰的人参加进来。社团的特点是会员更加严格地忠实于自己的信仰，更加注重它的道德教诲。他们坚信人应该遵守道德法则。否则，世界上所有的秩序将会终结，世界将最终毁灭。

索尔特先生是一位博学的美国人，写了一本有关这个问题的书，极其精彩。需要特别说明的是，他给予的所有忠告，自己都身体力行。我们恳请读者努力遵守他提出的道德戒律，只有这样，我们的努力才会富有成效。

# 第一章　开篇

人的道德天性使他能够达到善良高贵的思想境界。各种科学向我们说明世界是什么样的，伦理却告诉我们世界应该是什么样的，以及我们应该如何为人处世。人的脑海里有两扇窗子，通过其中一扇他看到自己的形象，通过另一扇他看到自己应该成为的样子。我们的任务是分析和探索人的身体、大脑和理智，但如果仅限于此，不管得到多少科学知识，对我们仍然没有什么好处。我们必须知道不公正、卑鄙和虚荣等罪恶的后果。而当这三种罪恶一起出现时，它们将带来灭顶之灾。我们仅仅有知识是不够的，还要采取适当的行动。伦理观念就像建筑师的设计图。设计图说明怎样盖楼，如果不去实施，设计图就是一张废纸。同样，如果不把伦理观念落实到行动中，那它就毫无用处。许多人牢记并鼓吹道德戒律，但他们却不实践，不按照他们说的去做。也有的人认为道德原则不是用于这个世界的，而是为了死后的世界制定的。一位伟大的思想家说过："如果你希望获得圆满，就必须从现在开始，不惜任何代价按照道德法则生活。"我们不要被这样的思想吓跑，相反，应该高兴地去践行这种思想，并在紧要关头考虑到我们应负的责任。彭布鲁克①的勇敢的伯爵，来到德比②的伯爵面前，发现战争已经胜利结束，他对德比的伯爵说："堂兄，你已经派人去请我了，却不等我到来就擅自与我的敌人打仗，这么做既不懂礼貌，又失体面。"只有像这样随时准备好承担道德责任的人，才能真正踏上美德之路。神灵是万能的、完美的。他的怜悯、他的善良与他的公正都是无限的。既然如此，我们作为神灵忠实的子民，怎能背离他指引的道德之路呢？如果我们遵守道德却遭受挫折，那也不是伦理原则的错误。至于那些违背道德的人，该受谴责的是他们自己。

在道德之路上，行善是没有奖赏的。一个人做好事，不是为了得到称赞，而是因为他必须做。如果把善事比作食物，对他而言，做善事就像吃一种高级食品。如果有人给他做善事的机会，他会感激不尽，就像一个挨饿的人对施舍食物的人心怀感恩。

我们讲的伦理道德，并不是要培养绅士风度，而是要我们变得勤奋些、有教养些、干净些、整洁些等等。毫无疑问，所有这些都包括在伦理道德里，但只触及它的表层。如果一个人想沿着这条路走下去，还有许多事情要做，他要把实践伦理道德当作自己的责任，并且明白这是他天性的一部分，而不是为了任何世俗的利益。

---

① 彭布鲁克（Pembroke），英国威尔斯西南部的城市。
② 德比（Derby），英国中部的城市。

# 第二章 理想道德

流行的观点认为道德不太重要。有些人觉得有没有道德无所谓。还有人认为精神信仰和道德没有关系。但是我们考察世界范围的精神信仰就会发现,如果没有道德,精神信仰是不能单独存在的。真正的道德在很大程度上涵盖了信仰。可以把无私地遵守道德法则的人看作是有信仰的人。在俄罗斯,有些人为了国家的利益献身,这样的人是真正有道德的人。边沁为英国的立法确立了许多好的原则,他竭尽全力在英国人中普及教育。他在改善犯人生活条件方面,发挥了杰出的作用。像他这样的人可以说是真正有道德的人。

另外,理想道德的一条规则是不能仅仅踏着前人的脚印。当我们知道某条道路是正确的,就要无所畏惧地出发,无论这条路是熟悉的还是陌生的。只有这样我们才能有所提高。这就是为什么我们发现,真正的道德、真正的文明和真正的进步总会同时出现。如果我们审视自己的欲望,可以看到我们不追求已经拥有的东西,我们总是更加向往我们没有的。欲望①有两种:一种是自私自利的追求,满足这种欲望的人是不道德的;另一种却促使我们不断地完善自己,并为他人

---

① 欲望(Kama),亦译伽摩,意思是欲望、爱、快乐等。——原注

做好事。无论我们做过多少好事，决不能因此变得自负傲慢。不是由我们来评价自己做出了多大的贡献。我们应该不断地渴望成为更好的人，做更多的好事。真正的道德就在这种努力中。

　　如果我们没有自己的家庭，不必惭愧。但如果我们有家庭却和家人反目为仇，做生意却欺诈行骗，那么就是道德沦丧。道德包括做我们应该做的事。举几个例子就能够证明道德的必要性。许多人的堕落和许多家庭的破裂，究其祸根就在不道德中，如争吵和撒谎。另外即使在生意场上，我们也不会遇到任何一个口头上不愿服从真理的人。不能仅从表明现象来判断某人是否正义和善良，它们应该发自人的内心深处。四百年前，严重的不公正和谎言遍及欧洲，老百姓没有片刻的安宁。这是因为人们失去了道德。如果我们提炼所有道德法则的核心，那么为人类行善就是最高的道德。如果用为人类行善这把钥匙打开道德的金银屋，我们就会发现道德的其他原则。

# 第三章　什么是道德行为？

什么时候能说某种行为是道德的？提出这个问题，我的用意不是比较道德行为和不道德行为[①]，而是考察我们的许多日常行为。从传统的观点看，某些行为是道德的，但绝大多数的行为可能是非道德的[②]，它们未必与道德有关。因为大多数情况下我们是按照日常规范为人处世。日常规范是维持正常社会秩序必不可少的。如果没有的话，整个社会将会一片混乱，人与人的交往就无法进行。然而仅仅遵守日常规范还不能称为道德。

道德的行为一定是我们自己做出来的，是出自我们自己的意愿。如果我们不动脑筋机械地做事，我们的行为就不存在道德内涵。如果我们思考后主动地去做，这种行为就可能是道德的，因为我们运用了大脑的辨别能力。必须记住机械被动做事和自发主动做事是有区别的。国王宽恕一个罪犯也许是道德的，但是把国王的宽恕令传达下去的送信者，在国王的道德行为中只起到机械般的作用。除非送信者认为传达是他的职责，他的行为才是道德的。如果一个人不动脑筋，而

---

[①] 不道德（immoral）行为，违反道德、道德败坏的行为。
[②] 非道德的（non-moral）行为，不属道德范畴的行为。

是像一根木头在河水中随波逐流，他怎么能够理解道德呢？有时候一个人需要藐视常规，做自己认为绝对正确的事。温德尔·菲利普斯①就是这样一位伟大的英雄。在一次群众集会的演讲上，他说道："我不在意你们怎么看待我，除非你们学会形成自己的观点，并能表达出来。"只有当我们听从良心之声，才算走上了道德之路。神灵在我们内心，在所有人之中，他时时刻刻地目睹我们的行为，如果我们没有这种信仰，或者没有体验过这种信仰，就不可能达到道德的境界。

某人的行为本身是善的还不够，还必须有做善事的意图。也就是说，一个人的行为是否道德要看其背后的动机。两个人可以做出一模一样的事情，但一个人是道德的，另一个人却可能不是。例如他们都给穷人食物，但一人是出于同情，而另一人是为了赢得声望，或者是出于自私，那么前者是道德的，后者就是非道德。但非道德与不道德又是有区别的，读者应加以区分。道德行为并不能总是得到好的结果。在道德领域内，我们只需考虑行为是善的，出于善良的愿望去做，至于行为的结果不在我们的控制范围内。唯有神灵是结果的赐予者。历史学家把亚历山大看作是伟大的人物。他征服到哪里，就把古希腊的语言、文化、艺术和礼节带到哪里，因此至今我们仍从希腊文明中受惠。但亚历山大的目的仅仅是为了征服和声望。谁能说他的行为是道德的？赋予他"伟大"的称号是对的，但不能说他是有道德的人。

这些反思证明，道德行为仅有善良的愿望并不够，还应该不是被迫的。如果我每天早晨早起是因为担心上班迟到，那就不存在道德。

---

① 温德尔·菲利普斯（Wendell Phillips，1811—1884），美国演说家、社会改革家、废奴主义者。——原注

同样，如果我没有其他的生存方式，不得不过着俭朴的生活，也不存在道德。但如果我很富有，可是想到世界上许多人的贫困和悲惨，我觉得应该过朴素、简单的生活，而不是安逸和奢侈的生活，那么这就是有道德的。同样，雇主为了防止雇员辞职而善待雇员或提高工资是自私的，没有道德的。如果雇主希望雇员心满意足，并意识到他的兴旺取决于雇员的工作，他善待雇员就是道德的。也就是说道德行为不能出自恐惧和迫不得已。当农民们起来反抗，双眼充血地向英国国王理查德二世伸张他们的权利时，国王被迫用他的图章和签名保证答应他们的要求。但当危机平息后，他却强迫农民交出许可证。如果认为国王第一种行为是道德的，第二种行为不道德，那就错了。因为他的第一种行为出自恐惧，没有一丁点的道德。

正如道德不能出自恐惧和被迫，同样它的背后也不应该有任何的自私自利。这并不是说出于自私自利的行为都毫无价值，但把它们认作是道德的行为则贬损了道德理念（的尊严）。如果一个人把诚实当作最佳处世策略，那他不会长期坚持下去。正如莎士比亚所说，出于利益动机的爱不是爱。①

正如在尘世中获得物质利益的行为是非道德的，为了得到在另一个世界的舒适和个人幸福而做的事也是非道德的。只有为行善而做才是道德的。伟大的基督徒圣方济各·沙忽略②虔诚祈祷，愿他的思想永远纯洁。他对造物主的奉献不是为了死后享受更高的地位。他祈

---

① "如果爱混杂了与爱无关的感情，那就不是真爱。"——原注
② 圣方济各·沙忽略（St.Francis Xavier，1506—1552），最早来东方传教的耶稣会士，耶稣会创始人之一，他首先将天主教传播到亚洲的马六甲和日本，天主教会称之为"历史上最伟大的传教士"，是"传教士的主保"。

祷，因为祈祷是人的责任。伟大的圣人特蕾莎修女①希望右手举一束火把，烧掉天堂的荣耀，使人们不再向往天堂的极乐世界，左手拎一桶水浇灭地狱的火焰，消除人们对地狱的极度恐惧，学会仅仅出于爱为神灵服务。因此，要维护道德，就要求勇敢的人甚至准备直面死亡。只对朋友忠实、对敌人背信弃义的人则是胆小鬼。出于害怕和软弱而做善事是没有德行的。亨利·克莱②以他的仁爱著名，却因野心而牺牲了他的信念。丹尼尔·韦伯斯特③虽然有着出众的才能、英雄感和崇高感，但却出卖了他的才华。一种卑鄙的行为毁掉了所有的善行。这说明评价一个人的行为是否道德多么的困难，因为我们无法知道他究竟想的是什么。我们已经回答了本章开始的问题"什么是道德行为"，同时也看到了什么样的人才真正具有道德品格。

---

① 特蕾莎修女（Saint Theresa，1910—1997），又称德兰修女、特里莎修女、泰瑞莎修女，是世界著名的天主教慈善工作者，主要替印度加尔各答的穷人服务。因其一生致力于解除贫困，于1979年得到诺贝尔和平奖，2003年被教皇约翰·保罗二世列入天主教宣福名单。
② 亨利·克莱（Henry Clay，1777—1852），美国政治家和律师。——原注
③ 丹尼尔·韦伯斯特（Daniel Webster，1782—1852），美国政治家和律师。"传记作家们认为他一生中从来没有不诚实过。"——《不列颠百科全书》。——原注

# 第四章　存在一条更高的法则吗？

我们不停地发表关于行为价值的判断。有些行为符合我们的标准，有些则不符合。对某种行为正确与否的判断和我们的利益无关。我们采纳独立的标准来进行评价，根据自己的想法和理解，对别人的行为做出判断。无论一个人对别人做了错事是否会影响我们，我们都会感到他犯了错误。有时我们对做错事的人心存怜悯，但尽管怜悯，仍会毫不迟疑地认为他的行为是错的。有时我们也会判断失误，不可能透彻地了解一个人的动机，可能误解了他。然而如果一个人的意图是清楚的话，评价他的行为并不困难，甚至当他的错误行为满足了我们的利益时，我们内心仍然会感觉他做错了。

评价一个人的行为正确与否不仅和我们的自身利益无关，也和我们的自身愿望无关。道德和同情是有区别的。出于对孩子的同情，我们想给他某种东西，但如果这东西对孩子有危害，给予他就是不道德的。流露同情当然是好的，但若不考虑道德的约束，它就会转变成毒药。

道德法则是永恒不变的。人们的观念会改变，但道德不会变。我们睁开眼睛，就能看到太阳，闭上眼睛就看不见。这里的变化来自我们的视觉，而不是太阳存在的事实。道德法则也是这样。在无知的状态中我们不知道什么是道德,一旦知识的眼睛打开了,就不难看见它。一般人们极少单纯地关注事情的对错,他们经常受到个人因素的影响,错误地把不道德说成道德。只有当人们摆脱对自身利益的关注后,才会关注道德理想。道德文化目前还处于婴儿期,就像培根或达尔文诞生前的科学,当时的人们渴望知道什么是真理。迄今为止人们投身于寻找大自然的规律,如地球运动的规律等,却没有研究道德法则。哪里能找到这样的求知者?他们公正、耐心、刻苦,放弃早年的迷信观念,献身于寻找理想的善。当人们对道德的探索像对大自然的探索一样渴望时,就能把关于道德的不同观点归纳起来。道德观点不会像科学中存在的观点那么分散。然而,尽管我们可能永远不能形成关于道德法则的一致看法,但仍然可以明辨是非。

我们看到存在着像道德标准一样的某种东西,独立于人的愿望和观念,我们称之为道德法则。如果有政府的法律,为什么不能有道德法则?如果道德法则不由人制定,这也没有什么关系,的确它也不需要。如果我们假定或坚持道德法则存在,就有义务服从它,就像我们应该服从国家的法律一样。道德法则不同于政府的法律或者商业法,并且超越了它们。一个人也许会问:"如果我不服从商业法,维持贫困的现状有什么关系?"或者"如果我不服从政府法律,激起统治者的不满有什么关系?"但我绝对不会对任何人说:"我撒谎还是说真话有什么关系?"

道德法则和世俗的法律有着巨大的差别。道德存在于人的内心。就连做了坏事的人也会承认自己是不道德的。错误的绝对不会变成正确的。即使是卑鄙的人,他们不服从道德法则,可是也愿意显得很有道德的样子,口头上表示要服从道德法则。这就是道德的伟大力量。

它不在乎习俗或者公众的意见。对于有道德的人来说，公众意见或习俗是一种束缚，除非它们与道德相符合。

道德法则从哪里来？它不是由政府制定的，因为不同政府制定的法律不同。许多人反对苏格拉底提出的道德，但世界仍然承认存在他提出的道德，并且还将永远存在下去。罗伯特·布朗宁说："即使撒旦让仇恨和谎言成为这个世界的法则，公正、善良和真理也将是神圣的。"[①] 由此得出结论，道德法则是至高无上的，并具有神圣性。

这样一种永恒的法则，大众或个人都不能够违背。就像人们说的，当猛烈的风暴终于到来，不道德的人一定会罪有应得，遭到毁灭。[②]

亚述与巴比伦因为罪恶满盈而逐渐衰败。当罗马踏上邪恶之路，没有一位伟人可以拯救她。学识渊博的古希腊人，由于长期道德败坏，以致所有的艺术和哲学都沉寂了。法国大革命则为道义作战而成功，美国的情况也一样。善良的温德尔·菲利普斯曾说过：不道德即使被戴上桂冠也不会长久。神奇的道德法则为遵守它的人带来兴旺，为服从它的家庭带来庇护，为尊崇它的社会带来昌盛，为以德治国的民族带来自由、幸福与和平。

---

① 倘若一些恶魔让仇恨和罪恶在世上横行，正义被误解，但公正、善良和真理仍将神圣。《平安夜》，第十七章。——原注
② 暴风一过，恶人归于无有，义人的根基却是永久。《箴言篇》。——原注

# 第五章　作为一种精神的道德

对于本章标题读者也许会感到陌生。一般认为道德和精神信仰根本是两回事，然而我们仍要寻找作为精神信仰的道德。可能某些读者认为作者糊涂了，从两个方面来加以责备。一方面认为精神信仰超越道德，另一方面认为有了道德就不需要精神信仰了。然而作者想说明它们的密切关系。上文提到的那些传播伦理道德的组织，都在实践道德中体现了他们的信仰。

一般观点认为，道德与精神信仰是可以互相独立存在的。许多不道德的人尽管犯下累累罪行，却声称自己是有信仰的人。另外，有道德的人，如已故的布拉德劳先生这一类人，他们避开精神信仰的名义，骄傲地称自己为无神论者。这两种人都是错误的。第一种人不仅错了，还是危险人物，他们披着精神信仰的外衣却干着肮脏的事。本章我们将说明智力、科学、信仰和道德是统一的，并且本该如此。

起初道德只是一群人的习惯行为，是人们自然形成的习俗。经过自然的变化过程，好的习俗保留下来，坏的消失，即使坏的没有消失，也会削弱群体，并最终导致群体的灭绝。甚至今日我们仍能看到这个过程。如果人们不假思索地服从好的习俗，就不能说是道德的，也不能说是具有信仰的。但其实，世界上流传下来的绝大多数道德，都包括好的习俗。

况且，人们对于精神信仰的看法常常是肤浅的。有时候人们只是把精神信仰作为逃避危险的一种手段。把出自恐惧的爱提高到精神信仰高度是错误的。

但是经过许多艰难险阻后，总有一天，人们将自觉地踏上道德之路，坚定而又从容，不计较个人得失，把生死置之度外，他们不会踌躇不前，而是准备牺牲自己。他们是真正有道德的人。

如果没有精神信仰的支持，这种道德怎么能够存在呢？人会对自己说："如果我对别人造成一点伤害，就能得好处，为什么我不去做呢？"但损人利己得到的好处是这个人的直接损失。当一个人需要违背自己的利益去做好事时，怎样才能坚持下去？显然为了德国的利益俾斯麦犯下了可怕的罪行，他所受的教育去哪里了？幼年时他耳熟能详的道德格言去哪里了？面对困境，他不能坚守道德的原因是他的道德没有构建在精神信仰基础上。如果道德的种子得不到精神信仰的浇灌，它就不能发芽，没有水，它就会枯萎、凋谢。因此真正的或理想的道德应该包括真正的精神信仰。换种说法，没有精神信仰就不能遵守道德，应当像服从精神信仰那样服从道德。

再说，世界上伟大的精神信仰制定的道德规则大部分是相同的。精神信仰的创始人也阐释过道德是精神信仰的基础，如果我们把基础抽掉，上面的结构就会坍塌。同样如果毁坏道德，建立在其上的精神信仰就会垮掉。

作者说把道德称为精神信仰没错。考伊特博士祷告说："除了公正，我没有其他的神灵。"如果袖中藏着一把匕首，无论怎样呼唤神灵的名字，热烈地祈祷神灵的帮助，神灵都是不会答应的。如果有两个人，一个人相信神灵的存在，却破坏他的戒律①，另一个尽管口头上不承认神灵，但通过行为崇拜神灵，服从他的律令，在神圣的法则中认识到它们的制定者。这两个人，谁是有精神信仰、有道德的人？毫无疑问，当然是第二个人。

---

① 戒律（Yamas），亦译雅玛、禁制，指外在控制，宇宙的道德戒律，通常指不杀生、不妄语、不偷窃、不放纵、不贪求五大戒律。

# 第六章　伦理道德或道德伦理

甘地以"达尔文的伦理观"为题为本章写了这段序言：

（在概括本章之前，先介绍一下达尔文。达尔文是20世纪一位伟大的英国人，他做出了重要的科学发现。他的记忆力和观察力真是惊人。他的著作值得人们阅读和思考。他用大量的证据说明人类是怎样从某种类人猿进化来的。经过许多实验并仔细审查证据后，他发现从解剖上看人和类人猿没有多大的差别。无论这一结论是否正确，都与伦理没有什么关系。另外，达尔文还说明了道德观念是怎样影响人类的。由于许多学者相信达尔文的观点，所以作者在第六章阐述了他的观点。）

自愿做善事的人是高贵的。人的高贵不像任凭风吹动的云朵，而是坚定地去做他认为正确的事情。

我们知道环境支配我们本能的行为。我们支配不了生活的方方面面，必须调整自己适应外部条件。例如，在喜马拉雅寒冷地区的国家，不管我们是否愿意，都必须穿上足够的衣物，以保持身体的温暖，也就是说我们必须谨慎行事。

那么环境的影响会把我们引向道德吗？或者周围环境的力量对道德有没有作用？

涉及这方面的问题,有必要考虑达尔文的观点。虽然达尔文不是以道德哲学家的身份来写作的,但他说明了道德和环境的密切联系。凡是认为道德无关紧要,体力和脑力才是唯一重要的人们,应该读读达尔文的书。根据达尔文的观点,人和其他生物一样具有自我保护的本能。他还认为,生存竞争中的生还者是胜利者,不适应者趋于灭绝,但竞争不仅仅只靠体力。

比较人和熊或者水牛,熊和水牛的力气超过人,在打斗中人肯定最弱。尽管如此,人凭借智力仍然能胜过它们。同样,在民族战争中,并不是人数众多或士兵最勇猛的一方就能获胜,而是拥有优秀的将军和最佳战略的一方获得胜利,尽管它的士兵人数较少,勇气不足。在这种情况下,我们看到了智力的作用。

但是达尔文进一步说明道德的力量甚至超过了体力和智力。可以从不同的方面看到,有道德修养的人比没有道德修养的人活得更长久。一些人坚持认为,达尔文相信体力是决定因素,即体力强壮的最终能够生存下去。肤浅的思考者也许会认为道德毫无用处,但这根本不是达尔文的观点,他从人类早期历史的证据中发现,没有道德的种族彻底消失了。所多玛城和蛾摩那城[①]的人民极其不道德,现在完全灭绝。如今我们仍能看到没有道德的种族正在没落。

让我们举几个简单的例子,看看为了最低限度保持种族的绵延不断,需要怎样的共同道德。热爱和平是道德的基础之一。表面上看,有暴力倾向的人好像在生活中占了上风,稍微想一下就会明白,当暴力之剑落下来时,可能也会落到这个人的脖子上。摆脱坏习惯是另一

---

[①] 所多玛城(Sodom)和蛾摩那城(Gomorrah),两座因居民罪恶深重被灵神毁灭的古城,见《圣经·创世记》。

个道德基础。统计结果显示，在英国，三十岁左右生活不节制的人，很难再活十三四年，而不喝酒的人预期寿命是七十年。还有一个道德基础是贞洁，达尔文说明生活放荡的人死得早。这些人没有孩子，即使有的话，孩子也是弱不禁风。纵欲的人，大脑会衰退，总有一天他们看上去会像白痴。

考虑不同群体的道德，我们会发现相同的情况。安达曼岛上的居民，丈夫只在孩子哺乳期和刚开始跑动的时候照顾妻子，过后就把她抛弃。那里的人们没有利他主义，盛行的是彻底的自私自利，结果导致整个种族的逐渐灭绝。达尔文说明利他主义的本能也出现在动物身上，如胆怯的小鸟为了保护自己的孩子奋不顾身。这说明如果动物缺乏无私的精神，地球上除了青草和有毒的植物外，几乎不会有其他的生命。地球上的每个人都要尽其所能为他的子女、家庭、社会或国家做出贡献。

达尔文清楚地表明，道德力量是至高无上的。古希腊的智力超过今日的欧洲，但前者背弃了道德，他们的智力变成了他们的敌人，今日已不见古希腊的踪影。民族的存亡，既不是靠财富也不是靠武器，而是仰仗公正。人的责任是牢记这条真理并实践利他主义，这也是道德的最高境界。

## 第七章　社会理想

有时候人们说道德涉及社会关系。如果法官有正义感，人们就会去法庭寻找满意的裁决。像爱、仁慈、慷慨和其他的品质也只能在与他人的关系中体现。同样，忠诚也是如此，更不用说爱国精神了。诚恳地讲，遵守道德的任何好处都不仅是自己受益。有时候人们说诚实和其他的美德与别人无关，完全是个人的事情。但我们必须承认，说出真话不会伤害别人，说谎则会给别人带来痛苦。

当一个人不同意某条法律或习俗时，即使他离群索居，他的行为也会影响社会。这样的人生活在一个理想的世界里。他不担心理想世界还没有诞生。他唯一的想法是通行的准则还不够完善，他试图反对它们。他不断努力去改变人们的生活方式，这就是先知们推动世界的车轮沿着他们的方向运行的方式。

只要一个人自私自利，不关心其他人的幸福，就像动物一样，甚至会更差。只有当他关心家庭时，才显得高于动物。当他把家庭扩大到他的群体或国家时，就更富有人性，更超越于动物。当他认识到整个人类是他的家庭时，他的境界就更高了。一个人为人类服务越多，摆脱动物的本能就越多。如果我只对妻子或自己所处群体受到的伤害感到同情，对圈子外的人无动于衷，那么我对人类就不会有任何的感情。

也就是说，只有当我们热爱世界上的每一个人时，才算是理解并实践了伦理道德。现在我们明白真正的道德是广泛的，它面向所有的人。考虑到我们和人类的关系，每个人都会对我们有所要求，为他们服务永远是我们的责任，但我们却不能对别人有所企求。如果有人觉得这种人在世界的尔虞我诈中会遭到践踏，那他真的是极端无知，神灵总是会拯救全心全意把自己奉献给别人的人。

根据这条道德准则，所有的人都是平等的。平等不是指人的职责和作用相同，它只意味着，如果我的地位高，我就能胜任相应的义务和责任。但我不能因此失去理智，认为责任小的人比我低劣。运用我们的理智才能平等待人。只有做到人人平等，我们才能摆脱愚昧落后。

根据这条道德准则，没有哪个民族能够出于自私的目的而统治别的民族。美国人把当地土著居民置于劣势地位，并且操控政府，这是不道德的。一个文明的种族来到原始人的地方，应该把他们提高到自己的水平。同样的准则适用于国王，他是仆人而不是人民的主人。政府官员不应该享受权力，而要保证人民幸福。如果一个民主国家的人民是自私的，那样的国家就不可能长治久安。

另外，根据这条道德准则，国家或群体中的强者必须保护弱者，而不是压迫弱者。在这样的政府统治下，应该没有忍饥挨饿的人，也不会有大量的财富积累，因为看到邻居生活悲惨、面容憔悴，我们也会感到十分难过。服从严格道德标准的人永远不会聚敛财富。凡是道德高尚的人，不必因为服从道德理想的人寥寥无几而却步退缩。他是自己道德的主人，而结果不在他的掌握中。如果他做了不道德的事，人们会认为他有罪，但如果没有对社会产生影响，人们就不会挑剔他的过错。

# 第八章　个人道德

"我对此负责"或者"这是我的义务",这些都是动人、美好的想法。一个神秘的声音似乎在说:

"哦,人啊!你的任务是上天赋予。

你肩负此任,无论是失败还是胜利。

因为自然创造了独一无二的你,

属于你的责任也就无人能替。

若你不去完成,

那损失就会记在你的头上,

你就欠下世界债一笔。"

"我的义务是什么?"也许有人会写下这段韵文:

不要把人称作神灵,因为人不是神灵,

但人和神灵的荣耀却又密不可分。

一种回答是:"我的义务是相信我是神灵的一束光。"另一人的回答是,他的义务是体谅别人,与大家友好相处。第三种回答也许是尊敬父母,照顾妻子和孩子,与兄弟姐妹或朋友和睦相处。除了这些美德外,尊重自己如同尊重他人也是义务的一部分。如果我不理解自己,怎么能够理解别人呢?我不了解这个人,又怎么去尊重他?许多人认为对熟悉的人举止礼貌,对陌生人就无所顾忌。不知道持这种观点的人在说些什么。在这个世界上,没有人能够随心所欲而逃脱惩罚。

现在让我们来考虑什么是自己的义务。首先看看我们的个人习惯,尽管别人不知道,但自己是知道的。由于习惯会影响我们的个性,还会影响其他人,因此我们对它负有责任。每个人应该控制自己的冲动,保持心灵和身体的纯洁。一位伟人说:"告诉我某人的习惯,我将告诉你他是什么样的人,将来他会怎样。"我们应该控制自己所有的欲望,不喝酒,不吃得过饱。不然我们就会丧失体力和好名声。不能杜绝感官享受的人不可能获得世俗的成功,也不可能使他的身体、心灵、智力和灵魂免于堕落。

同意上述观点,并且能保持人的纯洁本性,接着应该进一步考虑怎样使它们在行动中体现出来。在生活中,人应该有一个明确的目标。如果我们找不到生命的目标,就不能坚定地向着目标迈进,就像无舵的船在大海的浪涛中颠簸,在道德的路途上迟疑不决。人的最高义务是为人类服务,并参与到改善人类状况的工作中。这是真正的崇拜——真正的祈祷。他是做着神灵的工作的虔诚的人。求助神灵的伪善者和骗子很多,连鹦鹉也会说出神灵的名字,但没有人认为它是虔诚的。为人类社会的理想做出贡献可以成为每个人的目标。有了这个目标,母亲养育孩子,律师从事他的职业,商人做生意,工人劳动,人们就能各司其职、各尽其能。若一个人有了明确的目标,就再也不会从道德的路上偏离,因为如果他走错,就无法实现完善人类的目标。

让我们更深入地讨论。我们应当经常反省,自己的行为是否有利于人类生活的改善,还是正相反。因此商人应该问自己,经商时他欺骗自己或别人了吗?根据这条准则,律师和医生,应更关心他们的诉讼委托人或患者,而不是他们的费用。养育孩子的母亲应十分谨慎,以免误入歧途的爱或自私自利而宠坏孩子。如果工人按照道德理想完成他的职责,就一定比没有道德的富裕商人、医生和律师更善良、更高尚,这样的工人是真正有价值的人。那些自私自利的人,即使再聪明、再富有,也是虚伪的人。此外,任何人,无论他在生活中的地位如何,都有完成这个目标的力量。一个人的价值体现在他的生活方式上,而不是地位上。不能根据一个人的行为评价他的生活态度,而要看他的内心世界。例如,有两个人,一个人给了穷人一美元,是为了把穷人打发走;另一人给了五十美分,却是出于对穷人的爱和同情,显然给五十美分的人是真正有道德的人,而给一美元的人不是。

归纳起来,诚实、没有怨恨、不剥削别人并且心地纯洁的人,是有信仰的人,是幸福、富足的人,这样的人才能够服务人类。潮湿的火柴棒怎么能够点燃一根木柴?一个不道德的人怎么能够教导别人有道德?一个溺水的人怎么能救助另一个快要淹死的人?过着道德生活的人不会提出怎样为世界服务的问题,因为他从不怀疑。马太·阿诺德提到一位朋友:

"我看到他神情沮丧

情绪低落

我祝福他身体安适、生活富足、功成名就

然而却不愿他立刻得到

因为这一切都是努力奋斗的结果

何况得到后也不一定真的快乐:

为它们，我们丧失了谦虚、纯洁和善良，

为它们，我们饱受折磨。"

阿诺德祝愿朋友将来体康、成功、成名，但他不希望现在就实现。因为朋友的幸福或悲惨并不依赖这些东西是否出现，他只希望朋友的道德是永恒持久的。爱默生说："逆境成就伟人。"毫无价值的金钱和名声对于人和世界都是一种折磨。

给那后来的

# 英译者说明

甘地在《自传》中告诉我们,从约翰内斯堡到德班二十四小时的旅途中,他是怎样如饥似渴地阅读拉斯金的书《给那后来的》:"火车在夜晚到达德班。那天晚上我无法入睡。我下决心根据这本书的理想改变生活……后来我把它翻译为古吉拉特文,书名为《萨沃达亚》。"

《萨沃达亚》在这里被重新翻译成英文,尽可能地保留了拉斯金的措辞风格。

在这一章的末尾,甘地概括了他所理解的《给那后来的》的训诫。

一、个人利益寓于众人利益之中。

二、律师工作同理发师工作具有同等价值,因为人人都有以工作谋生的同等权利。

三、劳动者的生活,即种地的人和做手工的人的生活,是有价值的生活。

关于拉斯金原书四章的释义无须多说了,但是,甘地早在南非时期所写的结论(甘地迟至1915年才回到印度)却颇具预言性,值得印度在后来的日子里永世珍惜。而且,这本小册子的最后一段是无价之宝。

瓦尔吉·戈文德吉·德赛[①]

2007 年

---

① 甘地的秘书。

## 第二版说明

这次再版只改动了几个词汇,是由我的朋友维耶·埃尔温提议的,在我的请求下他审核了译文。

瓦尔吉·戈文德吉·德赛

2012 年

# 导言

西方人通常认为人的全部责任是促进绝大多数人的幸福,而幸福仅仅指物质上的幸福和经济上的繁荣。如果人们在追求这种幸福的过程中,违背了道德法则,也没有多大关系。再说,西方人寻求的是绝大多数人的幸福,牺牲少数人的利益,他们觉得没有什么害处。我们从欧洲人的脸上,可以明显地看到这种思考方式的结果。

不顾道德廉耻,一门心思地追求物质和经济利益,这种做法与神圣的法则背道而驰,西方一些智者已经向我们指出了这一点。约翰·拉斯金就是这些智者中的一位,他在《给那后来的》一书中坚决主张,只有遵守道德法则,人们才会享有幸福。

当今我们印度人十分热衷于模仿西方。学习西方人的美德理所当然,但毋庸置疑,西方的标准经常是错误的,每个人都会赞同我们应该拒斥一切邪恶的事情。

在南非的印度人沦落到悲惨的境地。我们出国是为了挣钱,在快速脱贫致富的过程中,我们丧失了道德观,忘记了神灵将会审判我们的所有行为。我们全神贯注于自身的利益,失去了辨别善恶的能力。结果是我们在国外不但没有得到应得的一切,反而失去了许多,或至少没有充分得到留在国外的好处。道德是世上一切信仰的基础,除了宗教外，常识也会告诉我们必须遵守道德法则。正像拉斯金在书中说的那样，只有遵守道德法则，我们才有希望享有幸福。

在柏拉图的《辩护》[①]中，苏格拉底给予我们某些关于做人的责任的观念。他言行如一，文如其人。我觉得拉斯金《给那后来的》是苏格拉底观念的扩展，他告诉我们，如果各行各业的人想把这些观念落实到行动中，应该怎么做。接下来的内容不是《给那后来的》一书的译文，而是对原书的释义，因为本书的翻译对《印度舆论》的读者并不是特别有用。连书的标题我也没有翻译，而是释义为"萨沃达亚"，这正是拉斯金写作这本书的目的。

---

[①] 甘地在写作《萨沃达亚》之前，在《印度舆论》上发表了《辩护》的概述。——原注

# 第一章　真理的根基

在不同的历史时期，人类饱受各种谬见的欺骗，可能最大也最不值得称道的欺骗是现代经济，它建立在唯利是图的基础上，不顾及对社会产生的影响。

当然，就像其他谬见一样，政治经济学有个貌似合理的基本假说。经济学家说："在人的天性中，人际感情是一种偶然的干扰因素，但对进步的贪婪和渴望却是恒常不变的。让我们排除变化的因素，只把人当作挣钱的机器，以此考察为了最大限度地积累财富，怎样制定关于劳动力、购买和销售的定律，一旦这些定律确定后，每个人自行选择引进多少感情的干扰因素。"

先考虑主要因素，再引入性质相同的次要因素，这是一种逻辑分析方法。假设一个运动物体受到恒力和变力的影响，如果要研究它的运动轨迹，最简单的方法就是先考虑恒力的作用，再考虑变力的作用。但在社会问题中，干扰的因素和不变的因素性质不同，当把干扰因素加进去时，就改变了被考察生物体的本性。它们的作用不是数学的，而是化学的。引入的附加条件致使先前的知识失效。

我不怀疑人们所接受的科学结论，我只是对科学不感兴趣，就像我对体操这项运动不感兴趣一样。它假设人没有骨架，在这个前提下，使学习者蜷成一小团，或使他们平展如蛋糕，或使他们伸屈如缆绳，当达到这种效果时，他们的骨骼已被扭曲成不同的样子。推理也许无懈可击，结论也是真实的，但在应用过程中科学的缺陷会暴露出来。现代政治经济学建立的基础也是这样。它想象人只有身体，而不考虑有心灵，据此推导出它的定律。这样的定律怎么能适用于人？人的行为主要受心灵的支配。

政治经济学根本不是科学。当工人们罢工时，我们看到它是多么的一筹莫展。厂长持一种观点，而工人持另一种观点，政治经济学无法使两者统一。反复争论厂长的利益和工人的利益并不冲突，结果是白费力气。事实上为了利益，人们并不总是对立冲突的。如果房间里只有一块干面包片，母亲和孩子们正在挨饿，则他们的利益不相同。如果母亲吃了干面包片，孩子们就没吃的；如果孩子们吃了，母亲就得饿着肚子去上班。即使这样也不能说他们之间有冲突，不能说他们会为了面包片打架，或因为母亲强壮，抢过面包片吃了。同样，我们不能假定由于人们的利益不同，一些人会对另一些人充满敌意，使用暴力或阴谋诡计去获利。

即使我们认为人的道德驱动和老鼠或猪的道德驱动是一样的，也绝不能说明雇主的利益和雇员的利益要么完全相同，要么截然对立；因为根据具体的情况，有可能两者兼备。的确双方的目的都是顺利按时地完成任务，从中获得公平的价钱，但是在利益的分配中，一方的收益可能是也可能不是另一方的损失。付给工人极低的报酬，使他们贫病交加，这不符合厂长的利益；而付给工人高薪，以致厂长的利润太少，影响工厂安全而宽松的管理，这也违背了工人的利益。一个锅炉工不应企望太高的工资，以致公司太穷没有钱来维修锅炉。

企图从利益的权衡推导人的行为规范是徒劳的,所有这些努力都是白费力气。人类的行为从来不是靠利益的权衡来规范的,只能靠公正。权衡利益的一切努力将永远付之东流。在任何特定的行为方式中,没有人能够知道自己或他人的最终结果是什么。但每个人也许都知道,并且绝大多数人肯定知道什么是公正的行为,什么不是。所有人也许都明白公正的结果对自己和他人都具有终极的好处,尽管我们既说不出什么是终极的好处,也不知道怎样才能实现。

我说的公正包含感情——这种感情是一个人对另一个人的感激之情。雇主和雇员的正确关系最终要依靠感情来建立。我们以家庭里的仆人为例加以说明。

假设男主人想方设法地让仆人多干活,但没有超出所付工资的范围。他从不允许仆人无所事事,但他给仆人提供的食宿条件恶劣到几乎难以忍受的地步。从男主人的角度来看,他没有违背通常所说的"公正"。他和仆人就整个工作时间和服务内容达成协议,他是在依据协议办事。他按照邻居对待仆人的最低标准对待他们。如果仆人可以找到另一个更好的地方,他可以另谋高就。

这个例子反映出政治经济学的观点,这门科学的学者声称,这种做事的方式使主人得到仆人的最佳服务,因此对群体有极大的好处,通过群体也能使仆人自己受益。

然而事情并非如此,这么考虑好像仆人是个发动机,它的动力来自蒸汽、磁力等可计算的力。恰恰相反,仆人是用心灵作动力的发动机。在不知不觉的情况下,心灵的力量进入经济学家的方程中,使他们推导的每一个结论都落空。最繁重的工作不是由这种古怪的发动机为了工资或迫于压力完成的。只能是当人的动力,即人的意志或精神,被自己适当的燃料推动时才可能做到,这种适当的燃料就是感情,它具有最大的效能。

如果主人是一位明智和精力旺盛的人,仆人迫于压力能经常完成大量的工作,这的确是常见的事情。同样常见的是,如果主人是一位闲散和软弱的人,仆人做事就会常常偷工减料。但是普遍的规律是,假定主仆都是明智而精力旺盛的人,则完成最繁重的劳动不是出自主仆的相互对立,而是出自对对方的感情。

虽然宽容经常被滥用,热心待人却遭到忘恩负义的回报,但这条法则的真实性却丝毫没有减弱。因为如果善待仆人他却不知感恩,这样的仆人如果粗暴对待的话,他就会报仇,对慷慨的主人不忠诚的仆人,肯定会伤害一位不公正的人。

任何人在任何情况下,无私地对待他人都将得到最有效的回报。在此我把感情完全看作是一种动力,而不是某种可取的或崇高的东西。我把感情纯粹当作是一种打破陈规的力量,它们使普通的经济学家的每一种计算失效。当他们不考虑其他的动力和经济条件时,感情才成为一种真正的动力。比如你善待仆人,却算计着他该怎样报答你,那么你的善良理应得不到回报,也没有任何价值。但是如果你不抱有任何经济目的而善待仆人,所有的经济目的都将得到报偿。就像保全生命的人将会失去生命,失去生命的人将会得到生命。

另一个上下级关系的最简单的例子是团长和他手下的战士。

假设团长要求战士纪律严明是为了减少自己的麻烦,使得团队的作用最有效,那么他无论制定什么规章制度都无济于事。出于自私的目的不可能充分发挥部属的战斗力。但是如果团长与战士们建立起最直接的个人关系,他极其关心战士们的利益,十分珍惜他们的生命,那么出于对他个人感情和人格的信任,在他的领导下,战士们就能有效地发挥战斗力。这种战斗力达到的程度是任何其他方法不可企及的。当涉及的人数众多时,这种做法更有说服力:比如尽管战士们讨厌他们的首长,但在进攻中仍然常常能取胜,而对于一场大规模的战争,除非战士们热爱他们的司令,否则的话胜利渺茫。

为了抢劫而聚集起来的一帮强盗(就像古代苏格兰高地的一个部落),他们完全受感情的驱使,每个人都愿意为了头领的生命而献身。但为了合法生产而聚集起来的一群人,通常不受这种感情的支配,没有人愿意为了老板的生命而捐躯。在一段确定的时间里,仆人或士兵的收入是固定的,但工人的收入却随着对劳动力的需求而变化。由于贸易的不稳定性,他随时可能失业。在这种情况下,不会发生任何具有感情的行为,只会爆发不满的抗议行为。其中有两点值得我们思考。

一、如何使工资的调整不受劳动力需求的影响。

二、如何在不增减劳动者人数的情况下保持他们的工资不变(无论贸易的状况如何),以便在他们从事的行业里给他们以稳定的收益,就像在一个家庭长期工作的仆人,或一位有团队精神的人,或在一个出色的军团中服务的士兵。

在人类所犯的错误中,一个令人奇怪的事实是,经济学家否认工资的调整可以不受劳动力需求影响的可能性。

我们并不用荷兰式拍卖①,出售我们的首相。生了病,我们不会咨询收费低于一点零五英镑的医生;有了官司,我们决不会想到把六

---

① 荷兰式拍卖(Dutch Auction),先把价开得很高,然后逐步减价。

至八便士减少到四至六便士；遇到大雨，我们不会找收费每英里不到十六便士的廉价出租司机。

最出色的劳动者的工资标准一直是恒定的，所有的劳动者的工资标准也应该是恒定的。

"什么！"读者可能会惊呼道："好工人和差工人付酬一样？"

当然如此，无论牧师的好坏（你心灵的工作者），无论医生的好坏（你身体的工作者），你都心满意足地付给他们一样的费用；帮你盖房子的建筑工人，你也许会付费更多，无论他们是干得好的工人还是干得差的工人，你都心满意足地付给他们同样的工资。

"不对，我选择自己的医生，表明我对医生的水平有所要求。"你用各种方法挑选砌砖工人，干活出色的工人理应被"选中"。在正确的体系中，人们尊重所有的劳动，并付固定的工资，但好的工人受到雇用，差的工人被淘汰。而错误的体系却是以半价的工资雇用差的工人，以顶替好工人的位置，或者以不合理的低工资竞争工作岗位。

平等的工资是我们必须追求的第一个目标，第二个是保持雇用劳动者的人数不变，不管生产出来的商品需求量如何。

如果是临时性的工作，劳动者的工资有必要高于长期稳定的劳动者的收入。有长期稳定工作的人获得较低的固定工资。从长远来看，保持常规的工作既对劳动者有好处，也对老板有益，尽管老板因此无法牟取暴利，或不用承担巨大风险，或不能沉迷于投机生意。

由于战士准备为首长献身，因此他比普通劳动者更加荣耀。其实战士的职责不是去屠杀，而是在保护别人时牺牲自己。世人赞美战士，是因为他们奉献生命而为国家服务。

我们对律师、医生和牧师的尊重丝毫不低于对士兵的尊重，这完全是由于他们做出的自我牺牲。坐在法官席上，不论结果如何，律师都将力争审判公正。无论遇到什么困难，医生都会细心照顾病人。同样，牧师教导他教区里的信徒，指引他们走上正路。

所有能够胜任这些所谓需要学问的职业①的人士，在公众心目中享有的地位高于商行的老板，人们总是觉得商人唯利是图，他的工作也许是社区不可缺少的部分，但人们认为他纯粹是为了个人。经商时，商人的首要目标一定是（公众相信）尽可能多地为自己谋利，尽可能少地为顾客谋利。公众通过政治法规把这种看法强加于商人，作为商人行为的必要原则；将这一原则赋予商人的同时，他们自己也相应地接受了这一原则，并宣称普遍的法则是买方绞尽脑汁降低价格，卖方不择手段地欺骗，然而，公众不自觉地指责商人成了他们自己所界定的那种人，并给商人永远打上了人格低劣的标签。

公众必须放弃这种做法。他们必将发现一种并非纯粹自私自利的商业。更确切地说，他们必须发现不曾存在也不可能存在任何其他类型的商业；他们所谓的商业根本不是商业，而是欺诈。真正的商业，就像真正的布道或真正的战斗一样，需要具备随时自愿牺牲的思想；在责任感的驱使下，甘愿失去六个便士，甚至牺牲生命；市场就像布道坛一样需要它的殉道者；商业贸易就像战争一样需要它的英雄主义。

每一个文明的民族都存在五种重要的专门职业：

战士的职责是保卫国民；

牧师的职责是教导国民；

---

① 需要学问的职业，尤指牧师、律师、医生等职业。

医生的职责是保持国民的健康；

律师的职责是为国民伸张正义；

商人的职责是为国民供应产品。

所有这些人的义务是为了忠于职责可以献出生命。实际上，不知道什么时候应该死去的人，不懂得怎样活着。

注意，商人的职责是为国民供应产品。他的职责不是为了自己谋利，就像牧师的职责不是为了获取薪金一样。对于一位真正的牧师来说，薪金只是一种必要的附属品，而不是生活的目标。一位真正的医生，他的生活目标高于赚取出诊费。对于一位真正的商人来说，他的生活目标也不是挣钱。在这三种情况中，对于一位真正的人来说，他会不计报酬完成工作，甚至不惜付出任何代价，或者对报酬嗤之以鼻；牧师的职责在于布道，医生的职责在于治病，商人的职责在于供货。也就是说，商人必须运用他的所有聪慧和精力供应优良的产品，并以最低的销售价格送往最需要的地方。

由于任何商品的生产都涉及许多人，商人在经营过程中比军官和牧师更直接地成为民众的上级和管理者，因此，引导民众生活的职责很大程度上就落在了商人的头上；他的职责不仅仅是生产最优良和最便宜的产品，而且要使各项生产工作最大程度地有利于雇员的利益。

商人的这两种职责，要求他们正确地发挥高度的才能，并学会忍耐、仁慈和机敏。他们一定要投入所有的精力，公正地履行职责，就像战士或医生一样，必要时可以牺牲自己的生命。

他们必须遵守两项基本原则：一是兑现他们的各项承诺，二是保证他们提供的产品完美无缺。因此除了不违约、不弄虚作假、不牟取暴利、价格公平外，他们还要勇敢地承担因坚守这些原则而产生的痛苦、贫困或辛劳。

另外，在办公时间，商人是他所雇用雇员的管理者，他被赋予了父亲的权威和责任。绝大多数情况下，一位受雇商业机构的年轻人脱离了家庭的影响，他的主管也就成了他的父亲。除此之外，他身边没有父亲能给予实际和经常的帮助。如果情形所迫，主管唯一公正地对待手下员工的方法是对他严加管束，无论他是员工还是自己的儿子。

设想一位护卫舰上的舰长不得不让自己的儿子当一名普通船员，他怎样对待儿子，就应该怎样对待手下的每一位船员。设想一位厂长，不得不让自己的儿子当一名普通的劳动者，他怎样对待儿子，就应该怎样对待手下的每一位劳动者。这才是经济学唯一有效的、真正的和实际的规则。

万一发生海难，船长应该是最后一位离开船的人。发生饥荒时，他要和船员分享最后一片面包。同样，发生商业危机时，厂长应该和工人共患难，甚至要比他手下的工人承受更多的痛苦。就像饥荒、海难或战争时期的父亲，愿意为了儿子牺牲自己。

这一切听上去很奇怪，然而其真正奇怪之处是，它一点也不奇怪。因为所有这一切在实际生活中都是恒久真实的，除此之外的信条则是不现实的，总是与全国人民生活的任何进步状况不符。目前我们这个民族所拥有的生活本身表明，一些意志坚定、信心充分的人否定灌输给大众的一些经济原则，这些迄今被接受的原则直接导致民族毁灭。关于毁灭的模式和形式，在下文中，我希望做进一步的论述。

## 第二章　财富的特质

任何一位普通的经济学家，对于上面所提到的问题，都可能做出如下简短的回答：

"诚然，人际感情的和谐发展会带来某些一般性的好处，但经济学家从来不考虑这些好处。我们的科学只是发财致富的科学。即使经济学原则错了，人们从经验中也能发现它们在实践中有效。遵守经济学原则的人成为富人，违背它们的是穷人。欧洲的每位资本家都遵守我们的科学定律，财运亨通。你想用逻辑方法反对既成的事实是徒劳的。商人从经验中知道钱是怎样挣来的，又是怎样损失掉的。"

请原谅我。商人确实挣钱，但他们不知道可以用公正的手段赚钱，或者不知道他们的赢利可以贡献给民族的福利事业。他们几乎不理解"富裕"的含义。至少，如果他们有点了解的话，就应该知道它不是一个相对的词，它不是"贫穷"的反义词，不像"北极"是"南极"的反义词那样。人们写文章宣传，好像遵守某些科学规则，每个人都可能成为富人。其实富裕具有一种类似电流的作用，只有通过不平等或它自身的负极才能达到目的。由于邻居身无分文，你口袋里的几毛钱才有分量；如果他不需要，几毛钱对你没有多大用处。金钱产生的力量完全依赖于他对钱的需要程度。因而，在一般重商主义的经济学家眼里，保持自己富有的诀窍，必然也是保持邻居穷困的诀窍。

我希望读者清楚地理解两种经济的差异——也就是"政治"经济和"重商"经济的差异。

政治经济学只在于，在最佳时间和地点生产、储藏和分配有用或合意的商品。农民在适当的时间割草，建筑工人用精心调和的灰浆砌砖，家庭主妇护理客厅里的家具并确保厨房不致浪费，他们都是真正和最终意义上的政治经济学家，不断地为本民族增加财富和安康。

但是，重商经济学意味着对他人劳动的合法占有或权力集中在个人手中，这种占有意味着一方的贫困与负债，以及另一方的富有与权力。

在文明的国家里，活跃人物一般把富裕看作这类商业财富，估计财产时，他们只计算从拥有的马匹和田地中能赚得多少钱，而不是购买马匹和田地需要支付多少钱。

地产对于占有者没有什么用处，除非他在拥有地产的同时也拥有对劳动者的支配权。假设某人有一大片丰饶的庄园，其砂层中富含金子，还有无数的牛群、房子、花园和仓库。但是假设一下，他得不到仆人会怎么样？为了使他能够得到仆人，他的邻居中必须有人非常贫穷并需要他的金子或硬币。假设没有人需要金子或硬币，他就得不到仆人。因而他必须自己烤面包、自己做衣服、自己耕地、自己放牧。金子对他的用处就像庄园里的黄色卵石一样。他的储藏品一定会烂掉，因为他用不完。他能吃下的食物不比别人多，穿的衣服也不比别人多。只是为了得到普通的舒适，他都必须过着艰辛的生活，从事体力劳动。

我推测，最贪婪的人也不太喜欢接受这种意义上的富裕。在富裕的名义下，人们真正渴求的东西，本质上是拥有支配他人的权力；简单地说，就是为了自身的利益占有仆人、商人和艺术家劳动的权力。当然，这种财富的权力大小与雇员的贫穷程度成正比，与像我们一样富有的人和不讨价还价的人的人数成反比。如果一位贫穷的音乐家靠卖唱维持生计，哪怕愿意付钱的听众只有一位，他都愿意唱。但如果有两三位听众，他就只愿意为付钱最多的听众唱歌。因此，在通常意义上，变"富"的艺术不仅是为我们自己积累更多钱财的艺术，而且是设法使我们的邻居拥有更少财富的艺术。准确地说，它是"为了我们的利益而确立最大限度的不平等的艺术"。

有人认为这种不平等是必要的、有益的，这种假设是轻率而荒唐的，其根源在于绝大部分流行的经济学的欺骗性。不平等是否有益首先取决于形成不平等的方式，其次是利用不平等所要达到的目的。如果财富的不平等是通过不公正的方式形成的，那么在它形成过程中肯定有损于民族利益；如果财富的不平等得到不公正的引导，在它存在过程中对民族利益的损害就会更大。如果财富的不平等是通过公正的方式形成的，在它形成过程中就会有利于民族利益；如果财富的不平等利用得当，在它存在过程中就会使民族更加受益。

因此，国家的财富循环就像人体中的血液循环。人在兴奋或锻炼身体的时候，血液流动加快；羞怯或发烧，也会令血液流动加速。前一种情况，体内充盈着温暖与生机；后一种情况，则逐渐变得腐化。

另外，就像病变血液局部淤积会导致整个健康系统受损一样，富人的病变局部活动最终会导致国家资源削弱。

假定两位水手因船只失事流落到无人居住的海岸，他们不得不靠自己劳动来度过几年的光阴。

如果他俩身体健康，坚持不懈地劳动，并友好相处，他们会盖起一间房子，不久还会拥有一些耕地和以备将来所用的储藏品，所有这一切都是真正的财富或财产。假定两人付出了同样的辛劳，那么他们拥有平等地分享或使用财产的权利。他们的政治经济学仅限于认真保管和公平地分配这些财产。

然而一段时间以后，也许某个人不满意他们共同耕耘的结果，于是他们一致同意把土地平分，从此以后每人只管自家的地，并靠它生存。假定在做出这样的安排之后其中一人病倒了，关键时刻不能在地里干活——比如播种或丰收时节。他自然会请另一个帮忙播种或收割。

这时候，他的同伴可能会十分公正地说："我愿额外为你劳动，但如果我做的话，你必须答应下一次为我付出等量的劳动。我会计算在你的地里劳动了几个小时，你要给我一个书面保证，无论何时我需要你的帮助，你都要欣然答应，为我干活的时间和我为你干活的时间一样。"

假定生病的人病情不见好转，几年中，在各种情况下，他只能请同伴帮忙，每一次他都书面保证，一旦他能干活，就按照同伴的指示，偿还同伴付出的劳动时间。

当这位病人终于能够重新劳动，两个人的处境会怎么样？

如果把这两个人当作一个"城市"或国家，他们就比以前更穷了。因为病人在生病期间不能干活。而需求的扩大使他的同伴辛勤地苦干，但最终因投入自己田地的时间太少，田地收成欠佳。这样两个人加在一起的财产减少，少于两人都身强体壮时的财产。

双方所处的关系也发生了很大的变化。那位病人不仅未能在今后的几年中偿还所欠的劳动，而且吃光了他自己的那份储藏品，结果靠同伴的食物维生，为此他只得保证付出更多的劳动来"偿还"。

假定书面保证完全生效，一直在为两个人同时工作的那个人——如果他选择这样做的话——现在可以彻底休息，整日游手好闲，不仅强迫他的同伴履行以前所欠的劳动，而且要求同伴履行付出更多劳动的承诺，由他来任意支配，以偿还先前供应的伙食。

这种安排也许不存在丝毫的违法（通常意义上的违法）。但是，在他们的政治经济学处于高级阶段的这个时候，如果一个陌生人来到海岸，就会发现一个人商业性地富裕，另一个人商业性地贫穷。他不无惊讶地看到，一个人无所事事地打发日子，另一个人为两人的生活辛苦劳动，这位穷人生活俭朴，期盼着不久的将来恢复他的独立地位。

我想让读者特别注意的是这样一个事实，即重商的财富在于对劳动的占有，真正的财富在于对实际财富的占有；重商的财富的形成在政治上意味着真正的财富的减少。

再举一个例子，这个例子和一般的经商过程更吻合。假定有三个人而不是两个人，成立了一个小小的孤立的共和国，为了耕种毫不相连的几块土地，他们被迫分开：每一个农庄提供某种物产，每一个农庄需要另一个农庄出产的东西。假定第三个人为了节省大家的时间，负责把产品从一个农庄运到另一个农庄，条件是每成交一个产品包裹，他获取一份收益。

如果这位运货员总是把急需的产品从一处运往另一处，从不耽搁，两个农庄的经营越来越红火，这个小小的共同体极有可能获得丰产或生活富足。但假设农庄主之间没有交往，必须通过一个运输代理人，一段时间之后，这个代理人开始囤积某些产品，这些产品是农庄主出于对他的信任交给他的。等到产品紧缺时，他才向一方或另一方索取大量交换品，痛苦万状的农庄主为了得到其他的产品不得不用自己的产品来交换。我们很容易觉察到他的投机，他占有两个农庄的绝大部分剩余产品。最终，一年的产品紧缺后，他买下了这两个农庄。此后，农庄的所有者变成了他的劳动力或仆人。

这种获取商业财富的方式完全符合现代政治经济学的最准确的原理。但这个例子也表明，国家的财富或三个人组成的社会所具有的集体财富减少了，少于商人正当地谋取利润时，大家共同拥有的财富。两位农夫的经营受到极大的制约；他们在关键时刻所需要的产品供应短缺，长期为生存而挣扎使他们丧失了勇气，所有这些必然降低他们的劳动效果；那位商人所囤积的产品与他诚实从业所积累的产品不会等值，如果他诚实从业，那两位农夫和他自己的仓库本该都装满产品。

因此，不仅要考虑自身的利益，还要考虑国家财富的多少，这个问题最终成为一个抽象正义的问题。已获财富的真正价值取决于它所拥有的道德属性。任何商业财富的积累，一方面是诚实的产业、革新的能量和生产的智谋的标志，另一方面是极度的奢侈、残酷的暴政和毁灭性的诈骗的标志。

而且，这些不仅仅是财富的道德属性，如果追求财富的人愿意的话可以鄙视这些道德属性，它们的确也是财富的物质属性，贬低或提高了财富的货币意义。一笔钱财是在积累过程中创造了十倍于本金的效果，而另一笔钱财在积累过程中则产生了毁灭十倍本金的效果。

因此，那种认为可以不顾道德而为人们提供财富获取指南的想法,也许是通过不道德行为骗人的把戏中最蛮横无理、枉费心机的。就我所知,在人类历史的记录中,没有什么东西像现代思想那样有辱人类智商,这种现代思想认为:"以最低价格买进,以最高价格出售"的商业文本代表国民经济的有效原则。以最低市场价格买进?——是的,但怎样使价格低廉?一场大火后,你屋顶上的烧焦木炭也许很便宜;一次地震后,你家附近街道上的砖头也许很便宜,但是火灾和地震不会给国家带来好处。以最高价格出售?——是的,真的,但怎样使价格昂贵?今天你的面包销售兴旺,你是卖给了一位濒临死亡的人,他就剩下了最后一个铜板并且再也不需要面包了,还是卖给了一位富人,明天他迫在眉睫地要买下你的农场,或者卖给了一位士兵,他正准备抢劫你存款的银行。

　　这些事情你都不可能知道。你能知道的唯有一件事,即你的买卖是否公正和诚信,这就是你所需要考虑的一切,这样你就尽了自己的一份力量,最终没有为这个世上的抢劫或死亡添砖加瓦。

　　这就说明金钱的主要价值在于对人类的影响力,没有这种力量,占有大量的物质财富毫无意义。对个人来讲,相对而言没有必要拥有这种影响力。但是,对人类的影响力可以通过金钱之外的其他途径获得。

　　在这种道德力量中有一种无形的货币价值,真实得就像流通中的货币一样。手中握有无形金子的人能比炫耀金条的人做出更多的事情。

　　更进一步,既然财富的本质在于对人的支配力量,如果表面上的财富丧失了这种力量,它就不再是财富了。近来在英国,人们似乎不再相信,我们凌驾于他人的权威是绝对的。

最后，既然财富的本质在于对人们的影响力，那么难道不会得出结论，财富使人越高尚并且人数越多，财富的影响力也就越大？也许我们在深思之后会明白，人本身才是财富，而不是金子和银子。财富的真实特性是紫红色的，不是在岩石里，而是在血肉里。所有财富的最终结局是尽可能多地使人精神饱满、两眼炯炯有神，并且幸福欢乐。在某个遥远的未来，我们还无法想象的时刻，我甚至梦想英国不再用高康达[①]的钻石装饰她奴隶的头巾，不再卖弄她的物质财富，作为基督教国家的英国，也许最终能具备一位非基督徒的美德和珍宝，带领她的儿女们高唱：

"这些才是我的珠宝。"

---

[①] 高康达（Golkonda），位于印度南部海德拉巴城郊，印度斯坦王朝和穆斯林王朝的皇城所在地，整个皇宫建在一座巨大的花岗岩山上，盛产钻石。

## 第三章　公平正义

据说，在公元前几世纪，一位犹太商人发了财，成为他那个时代最富有的人之一（而且以贤达明智著称），他在账簿中留下了一些普世格言，一直流传到了我们这个时代。威尼斯人把他的格言当作座右铭，并在一座主要建筑物的角上放上了这位古代犹太人的雕像。许多年过去了，这些警世名言却落得声誉扫地的下场，因为它们和现代商业精神背道而驰。

例如，他在一处写道："用诡诈之舌求财的，就是自己取死；所得之财，乃是吹来吹去的浮云。"另一处他表达了相同的意思："不义之财，毫无益处；唯有公义，能救人脱离死亡。"值得注意的是，这两句话都断言，用不公正的手段谋取财富，唯一的结局和收获是毁灭。如果我们用"骗人的标签、称号、炫耀、广告"来代替"谎言"，就会更加清楚这些话对于现代商业的意义。

智者说过："压迫穷人来致富的人必将落入缺吃少穿的地步。"更为激烈的说法是："不要因为他是穷人而抢劫他，也不要压迫事业遭受挫折的人。因为摧毁别人的人，造物主会摧毁他。"

"抢劫穷人，因为他穷"这句话尤其体现出重商主义的偷窃形式，它旨在利用他人的贫困低价占有他人的劳动或财产。通常拦路抢劫的强盗掠夺富人，但商人却掠夺穷人。

最为著名的两段话是：

"富人和穷人相遇，

造物主是他们的创造者；

富人和穷人相遇，

造物主是他们的光。"

他们"相遇"，也就是说只要这个世界还存在，富裕和贫困的作用和反作用就像百川归海的世界律法一样不容置疑，因为"造物主是他们的创造者"。但这种作用可能是温和的、公正的，也可能是猛烈的、毁灭性的，它可能通过阵阵微波来显示，也可能用一场凶猛的大洪水来表现，不管是哪种方式，富人和穷人都要明白造物主是他们的光。

从某方面来看，溪流是财富作用的一个完美的形象。大地沉降的地方就是水的流动方向，因此财富也必须流向人们需要的地方。但河流的支配和管理是由人来精心策划的，究竟流水是一种灾祸还是一种恩惠，全在于人的劳动和管理才华。数世纪以来，世界上的一些地区，土壤肥沃、气候宜人，却在河流的冲刷下变成荒漠，不仅寸草不长，还受到瘟疫的侵袭。如果得到正确的引导，溪流本应该平稳地灌溉着一块又一块的田地——净化空气，为人兽提供食物，用它的胸膛承载着人类的负荷。可是现在它却淹没了大平原、毒化着空气。它的气息传播疾病、它的运行带来饥馑。同样，人类的法律能够引导财富的流动方向。通过筑渠疏导和护堤引领，它将变成生命之水——智者手中的财富；反之，任其随波逐流，非法流动，它就会变成最后的也是致命的全国瘟疫——玛拉水①，即孕育一切罪恶根源的水。

奇怪的是，在一般经济学家自己的"经济学"定义中，这些有关分配和制约的法则的必要性被忽视了。经济学家把经济学称为"致富的科学"。但是，许多科学及艺术可以用于致富。在中世纪，对拥有大量资产的人进行投毒是一种广泛使用的手段；现在，对拥有少量资产的人的食物进行掺假则成了广泛使用的手段。所有这些都成为致富的学问或技巧。

因此，经济学家称他的科学为致富的科学，使这门学科的特征受到一定的制约。让我们假设他的意思为：经济学是"用合法或公正的方式致富"的科学。在这个定义中，"公正"或"合法"一词最终能站得住脚吗？因为，有可能赚钱过程是合法的，但却一点也不公正。因此，如果我们在定义中最终只保留"公正"一词，那么结论就是，为了用科学方法致富，我们一定要公正地赚钱，这样才能知道什么是公正。根据供需法则，生存是鱼类、鼠类和狼的特权，而人类的殊荣是根据公正法则生存。

接下来，我们必须考察什么是有关劳动报酬的公正法则。

如我上一节中所述，工资形式表现为对某个替我们工作的人的承诺：今天他为我们付出了时间和劳动，我们将在未来他需要的时候，为他付出同样的时间和劳动。

如果我们保证为他付出的少于他给予我们的劳动，我们就少付了他的工资。如果我们保证为他付出的多于他给予我们的劳动，我们就多付了他的工资。

---

① 玛拉（Marah），地名，那里的水很苦，玛拉水即苦水，喝了会得各种疾病，造物主为了考验以色列人，将口干舌燥的他们引到了玛拉。

实际上，若两个人争相做一份工作，但只需要一个人来完成，于是两个人竞相把工资压低，得到工作机会的那个人，他的报酬就低于标准工资。若两位雇主各需要一位雇员，但只有一人应聘，两位雇主竞相提高工资，结果雇员的工资就高于标准工资。正确或公正的工资，其核心原则介于这两种不公正报酬之间。

因此，就像先有种子后有果实一样，先有正确引导的劳动，之后才会硕果累累。因此，在后来付酬的时候要把"先前"付出的劳动的"果实"（或称为"利息"）考虑进去，并用附加劳动来抵消。因此，典型的交易形式将是：如果你今天为我工作了一小时，在你需要时，我将为你工作一小时五分钟。如果你今天给我一磅的面包，我将还你十七盎司的面包，如此等等。

现在如果有两个人想找工作，我雇用了那个愿意以半价为我工作的人，那么，这个人将处于半饥饿状态，而另一个人则得不到工作。即使我付给选中的人应得的工资，另一个还是失业。但是我的雇员就不会挨饿，我会公正地使用金钱。如果我付给雇员应得的工资，我就不能积蓄多余的财富，不能把钱挥霍在奢侈的生活中，不会加剧世上的贫困。从我这里拿到应得工资的劳动者将正确地对待他的属下。这样正义的溪流就不会干涸，而是在向前奔流过程中汇聚力量。具有这种公正感的民族将幸福繁荣。

经济学家认为竞争对一个国家有益，我们发现这种观点是错误的。竞争只会使买主获得不公正的廉价的劳动力，结果使富者更富、穷者更穷。从长远看，它只能导致整个国家的毁灭。劳动者应该根据他的能力获得公平的工资。即使这样，也会有某种程度的竞争，但是人们会生活愉快、工作熟练，因为他们不用降低工资与别人竞争工作岗位，而是学习新的技能来保证自己有就业机会。工资按照职务等级固定下来，这是政府部门之所以吸引人的奥秘所在。报考政府部门的人不用降低工资来争取工作，只需表明自己比竞争对手更有能力就行。陆军和海军中的情况也是一样，在这里很少有贪污腐败。但是在商业和制造业中，竞争咄咄逼人，结果产生了欺骗、狡诈和偷窃。生产出来的产品粗制滥造。经营者、劳动者和消费者都只关心自己的利益，这种观念会破坏所有的人际关系。劳动者忍饥挨饿，举行罢工。经营者变成流氓恶棍，消费者不顾伦理道德的约束。一种不公正引发了许多的不公正，最终，雇员、工人和消费者都会悲伤失望、饱受折磨，以致衰败灭亡。人民拥有的财富成了一种灾祸。

对于人的智力而言，把经济学的普遍教条当作一门科学来接受，历史上还从没有这么耻辱的事情。我知道历史上也没有这样的先例：一个国家彻底摒弃了它所信奉的精神信仰的首要原则。

我们所尊奉的神圣经典不仅指责对金钱的热爱为一切罪恶之源，指责为神灵憎恶的偶像崇拜，而且声明为金钱服务和为真理服务南辕北辙；凡是提到富裕和贫困的地方，都会诅咒富人，祝福穷人。

真正的经济学是公正的经济学。

如果人们学会处事公正，为人正直，他们将生活幸福。除此之外的一切不仅是徒劳的，还会把人们直接拖向毁灭。教导人们用圈套或诡计来发财致富，会给他们造成无尽的伤害。

## 第四章　价值法则

我们已经看到政治经济学的基本观念怎样误导了人们。把它们落实到行动中，只会给个人和国家带来不幸。它们使穷者更穷、富者更富，没有人会因此更加幸福。

经济学不考虑人的行为，而认为财富的积累是繁荣的标志，国家的幸福仅仅仰仗它的财富。工厂越多，大家越开心。因此，人们离开春风吹拂的村庄农场，涌进城市，在噪声、黑暗和污浊的空气中，苟且偷生，这导致国民体质退化、贪欲强盛、道德败坏。如果有人谈到采取措施根除罪恶，所谓的聪明人会说让穷人接受教育一点没用，最好顺其自然。他们忘记了富人应对穷人的缺乏道德负责，穷人像奴隶一样地工作，以便为富人提供他们所需要的奢华，没有片刻的时间考虑自我改善。出于对富人的嫉妒，穷人也想成为富人，当他们的追求落空后，会愤怒不满，失去理智，妄想用暴力或欺骗来挣钱。从而荒废了财富和劳动，或将其用于坑蒙拐骗。

真正意义上的劳动是生产实用的东西。实用的东西是维持人类生活的东西，如食物、衣服或房子，并能使人们最大程度地完善自己的生活功能，同时也对他人的生命产生有益的作用。

建立大型工厂去发财致富，可能会把人引向罪恶之途。许多人聚敛财富，却很少有人善用财富。能毁灭一个国家的财富积累毫无用处。现代的资本家应对到处发生的不公正的战争负责，这些战争源自人类的贪得无厌。

有些人说，通过传授知识改善群众的状况是不可能的，因此让我们心安理得地积累财富吧。但是，这是一种不道德的态度。因为善人遵守伦理法则，不会屈服于人性的贪婪，他们能够做到自我约束，不会在正确的道路上迷失，并且通过自己的行为影响别人。国家是由个体组成的，如果每个人都不道德，国家也一定不道德。如果我们我行我素，却责备邻居做得不对，结果只会令人失望。

因而我们明白金钱是一种工具，既能使人悲惨又能使人幸福。善人手中的钱会用于庄稼的耕种和收获。农民淳朴知足地劳动，整个民族幸福快乐，但是恶人手中的钱可能生产火药，给制造者和受害者带来惨祸。因此，除了生命，没有别的财富。培养出众多高尚快乐的人的国家，是最富有的国家。最大程度地完善了生活功能，并通过他和他的财产对其他人的生活产生最广泛的有益影响的人，是最富有的人。

这不是自我放纵的时代，而是每个人根据自身的能力参加劳动的时代。如果一个人整日游手好闲，另一个人就不得不加倍辛劳。这就是英国穷人悲惨生活的根源。有些所谓的工作是毫无价值的，比如从事珠宝雕刻的工作；有些甚至是毁灭性的，比如从事战争相关的工作，它导致国家资本的减少，对工作者本人也无益。人们似乎在工作，但实际上他们无所事事。富人通过滥用财富压迫穷人；雇主和雇员剑拔弩张、势不两立，人们沦落到了禽兽的地步。

# 结论

拉斯金的书原本是写给英国人看的，但这本书的释义对印度人的教训不亚于原著对英国人的教训。新的观念正在印度流传。接受过西方教育的年轻人朝气蓬勃。这种朝气应被正确引导，否则只会对我们有害。我们一面高喊"让我们自治"，另一面高喊"让我们国家实现工业化"。

但我们几乎还不理解什么是自治。例如，纳塔尔①享有自治，但它的自治刺鼻难闻，因为它征服黑人，压迫印度人。如果碰巧黑人和印度人离开了纳塔尔，那里的白人们就会互相争打起来，导致自身的毁灭。

如果不要纳塔尔的自治，我们的自治是否会像德兰士瓦②一样？它的领导人之一史沫资③将军背信弃义，言行不一。他免除了英国警察的服务工作，雇用南非白人取而代之。我认为，从长远来看，这种做法对任何民族都不会有好处。当再没有"外人"可供抢劫时，自私

---

① 纳塔尔（Natal），南非的一个省。
② 德兰士瓦（Transvaal），南非的一个省。
③ 史沫资（Smuts，1870—1950），南非联邦政治家及将军，曾于1919—1924年、1939—1948年任南非总理。

自利的人就会抢劫自己的人民。

因此，自治不足以让一个民族幸福。对一帮强盗来说，自治的结果是什么？只有当他们被一位不是强盗的好人统治的时候，他们才会幸福。例如，美国、英国和法国都是很强大的国家，但没有理由认为它们的人民就真的很幸福。

自治的真实含义是自我约束。只有遵守道德规范、不欺诈或放弃真理，对父母、妻子、孩子、仆人和邻居尽职尽责的人，才能够做到自我约束。这样的一个人，不管住在哪里，都能享有自治。如果一个国家能够夸耀自己拥有一大批这样的好公民，它才算享有了自治。

一个民族应该统治另一个民族，这种观念是错误的。英国统治印度是罪恶，但我们不要认为英国退出印度后，一切都会好转。

英国统治在我国的存在，是由于我们的不团结、不道德和无知。如果克服了这些民族弊端，不仅英国人会兵不血刃地退出印度，而且我们会享有真正的自治。

一些愚蠢的印度人热衷于扔炸弹，但是如果在印度的所有英国人被这样杀死了，杀人者就会成为印度的统治者，印度不过是更换了主人。当英国人不在后，扔向英国人的炸弹就会对准印度人。谋杀法兰西共和国总统的人正是法国人，谋杀克利夫兰总统的人也正是美国人。愿我们不要盲目地模仿西方人。

如果杀害英国人的罪恶不能使我们获得自治，那么建立大型工厂也不能。金银财宝可以越攒越多，但它们不会带来印度的自治。拉斯金充分证明了这一点。西方文明不过是个婴儿，然而却把欧洲人弄得悲苦不堪。让我们为印度祷告，愿她避免欧洲的命运，欧洲国家随时准备相互攻击，只是由于囤积武器，他们才保持沉默。终有一天会发生一场大爆炸,到那时欧洲就是地球上真正的人间地狱。每个欧洲国家都把非白人种族看作理所当然的牺牲品。当人的胸膛里燃烧着贪婪的火焰时,我们还能期待什么呢?欧洲人向新的领土猛扑上去,就像乌鸦扑向一块肉。在我看来,这是由于他们拥有大规模生产的工厂所致。

印度的确必须自治,但一定要用正当的手段去争取。我们的自治必须是真正的自治,既不能用暴力获得,也不能用工业化。印度曾经是一片金色的大地,因为印度人有金子般的心。现在大地仍然是相同的大地,却变成了一片荒漠,因为我们堕落腐败了。我们目前的国民品质是贱金属①,只有当它转化成金子,这片大地才会重新转变成金色的大地。②影响这种转变的哲人是一个双音节的词——萨提亚③。如果每个印度人坚持真理,自治就会自动向我们走来。

---

① 贱金属,指铁、铅等。
② 赫伯特·斯宾塞说:"制度有赖于人的品质,不管制度的表面怎样变化,它的本性不会变化,除非品质发生了变化。"——原注
赫伯特·斯宾塞(Herbert Spencer,1820—1903),英国社会学家,"社会达尔文主义之父",把适者生存进化理论应用于社会学,尤其是教育及阶级斗争。
③ 萨提亚(Satya),意为真理、实在、存在、真实。

# 印度自治

# 新版序言

在《印度自治》新版发行之际，有必要刊登一下我写的下述文章。这是我写给《哈里真》周刊的，《雅利安之路》①杂志在《印度自治》专刊上刊登了本文。虽然甘地在《印度自治》第一版中所表达的观点本质上保持未变，但却经历了"必然的发展"。下面所附录的我的文章有助于了解这一发展。许多朋友对该版清样做了修改，在此我深表谢忱。

马哈迪夫·德赛②
1938 年 11 月 12 日于瓦尔达

---

① 《雅利安之路》，一本神智学杂志，1930 年创办于印度孟买，首任主编是巴曼·帕斯通·瓦迪阿（1881—1958）。该杂志旨在搭建一个宣传人人是兄弟的平台，不分种族、教义、性别、种姓和肤色；研究古今宗教、哲学和科学。
② 马哈迪夫·德赛（Mahadev Desai, 1892—1942），甘地的私人秘书，印度独立活动家和作家。

# 一本重要的出版物

《雅利安之路》杂志的《印度自治》专刊是一本构思独特、运作成功的出版物。它的出版主要归功于那位天赋禀异的姐妹索菲亚·瓦迪阿夫人①,她将《印度自治》送给许多国外朋友,并邀请其中最著名的人士发表他们对该书的看法。她就这本书撰写了几篇专文,并在这本书中看到了未来印度的希望,但是她想让欧洲思想家和作家表达他们的看法,谈谈这本书所具有的能够帮助欧洲摆脱困境的潜力,因此,她构想了这一计划。结果令人鼓舞。这本专刊刊登了索迪教授、G.D.H.科尔②、C.德莱斯勒·伯恩斯③、约翰·米德尔顿·默里④、J.D.贝尔斯弗德⑤、休·福塞特⑥、克劳德·霍顿⑦、杰拉尔德·赫德⑧、艾琳·拉斯邦⑨的文章。这些人中有些显然是著名的和平主义者和社会主义者。

---

① 索菲亚·瓦迪阿夫人(Shrimati Sophia Wadia,1901—1986),史里马蒂(Shrimati)是梵语音译,是对已婚成年女子的称呼,相当于英语中的夫人,索菲亚·瓦迪阿夫人是巴曼·帕斯通·瓦迪阿的妻子。
② G.D.H.科尔(G.D.H.Cole,1889—1959),英国政治理论家、经济学家、历史学家、作家。
③ C.德莱斯勒·伯恩斯(C.Delisle Burns,1879—1942),英国著名无神论者、世俗主义作家和演说家。
④ 约翰·米德尔顿·默里(John Middleton Murry,1889—1957),英国作家、评论家。
⑤ J.D.贝尔斯弗德(J.D.Beresford,1873—1947),英国作家、科幻小说家。
⑥ 休·福塞特(Hugh Fausset,1895—1965),英国作家、文学评论家、传记作家、诗人。
⑦ 克劳德·霍顿(Claude Houghton,1889—1961),英国作家、长篇小说家。
⑧ 杰拉尔德·赫德(Gerald Heard,1889—1971),英国历史学家、作家、教育家、哲学家。
⑨ 艾琳·拉斯邦(Irene Rathbone,1892—1980),英国作家。

人们不禁要问，如果这本专刊刊登了非和平主义者和非社会主义者作家的文章，那么它会是什么样子？这些文章编排很精当，"前面文章中提出的批评和反对，在后面的文章中基本上做了答复"。但是，也有一两个批评是所有作者都提出来的，值得在这里做一思考。有些问题，值得密切关注。例如，索迪教授说，他刚从印度访问回来，从外表上看不出本书所主张的学说在印度取得了任何可观的成功。他言之有理。同样言之有理的是，G.D.H. 科尔认为，虽然甘地"在纯粹个人意义上做到了自治"，但是，"他从未令人满意地解决另一个问题，即找到协作的途径，跨越人与人之间的鸿沟，跨越独自行动与帮助他人依据其权利行动的鸿沟，包括与他们一起行动并成为他们中的一员，即做到自己与他人合一，能够并且必须关心、批评和重视他人"。亦如约翰·米德尔顿·默里所说，"当非暴力作为一种纯粹的政治施压的方法的时候"，当"非暴力不得已而求其次时还是真正的非暴力吗"的问题出现的时候，"非暴力的效力很快就枯竭了"。

但是，整个过程是一个延绵不绝的发展过程。在为目标而不懈努力的时候，人们也在为完善手段而努力。几百年前，非暴力和爱的原则得到了佛祖和基督的阐释。数百年来，个别人在清晰的小事情上运用了这一原则。正如人们所承认的，而且也如杰拉尔德·赫德所指出的："甘地先生的试验引起了世界范围内长久不衰的兴趣，原因在于以下事实，即他试图在可以被称为大规模或全国性规模上运用这一原则。"这一运用困难重重，不言自明，但是，甘地相信这些困难并非难以克服。这一试验在 1921 年的印度似乎成为不可能，不得不半途而废，但是当时不可能的事到了 1930 年成为可能。即使现在，人们常常提到这个问题："什么是非暴力手段？"需要长期的实践，才能赋予这个词标准化的含义和内容。但是,该手段就是自我纯洁,再自我纯洁。西方思想家往往看不到这一点,即非暴力的根本条件是爱,没有纯洁的身心就不可能有纯洁无私的爱。

## 对机器和文明的抨击

关于这本书的评论,另一个令人赞赏的共同特点是,评论者认为甘地莫须有地谴责机器。约翰·米德尔顿·默里说:"在他的极力主张中,他忘记了他喜爱的纺车本身也是机器,而且是人造的。根据他的原则,纺车应该被抛弃。"C. 德莱斯勒·伯恩斯教授说:"这是一个根本性的哲学错误。它意味着,我们要将任何可能被滥用的机器视为道德邪恶。但是,就连纺车都是机器,架在鼻子上的眼镜也是'身体'视力的机器,犁是机器,而早期的抽水机器本身只是人类一万年来努力改善其生活的工具。任何机器都可能被滥用,但是即使如此,根源也在于滥用机器的人道德邪恶,而不在于机器本身。"我必须承认,"在他的极力主张中",关于机器甘地使用了相当不雅的语言,如果他修订这本书的话,会进行改动。因为我相信,甘地会接受我这里所引用的所有评论,而且他从未将使用机器的人的道德品性归之于机器。因此,1924 年,他使用的语言使人想起了我刚引用过的两位作家的话。我将重述一下发生在德里的一段对话。在回答他是否反对所有机器的问题时,甘地说:

"当我知道,就连我们的身体都是一台非常复杂的机器时,我怎么可能反对所有机器呢?我反对的是对机器的狂热,而不是机器本身。人们一直在'节省劳动力',直到成千上万的人失去工作,被抛到街头饿死。我希望节省时间和劳动力；不是为一小部分人，而是为所有人。我希望财富不要在少数人手中，而是在所有人手中。今天，机器只是帮助少数人压迫千百万人。它背后的动力不是节省劳动力的慈爱，而是贪婪。我不遗余力地反对的，就是这一本质。最重要的考虑是人，机器不应该使人的四肢退化。例如，我会进行明智的保留。以辛格缝纫机为例，它是人类发明的为数不多的有用之物之一，而且这台机器本身是一个传奇。"

"但是，"提问者说，"必须有生产这些缝纫机的工厂，而且工厂必须容纳普通型的电力驱动机器。"

"是的，"甘地回答说，"但是，我是一个十足的社会主义者，我可以告诉你，这些工厂应该国有化，由国家控制。节省个人劳动力应该成为目标，而不应该以人类的贪婪为动机。例如，我会随时欢迎能够使弯曲的纺锤变直的机器。这并不是说，铁匠将停止制造纺锤，他们将继续提供纺锤，但是当纺锤坏了的时候，每个纺织工将有一台机器使其变直。因此，用爱取代贪婪，一切都会正确。"

"但是，"提问者说，"如果你保留了辛格缝纫机和你的纺锤，那么这些保留还有尽头吗？"

"一旦它们不再有助于个人，并侵犯了他的个性，就不保留了。不应该允许机器削弱人的四肢。"

"但是，理想地说，难道你不会排斥所有的机器吗？当你保留缝纫机时，你将不得不保留自行车、汽车等等。"

"不，我不会，"他说，"因为它们没有满足人的任何基本需求，因为用汽车快速行进不是人的基本需求。相反，针正好是生活中必不可少的东西，是基本需求。"

但是，他补充说："理想地说，我会排斥所有机器，甚至就像我会摒弃我的肉体一样，肉体无助于解脱①，无助于追求灵魂的绝对解放。从这个观点来看，我会摒弃所有机器，但是机器将会保留下来，因为正像肉体一样，它们是不可避免的。正如我告诉你的，肉体本身是最纯洁的机器；但是如果它妨碍了灵魂的最高提升，就必须摒弃它。"

我认为，没有哪个批评家与这一立场有本质的对立。机器与肉体一样，如果它能够且只有在它能够促进灵魂成长的情况下，它才有用。

同样，关于西方文明，G.D.H.科尔先生反驳"西方文明必然与人的灵魂相悖"这一命题："我要说，西班牙和阿比西尼亚②的恐怖，笼罩着我们挥之不去的恐惧，潜在的充盈丰足中的匮乏赤贫，这些都是我们西方文明的弊端，严重的弊端，但这并不是西方文明的精髓。我并不是说我们要修复这种文明，也不认为西方文明已经不可修复，但它并未完全否认人类灵魂所需要的东西。"的确如此，甘地所指出的弊端并非内在固有的弊端，而是其发展趋势的弊端，甘地书中的目标在于对比印度文明的发展趋势和西方文明的发展趋势。甘地会完全同意G.D.H.科尔先生的话，西方文明并非不可修复，西方需要西方式的"自治"，西方自治应该由"他们自己的大师级的领袖来构想，就像甘地一样，但是必须是西方式的大师，而不是甘地式的或印度式的大师"。

---

① 解脱（Mukta），亦译姆克塔，意思是获得精神解脱、自由、解放等。
② 阿比西尼亚（Abyssinia），埃塞俄比亚的旧称。

# 非暴力学说的局限

G.D.H. 科尔先生提出了下述难题："当德国和意大利空军屠杀西班牙人民的时候，当日本空军正在屠戮数以千计的中国城市的时候，当德国陆军挺进奥地利并威胁要挺进捷克斯洛伐克的时候，当阿比西尼亚遭到血腥轰炸而惨败的时候，还能这样说吗？两年多之前，我相信我本人反对一切形式的战争和导致死亡的暴力。但是直至今天，我仍然痛恨战争，但我会冒战争之险来阻止这些恐怖。"接下来的句子清楚地表明，他内心的斗争是多么尖锐："我会冒战争之险；然而，即使现在，一想到要杀死一个人，我的潜意识就会恐惧地退缩回去。就个人而言，我宁死也不杀人。但是，宁愿杀人而不死亡难道不是我的责任吗？甘地也许会回答说，已经取得个人自治的人不会面临这样的两难境地。我不能说我已经取得了个人自治，但是我不信我在欧洲会不时面临这样的两难境地，即使我面临这样的两难境地，也不会那么焦虑。"

G.D.H. 科尔先生提到的这些情况是对人们信念的检验，虽然甘地还没有完全取得个人自治，但是他已经不止一次地给出了答案。他之所以还没有完全取得个人自治，原因很简单，只要他的同胞被剥夺了自治，那么对他来说自治就不完善。但是，他以信念为生，提到意大利或日本的兽行，非暴力的信念并没有开始动摇。因为，暴力导致暴力的结果，一旦你开始这一游戏，就不会终结。菲利普·芒福德在《战争阻止者》中，如此回答了一位迫切要求代表中国采取行动的中国朋友：

"你的敌人是日本政府，而不是日本农民和士兵。这些农民和士兵非常不幸，没有接受过教育，他们甚至不知道为什么要他们打仗。但是，如果你采用一般军事方法保卫你的国家，那么你所杀戮的必然是这些无辜的人，他们不是你真正的敌人。如果中国通过甘地在印度所使用的非暴力策略来努力保卫自己，而不是照搬欧洲的军事方法，那么我敢说，中国会取得更大的成功，事实上非暴力策略与中国伟大的哲学思想更一致。当然，中国给全人类树立了一个典范，中国人是地球上最和平的人，他们在历史上比任何喜欢战争的民族都更长久地保存了他们自己和他们的文明。请不要认为我们不尊敬那些为保卫他们的国家而战的勇敢的中国人。我们尊敬他们的牺牲，承认他们所持的原则与我们不同。然而，我们认为，杀戮无论在任何情况下都是邪恶，杀戮不可能带来美好。和平主义不会使你摆脱所有痛苦，但是从长远来看，我相信它是一个比你一切战斗力量更有效的反抗未来征服者的武器；而且，更重要的是，它会使你们民族的理想长存。"

艾琳·拉斯邦女士提出了相似的问题："不管是普通人还是圣人，有谁能够忍心宁可舍弃小孩性命，也不向暴君低头和否认自己的良心？甘地没有回答这一问题，他甚至没有提出这一问题。基督更清楚这一问题，他这样说：'凡使这信我的一个小子跌倒的，倒不如把大磨石拴在这人的颈项上，沉在深海里。'基督对我们的帮助比甘地对我们的帮助更大。"我认为基督的话表达的只是他的愤怒，所提出的行动并不是通过另一个人对冒犯者实施惩罚，而是他对自己实施惩罚。而且，艾琳·拉斯邦女士难道能够肯定，通过使用她所认为的基督的方法，她能够拯救这个孩子吗？她认为甘地没有提出这一问题，她的想法是错误的。他不但提出了这一问题，而且重点回答了这一问题，正如一千三百年前那些不朽的穆斯林先烈在行动中提出与回答过的一样，这些先烈忍受了妇女和儿童饥渴而死的痛苦，也不向暴君低头和否认自己的良心。因为，向暴君低头和否认自己的良心，就会鼓励暴君犯下新的暴行。

但是，即使是艾琳·拉斯邦女士，也将《印度自治》称为"一本令人震撼的书"，并说由此她发现"我被这本书无与伦比的诚实所震撼，开始追求自己的诚实。我会请求人们阅读这本书"。

《雅利安之路》的编辑通过发行他们的《印度自治》专刊，为和平与非暴力事业做出了独特贡献。

# 序言

洛锡安勋爵在西格昂的时候，曾问我可否送他一本《印度自治》。如他所说，甘地所有的教导都萌芽于这本小册子，为了正确地理解甘地，这本书值得反复阅读。

凑巧的是，几乎是在同时，索菲亚·瓦迪阿夫人正在写关于这本书的一篇文章，她劝我们所有的部长和议员、所有的英国和印度的公务员，其实也就是劝每一个希望目前的非暴力民主实验获得成功的人，去反复阅读这本书。她问道："一位非暴力者在自己的家里怎么能成为独裁者？""他怎么能是一位酒鬼？一位律师怎么能动员他的委托人上法庭，并且争吵不休？对所有这些问题的回答，关系到极其重要的现实问题。《印度自治》原则性地讨论了这些问题，应该广泛地向人民推行《印度自治》教育。"

她的呼吁恰逢其时。这本书写于1908年甘地从伦敦返回南非的航海途中，是对印度暴力派的回应，在甘地主编的《印度舆论》上以专栏的形式连载，后来出版了单行本，该单行本遭到孟买政府的禁止。甘地曾将该书翻译成英文，专门送给卡伦巴赫先生。为回应孟买政府采取的行动，他出版了英文译本。戈克利[①]1912年访问南非

---

① 戈克利（Gokhale，1866—1915），亦译郭克雷，国大党早期温和派领导人，甘地将其奉为政治导师。

时，看到了这个译本，他认为这本书的构思过于粗糙草率，以致预言甘地在印度住上一年后会自己撕掉这本书。怀着对这位伟大导师的尊重，我可以说他的预言落空了。甘地在1921年就这本书写道："它教导爱的福音，来代替恨的福音。它用自我牺牲来代替暴力，它用心灵的力量抗拒野蛮的武力。除了尊重一位女性朋友的意见去掉了一个词外，我对它没有做其他任何改动。这本小册子强烈地抨击了'现代文明'。虽然它写于1908年，但如今我的信念比以往任何时候都坚定……但是，我要告诫读者，不要认为我的奋斗目标还是书中所描述的自治。我知道印度还没有成熟到能够实现它的地步。这么说也许显得有些傲慢，但我的确深信不疑。我个人在向着书中描绘的自治努力。但现在为了顺应印度人民的愿望，我的公共活动毫无疑问地奉献给了争取议会自治。"甚至在1938年他也没有对书的内容做改动，只是在文字上做了一点变动。呈现在读者面前的是未经删节的版本。

但是，不管印度是否已经成熟到能够认同这本书，对于印度人来说，最好学习一下这本具有重大影响的书，它包含着接受真理和非暴力这两条孪生原则的最终合乎逻辑的结论，再决定这些原则是应该被接受还是被摒弃。这本书已经脱销一段时间了，只剩下几本马德拉斯版本，售价八安娜[①]。甘地得知这一情况后说，应该尽快以低价出版该书，以便每位读者都能轻易买得起。为此，纳瓦吉万出版社再版此书，以实际成本价出售。

马哈迪夫·德赛<br>
1938年2月2日于瓦尔达

---

[①] 安娜（Anna），印度过去使用的货币名，一卢比的十六分之一。

# 说明

我的这本小册子受到广泛关注，对我来说的确很幸运。最早它是用古吉拉特文写的。它的经历起伏跌宕。它最初发表在南非的《印度舆论》专栏中。它写于1908年我从伦敦返回南非的航海旅途中，是为了回应印度的暴力派和南非的暴力派。我在伦敦接触了所有著名的印度无政府主义者。他们的勇敢给我留下了深刻印象，但我感到他们的热情被误导了。我觉得暴力不是医治印度的良药。印度的文明需要一种不同的、更高级的武器来进行自卫。南非的非暴力抵抗[①]还是个不到两岁的婴儿。但它的发展足以让我满怀信心地把它表达出来。这篇文章发表后，好评如潮，因此发行了它的单行本。它在印度受到了某种关注。孟买政府禁止它的发行。我用出版英文译本作为回应。我想我的英国朋友应该了解它的内容。

在我看来，这是一本孩子都可读的书。它教导爱的福音，来代替恨的福音。它用自我牺牲来代替暴力，它用心灵的力量抗拒野蛮的武力。除了尊重一位女性朋友的意见去掉了一个词外，我对它没有做其

---

① 南非的非暴力抵抗（The Satyagraha of South Africa），字面意思是南非的坚持真理、南非的萨提亚格拉哈。

他任何改动。①

　　这本小册子强烈地抨击了"现代文明"。虽然它写于1908年，但如今我的信念比以往任何时候都坚定。我不知道印度是否愿意抛弃"现代文明"，只有抛弃"现代文明"她才能获益。但是，我要告诫读者，不要认为我的奋斗目标还是书中所描述的自治。我知道印度还没有成熟到能够实现它的地步。这么说也许显得有些傲慢，但我的确深信不疑。我个人在向着书中描绘的自治努力。但现在为了顺应印度人民的愿望，我的公共活动毫无疑问地奉献给了争取议会自治。我的目的不是要消灭铁路和医院，虽然我欢迎它们自然毁灭。无论是铁路还是医院，都不是一个高级和纯洁文明的标准。它们顶多是一种必需的罪恶。这两者的出现，丝毫不会提高一个民族的道德境界；我的目的也不是要永久消灭法院，虽然我将法院的永久毁灭视为"恳切期望的好事"；我更不想消灭所有的机器和工厂。今日的印度人民还没有准备好去满足自治所要求的更严格的俭朴和自我约束。

　　目前唯一正在贯彻的部分是非暴力。但遗憾的是我得承认，甚至非暴力也没有按照书中的精神开展。如果能完全做到的话，印度在一天之内就能获得自治。如果印度把爱作为她道德的一个活跃部分，把爱引入政治，自治就会降临印度。但我痛苦地意识到，从目前看来，自治还远不可及。

　　我之所以写下这些评论，是因为我看到，这本小册子上的内容被大量引用来贬损目前的运动。我甚至看到一些文章暗示我在幕后玩游戏，说我利用目前的混乱在印度强化对我的狂热，还说我以印度为

---

① 甘地在《印度自治》中谴责英国议会是娼妓，后来去掉了娼妓一词。

代价，进行实验。对此我只能回答，非暴力抵抗是坚不可摧的，它没有任何的保留和秘密。《印度自治》中所描述的整个人生理论的一部分正在毫无疑问地被付诸实践。参与它的全面实践也不会有危险。但是，摘录我的著作中与国家目前所面临的问题无关的段落，来吓跑人民，则是不可取的。

莫罕达斯·卡拉姆昌德·甘地

《青年印度》1921年1月

# 留言

我欢迎你为捍卫《印度自治》中所论述的原则而进行宣传。英文版是由古吉拉特原文翻译过来的。如果我重新写这本小册子,可能会改动一些措辞。但经历了三十年的风风雨雨,小册子中所表达的观点,我看不出有任何改动的必要。让这位读者记住这是我和工作人员谈话的忠实纪录,其中一人是公开的无政府主义者。他也应该知道,《印度自治》阻止了在南非一些印度人中即将蔓延的腐败。这位读者也许可以在一位亲爱的朋友的观点中找到平衡,可惜的是,这位朋友已经不在人世了,他的观点是:这本书是一个傻瓜的作品。①

莫罕达斯·卡拉姆昌德·甘地

1938 年 7 月 14 日

于西格昂

---

① 转自《雅利安之路》杂志《印度自治》专刊,1938 年 9 月出版。——原注

# 第一章　国民大会党①及其领导人

读者：当前，自治的浪潮正在席卷印度。全国人民看来热切盼望国家的独立。甚至连南非也弥漫着这种情绪。看来印度人渴望获得权利。在这个问题上，你愿意解释一下你的观点吗？

编辑：你的问题提得很好，但不是三言两语就可以说清楚的。报纸的第一种功能是了解人民的想法并予以表达，第二种功能是在人民当中激发某种可贵的情感，第三种功能是毫无畏惧地大胆暴露人民的缺陷。要想回答你的问题就得涉及报纸的这三种功能。在一定程度上，报纸要表达人民的意愿，要酝酿促成某种情绪，要揭露缺陷。既然你已经提出这个问题，我就有义务做出回答。

读者：你认为在我们当中，对自治的渴望已经酝酿创造出来了吗？

---

① 国民大会党（National Congress），1885年由英国殖民政府退休官员休姆发起创建。当时的情况是，印度争取民族独立的呼声很高，民族主义组织出现统一趋势，英国殖民者想用国大党来疏导印度民众的激烈情绪，给印度民族主义者提供一个发泄怨气的舞台，以便缓解印度民族运动的压力，从而维护英国殖民统治。而事实是，国大党成为印度第一个全国性的政治组织，成为印度民族主义的政党，成为印度民族独立运动的领导机构。英国人的所作所为不自觉地促进了印度民族主义政党的诞生和印度民族主义运动的发展。

编辑：这种渴望已经造就了国民大会党。选择"国民"一词作为党的名称就含有这个意思。

读者：根本没有那回事。年轻的印度似乎无视国大党。国大党被认为是长久维持英国统治的一个工具。

编辑：这种想法没有道理。如果没有"伟大的印度长者"[①] 奠定的基础，我们的年轻人甚至不会谈论自治。我们怎能忘记，休姆先生是怎样著书立说，怎样鞭策我们采取行动，怎样努力唤醒我们，以实现国大党的目标。威廉·维德柏恩爵士为了同样的事业奉献出他的体力、才智和钱财。他的文章直到今天都值得仔细阅读。戈克利教授为了给印度自治创造条件，甘愿忍受贫困，奉献出二十年的生命。即使是现在，他仍然生活在贫困中。已故的法官巴德鲁丁·蒂艾布吉也是其中的一人，他通过国大党播下了自治的种子。同样，在孟加拉、马德拉斯、旁遮普等其他地方，都有热爱印度的人和国大党成员，其中有印度人，也有英国人。

读者：且慢，且慢，你扯得太远了，你偏离了我的问题。我问你印度自治，你却在这里跟我说外国统治。我不想听到英国人的名字，你却一再对我提到他们。这样的话，我看咱们是说不到一块儿去了。要是你能把话题集中在自治问题上，我很乐意听。谈论任何其他方面的事情，我都不会满意。

编辑：你不耐烦了。我可不能不耐烦。如果你能忍耐我一会儿，我想你将发现，你会得到你想要的东西，你会得到想要的答案。要记

---

[①] "伟大的印度长者"（the Grand Old Man of India），指达达拜·瑙罗吉博士（Dr. Dadabhai Naoroji, 1825—1917），印度民族解放运动早期活动家，国大党奠基人之一。

住那句古老的格言：树木不是一天可以长成的。你打断我的话，也不愿听那些希望印度好的人们的事情，这就显示了自治还很遥远，至少就你而言是这样。假如我们有很多像你这样的人，就永远不会有任何进展。我的这种想法值得你注意。

读者：我觉得你东拉西扯说个不停，不过是想回避我的论点而已。那些你认为是希望印度好的人，在我看来并非如此。我为什么要听信你有关他们的话呢？你心目中的那位国父，究竟为这个国家做了些什么？他竟然说英国的总督会公正处事，我们应该和他们合作。

编辑：我必须礼貌地告诉你，你用不恭敬的语言谈论那位伟大的人物，真是我们的耻辱。看看他做的事情，他一生都在为印度服务。我们现在知道的事都是从他那里学来的。正是令人尊敬的达达拜先生使我们知道了英国人在榨取我们的血汗，这与他现在仍然信任英国人又有什么关系？难道我们年轻气盛，准备再前进一步，就应当减少一些对达达拜的尊敬吗？我们在这方面难道比他还聪明吗？不把我们赖以登高的楼梯一脚踢开，这是智慧的标志。抽掉任何一级楼梯，整个楼梯就会坍塌。我们从婴儿成长为青年人之后，并没有瞧不起婴儿。相反，我们充满感情地回忆幼年的时光。经过多年的学习，我从老师那里学到某些东西。如果我能在老师的基础上有所进步，人们并不会认为我比老师还聪明。老师永远会受到我的尊敬。"伟大的印度长者"正是这样一位老师。我们必须承认他是民族主义的创始人。

读者：你说得很好。现在我明白了我们应该尊敬达达拜先生。没有他以及和他一样的人，我们大概就不会有那种激励我们的精神。但对于戈克利教授怎么能这么说呢？他认为自己是英国人的好朋友，他说在谈论自治之前我们必须大量地向英国人学习，必须学习他们的政治智慧。我厌烦听他的演讲。

编辑：你的厌烦暴露出你的急躁。我们认为，那些不满父母行事缓慢、因父母不能跟孩子一道奔跑而感到怒气冲冲的人，是对父母的不尊重。戈克利教授就像一位家长。如果他不能和我们一起奔跑，这又有什么关系呢？一个渴望获得自治的国家不能蔑视她的先辈。如果我们缺乏对长辈的尊重，我们将变得毫无用处。只有思想成熟的人才能管束自己，那些行事鲁莽急躁的人则不能。况且，有多少印度人像戈克利教授那样，把自己奉献给了印度的教育事业？我坚信无论戈克利教授做什么，他的动机都是纯洁无瑕的，他想为印度服务。他为祖国献身的精神如此强烈，以至在必要的情况下，他愿意献出他的生命。他无论说什么，都不是为了阿谀奉承任何人，而是因为他相信他说的话是真实的。因此，我们对他应该怀有最崇高的敬意。

读者：难道我们在每个方面都要追随他吗？

编辑：我从来没有说过这种话。如果我们有意地与他观点相左，这位博学的教授会劝导我们听从良心的命令，而不是追随他。我们的主要目的，并不是要诋毁他的工作，而是要相信他比我们无限伟大，相信与他为印度所做的好事相比，我们的作为无限渺小。有几份报纸发表对他不尊重的文章，我们有义务反驳这样的文章。我们应该认为，像戈克利教授这样的人是印度自治思想的支柱。说别人的想法都是不好的，只有自己的想法才是好的，说那些跟我们观点不一样的人都是这个国家的敌人，这是一种坏习惯。

读者：我现在开始有点明白你的意思了，我会再去好好想一想。不过我还是无法理解你关于休姆先生和威廉·维德柏恩先生的说法。

编辑：相同的规则适用于印度人，也适用于英国人。有人说，所有的英国人都是坏人。我永远也不能认同这种说法。有许多英国人希望印度自治。不错，英国人是比其他人更自私些，但这并不证明每位英国人都是坏人。我们追求公正，就应该对别人公正。威廉爵士对印度没有恶意，对我们来说这就足够了。随着我们继续深入探讨，你会看到，如果我们秉公而行，印度就会早一些获得自由。另外你也会看到，假如我们把每个英国人都当作敌人而拒之门外，自治将会被推迟。但如果我们公正对待他们，在向目标前进的道路上，我们会得到他们的支持。

读者：目前，在我看来你说的这一切都是胡言乱语。英国人的支持和获得自治是水火不相容的两件事。英国人怎么会容忍我们自治？但我还不想让你马上解答这个问题，把时间花在这上面是无益的。假如你说明了我们怎样才能获得自治，或许我才能理解你的观点。你谈论英国的帮助，就让我认为你立场偏向了一方。因此，我恳求你不要再继续谈论这个话题了。

编辑：我不希望这样做。你对我有偏见，这不值得我过分焦虑。我在一开始的时候说些不中听的事情是有好处的。耐心地消除你的偏见是我的责任。

读者：我喜欢你最后一句话。它使我有勇气说出我想说的话。有件事情仍使我感到困惑。我不明白国大党如何奠定了自治的基础。

编辑：那就让我们来看看吧。国大党把印度各地的人民团聚到一起，让我们对民族意识变得热心起来。政府先前一直不喜欢它。国大党总是坚持国家应当控制收支。国大党一直希望有加拿大模式的自治。无论我们是否能得到那样的自治，无论我们是否期望那样的自治，无论是否存在一种更好的自治，这都是另外的问题。我要说明的是，国大党给了我们一个自治的预言，剥夺国大党的这份荣誉是不妥当的。对我们而言，这么做不仅不知感恩，还会阻碍我们实现目标。如果把国大党看作是有碍我们民族发展的机构，会使我们难以利用这个团体。

# 第二章 孟加拉分治①

**读者：**听你这么说，看来自治的基础是国大党奠定的。但你得承认它不算是真正的觉醒。真正的觉醒是什么时候开始的？它是怎样发生的？

**编辑：**我们从来看不见地下的种子。它在土里生长变化，最后消亡。我们所能看到的只是长出地面的树。国大党就是这样。你说的真正的觉醒开始于孟加拉分治，为此我们得感谢寇松勋爵②。在分治的时候，孟加拉的人民曾竭力与寇松勋爵说理，但出于权力在握的傲慢，他对人民的所有愿望置之不理。他想当然地认为，印度人只会絮絮叨叨，绝对不会采取任何有效的行动。他使用了侮辱性的语言，并且不顾所有人的反对，分裂孟加拉。那一天可被看作是不列颠帝国分裂的

---

① 孟加拉（Bengal）省是印度重要的经济、政治、文化中心，也是印度民族运动的重要策源地之一。1903 年，英国殖民者开始策划分割孟加拉的阴谋，试图将孟加拉一分为二，将东孟加拉并入邻区阿萨姆，称为"东孟加拉与阿萨姆省"，居民大部分信奉伊斯兰教，西孟加拉仍称为"孟加拉省"，居民主要信奉印度教。1905 年英国殖民当局通过了分裂孟加拉的提案，结果引起 1905—1908 年的印度民族独立运动高潮。英国殖民者分裂孟加拉的目的在于，使大部分孟加拉人脱离其政治中心加尔各答，同时煽动仇恨，以破坏孟加拉人民的团结，瓦解印度民族运动。
② 寇松勋爵（Lord Curzon，1859—1925），英国驻印度总督。

日子。孟加拉分裂给英帝国国力造成的冲击是任何其他事件都不能比拟的。这不是说英国在印度的其他不公正行为没有分裂孟加拉那么严重，食盐税就是不小的不公正行为。后面我们将会看到许多这样的事情。但那时人民已经准备去抵制分裂，当时人们群情激奋。许多孟加拉著名人士准备牺牲自己的一切。他们明白自己的影响力，战火由此引发，现在几乎不可扑灭，而且也没必要去扑灭。分裂将要过去，孟加拉将重新获得统一，但英国三桅帆船上的裂缝却依然在那里，而且必将日益加宽。而印度一旦觉醒，就不会再沉睡下去。反对分裂与主张自治是一样的。孟加拉的领导人了解这一点，英国官员也意识到了这一点。这就是为什么分裂仍然存在。随着时间的推移，我们的国家就被逐步塑造出来。民族和国家不是一天形成的，它的形成需要多年的时间。

读者：在你看来，分裂的结果是什么？

编辑：到目前为止，我们认为，为了解决积怨，我们必须向国王请愿。假如我们不能获得解决，必须保持冷静，但我们可以继续请愿。孟加拉分裂之后，人们看到，请愿必须有力量做后盾，必须有能力承受磨难。我们必须认为，这种新精神的出现是分裂产生的主要结果。从报纸上发表的措辞直率的许多文章里，人们看到了这种新的精神。人们先前胆战心惊悄悄说的话开始公开说出来、写出来了。司瓦德西[①]运动也开始兴起了。人们无论老少，过去一看到英国人的面孔就躲开。现在，英国人的面孔不再能让人敬畏了。人们甚至不怕跟英国人争吵，或被关进监狱。目前印度一些最杰出的年轻人被放逐，这

---

① 司瓦德西（Swadeshi），指自给自足，使用本地、本国的产品，抵制外国产品，当时尤指英货。

已和单纯的请愿不同了。人民就这样被鼓动起来。从孟加拉激发出来的热情传播到了北方的旁遮普和南方的科摩林角。

读者：你看还有其他引人注目的结果吗？

编辑：分裂不仅在英国的国家航船上留下裂缝，也在我们自己的船上留下了裂缝。我们的领导分裂成两派：温和派和极端派，也可以把他们看作是渐进派和急躁派。一些人认为温和派胆小怕事，极端派奋勇冒进。所有的人都根据自己的先入之见来解释这两个词。大致可以肯定地说，两派之间有了敌意。彼此互不信任，并指责对方的动机。在苏拉特代表大会期间，两派几乎打了起来，我觉得这种分歧对国家没有好处，不过我认为它持续不了多久。持续多久完全取决于两派的领导人。

# 第三章　不满与动荡

读者：那么，你觉得分裂是民族觉醒的原因吗？你欢迎由此而来的动荡吗？

编辑：当一个人从睡眠中醒来，他会活动手脚、不停地动来动去，过一会儿才能完全清醒。同样，尽管分裂导致觉醒，但昏睡状态还没有消失，我们仍在活动手脚、不停地动来动去。就像清醒和睡眠之间的状态必不可少一样，印度目前的动荡也可以认为是必然的，因此也是适当的状态。认识到有动荡，这将很可能使我们走出动荡。从睡眠中醒来，我们不再继续昏睡，而是或迟或早依据我们的能力，完全恢复我们的各种感官知觉。我们也会以同样的方式从目前这种没有人喜欢的动荡中解脱出来。

读者：动荡的其他形式是什么？

编辑：动荡实际就是不满。只是现在我们把不满描述为动荡。在国大党时期它被称为不满。休姆先生总是说，不满遍及印度是必要的。这种不满是很有用的。只要一个人安于现状，就很难说服他走出现状。因此，每一项改革之前必须先有不满。我们拥有的东西，只有我们不喜欢了，才会扔掉。阅读了印度人和英国人的伟大著作后，在我们中间产生了不满。不满导致动荡，动荡导致许多人死亡，许多人被监禁、被放逐。这样的状况还会继续，肯定会继续。所有这些可以看作是好的征兆，但也可能导致坏的结果。

# 第四章　什么是自治？

读者：现在我知道了国大党做了些什么使印度成为一个国家，知道了分裂怎样唤醒了人民，以及不满和动荡是怎样蔓延全国的。现在我想知道你对自治的看法。恐怕我们的解释与你的不同。

编辑：我们赋予自治一词不同的意思是完全可能的。你、我和所有的印度人急切地想获得自治，但我们肯定还没有确定它到底是什么。许多人都在说，要把英国人赶出印度，但看来他们好像并没想清楚为什么要这样做。我得问你一个问题，如果我们得到了自己想要的一切，你认为有必要赶走英国人吗？

读者：我只要求他们做到一件事，那就是："请离开我们的国家。"假如他们遵从了这个请求，从印度撤退但仍留在印度，我也不会反对。这样，我们便会理解，在他们的语言中，"离开"就等于"留下"。

编辑：那好，让我们假设英国人撤退了，你要做些什么？

读者：在目前这个阶段，这个问题还不能回答。撤退以后的情况主要取决于撤退的方式。像你假设的，如果他们撤退了，在我看来，我们应该继续保留他们的宪法，并接手政府。如果他们是在请求下撤退的，我们就应该拥有一支军队力量准备就绪。这样，我们就会毫无困难地继续履行政府的职能。

编辑：你可以这么想，但我不这么想。我现在不想讨论这件事。我必须回答你的问题。我可以通过问你几个问题，来很好地回答你的问题。你为什么想把英国人赶走？

读者：英国政府使印度陷入贫困。他们年复一年地夺走我们的财富，英国人占据了政府所有的重要职位，把我们置于奴隶的境地。他们对待我们傲慢无礼，不尊重我们的感情。

编辑：如果他们不把我们的财富夺走，变得文质彬彬，给予我们重要的职位，你还认为他们留在印度有危害吗？

读者：这个问题毫无意义。就像是问如果老虎改变了天性，和它交往是否有害。这种问题纯属浪费时间。要是老虎能改变天性，那么英国人也将改变他们的天性。这种事绝对不可能发生。相信它有可能发生，这违背人类的经验。

编辑：假设我们有了加拿大和南非那样的自治，你是否会称心如意呢？

读者：这个问题同样没有意义。如果我们有了同样的力量，就可以获得自治，升起自己的旗帜。印度也一定会像日本那样。我们必须拥有自己的海军、陆军，必须有自己的排场，到那时印度的声音将响彻全球。

编辑：你描绘了一幅动人的景象。实际上，你的意思是，我们不要英国人的英国式统治。你想要老虎的天性，但不要老虎。也就是说，你想使印度英国化，一旦印度变成英国式的了，它就不能叫作印度斯坦①，而要叫作英吉利斯坦了。这不是我要的自治。

读者：我已经在你面前表达了我认为自治应该是什么样的。如果我们受到的教育有任何用处的话，如果斯宾塞、穆勒和其他人的著作有什么重要性的话，如果英国议会是议会之母的话，我当然认为我们应该模仿英国人。甚至模仿到某种程度，以至于我们不允许他们或其他人在印度立足，就像英国人不许其他人在英国立足一样。他们在自己国家做的事情，在其他国家还没有做过。因此，对我们而言，引进他们的制度是适当的。但现在我想知道你的看法。

编辑：需要耐心点。在这场讨论中，我的观点会自行展开。对我来说，理解自治的真正本质是很困难的，对你来说却显得容易。因此，我暂且乐意向你极力说明你认为的自治不是真正的自治。

---

① 印度斯坦（Hindustan），印度北部地区，泛指印度。

## 第五章　英国的状况

读者：从你的叙述中，我感受到英国政府不是令人满意的政府，不值得我们模仿。

编辑：你的感受是正确的。目前英国的情况令人感到可怜又可鄙。我祷告神灵，但愿印度别落入那种困境中。你所认为的议会典范、议会之母，就像一个不能生育的女子。这个词很刺耳，但用在这里却恰如其分。迄今为止，英国议会还没有主动做过一件好事。因此，我把它比作一个不能生育的女子。那种议会的自然状况就是这样，没有了外界压力，什么也干不了。首相经常更换，今天可能是阿斯奎思先生，明天又换成巴尔弗先生。

读者：你说得太尖刻了。"不能生育的女子"的说法不合适。议会是由人民选举产生的，它必须在公众的压力下工作。这是它的特征。

编辑：你错了。让我们的探讨更深入一点吧。人民选举出来的人，理应是最优秀的人。议会成员分文不取地为公众服务，人们只能认为他们完全是为大众谋福利。选举人都被认为是有教养的人，因此我们应当假定，他们在做选择时，一般不会出错。这种议会不需要请愿的鞭策或其他任何压力。它的工作应当如此一帆风顺，以使它的成效日益显著。但事实上，众所周知，议员虚伪又自私。每个人只考虑自己的蝇头小利。恐惧成了主导动机。今天做的事明天也许就被推翻。我们绝对找不出一个例子，能够预言议会工作的最终结果一成不变。讨论到最严肃的问题时，人们可以看到议员伸懒腰、打瞌睡。有时候议员谈个没完没了，直到听众厌烦。卡莱尔把议会称作"世界聊天室"。议员不假思索地投自己党派的票。他们所谓的纪律使党员不得不服从。如果出现例外情况，某个党员独立地投了一票，就被认为是叛徒。如果把议会浪费的金钱和时间委托给少数几位出色的人物，那么今日英国的地位会重要得多。议会只是国家的一件昂贵的玩具，这些想法绝不是我一个人才有，一些伟大的英国思想家也发表过这样的观点。最近那个议会的一位议员说，一位真正的基督徒是不会成为议员的。另一个人则说，议会是个婴儿。如果它存在了七百年仍然还是个婴儿，那它什么时候才能脱离婴儿期？

读者：你让我开始思考，不要期望我马上接受你所说的一切。你给了我一些全新的观点，我必须消化它们。

编辑：你不能立刻接受我的观点是对的。如果你读一些有关的文献，就会有所理解。议会没有一个真正的主人。在首相的控制下，它的运转不稳定，被人随意推来打去。首相对自己权力的关心超过对议会利益的关切，他的精力集中于确保自己的党派获胜，他关注的并不总是议会做正确的事情。众所周知，首相使议会只为党派的利益服务。所有这些都值得我们反复思索。

读者：那么，你这不是攻击所有那些我们一直认为是爱国者和诚实的人吗？

编辑：说得对，是这样。对各位首相，我没有什么恩怨可言。但我的所见所闻使我想到，不能认为他们是真正的爱国者。假如他们没有收取人们通常所说的贿赂，就应当认为他们是诚实的，那就让人们这样认为吧。但首相往往会受到一些相对不那么显眼的影响。为了达到目的，他们确实常常用名誉贿赂人。我要毫不犹豫地说，他们没有真正的诚实，也没有活着的良心。

读者：你已经说了对议会的看法，我想知道你对英国人是怎么想的，以便了解你对他们政府的观点。

编辑：对于英国的选民来说，报纸就是他们的圣经。他们从报纸上获得提示，而报纸常常不说真话。同一个事实，不同的报纸给出不同的解释，一切取决于报纸是基于哪个党派的利益出版的。一份报纸认为某位著名英国人是诚实的模范，另一份报纸却说他不诚实。报纸都是这样的，人民的状况会怎样呢？

读者：这得要你来描述一下呀。

编辑：英国选民频繁改变观点，据说每七年改变一次。他们的观点像钟摆，不停地来回摆动，从来就不稳定。人民追随某位雄辩的演说家，或追随党派的领袖，或追随给他们好吃好喝好招待的人。有什么样的选民，就有什么样的议会。可是，他们在某个方面却发展得很充分，他们绝不允许亡国。如果任何人敢对英国有所觊觎，他们会挖出他的眼珠。但是，这并不意味着英国拥有其他的各种美德，也不意味着别国应当模仿。如果印度照搬英国模式，我敢肯定它必将自取灭亡。

读者：在你看来，英国是这种状况，原因是什么呢？

编辑：这种状况不是由于英国人有什么特别的过错，而是由于现代文明。现代文明只是一个名称，在这个名称之下，欧洲各个民族、国家正在一天天地退化、败坏。

# 第六章　文明

读者：现在你要解释你说的文明是什么意思了。

编辑：问题不在于我的意思是什么。几位英国作家拒绝将在这个名称之下接受的东西称之为文明。有关这个问题，人们写出了很多的书，组成了各种各样的社团，目的是为国家清除文明的祸害。有一位知名的英国作家还写了一本书，标题是《文明：起因与治疗》。在书中，他把文明称作一种疾病。

读者：为什么我们通常不知道这些？

编辑：答案很简单。我们很少发现有人会在思想上反对自己。那些沉醉于现代文明的人是不会写文章反对它的。他们关心的是找出支持文明的事实和论据。而且他们是无意识地这么做，相信文明是真的。就像正在做梦的人，相信他的梦境是真的。只有从睡梦中醒来，他才不会处于梦幻状态。在文明的祸害下劳作的人就像是做梦的人。我们通常阅读的作品都是现代文明的捍卫者写的，而在现代文明的信仰者当中，无疑有一些非常聪明，甚至非常善良的人。他们的文字让我们进入催眠状态。因此，我们一个接一个地被卷入现代文明的旋涡中。

读者：你这些话听上去好像蛮有道理的。现在，你愿意跟我说说，这方面你都读了些什么书，你是怎么看待这种文明的吗？

编辑：让我们先来考虑一下，"文明"一词所描述的是什么样的事物状态。实际上，文明的真谛是，置身于文明的人把感官的满足当作生活的目标。我们举几个例子来看看吧。如今欧洲人的住房比一百年前的好多了。这被认为是文明的象征，而且这也是在提倡物质生活幸福。从前他们穿兽皮、用长矛做武器；现在他们穿长裤，而且为了装饰，还穿五花八门的服装，他们还用五个或更多弹膛的左轮连发手枪代替了长矛。如果一个国家的人民先前没有穿戴那么多服装、靴子之类的习惯，现在接受了欧洲的服装，他们便被认为脱离了野蛮状态，步入文明开化。从前在欧洲人们主要靠体力劳动耕耘自己的土地；现在一个人使用蒸汽机可以耕耘大片土地，能够积累大笔的财富，这被当作是文明的标志。从前只有极少数人能写出有价值的书；现在任何人想写什么就写什么，想印什么就印什么，人们的心灵由此受到了毒害。从前人们坐四轮马车旅行；现在他们坐在火车里，以每天四百多英里的速度飞驰，这被认为是文明的巅峰。有人说过，随着人类的进步，人乘坐飞船只需几个小时就能到达世界上任何一个地方。人将不再需要双手和双脚，只需按按按钮，衣服就会出现在身旁。按按另一个按钮，就能拿到报纸。再按个按钮，就会有汽车上门等候。人们会有各种各样的珍馐。一切事情都由机器完成。从前人们和别人打架，较量的是体力；现在一个人占据山头，用一支枪就能让几千人丧命。这就是文明。从前人们露天干活，想做多少就做多少；如今为了工厂或矿山的运行，几千人拥挤在一起，工作条件连牲畜都不如。为了百万富翁的利益，他们被迫以生命为代价，从事最危险的职业。从前，人们做奴隶是由于外力的强迫；现在人们受奴役，则是因为金钱的诱惑，为了贪图金钱买来的奢侈。现在的疾病是从前的人们绝对想象不到的，大批的医生投身于研究疾病的治疗方法，因此医院增加了。这是文明的一个标志。从前需要专门的送信人，送信价格昂贵；今天任何一个人只要花一便士就能叫别人送一封信。真的，花同样的钱，一个人也可以寄出他的感谢。从前人们每天两三餐的食物都是自己做的面包，自己种的蔬菜；现在人们每隔两个小时就吃点东西，以致难得有空闲做些其他的事情。我还需要多说吗？读几本权威性的著作，你就可以查明所有这些事情。所有这些事情，都是文明的表征。假如有人持相反的意见，就说明他愚昧无知。这种文明既不考虑道德，也不考虑精神信仰。它的信仰者若无其事地说，传授信条不是他们的事。有些人甚至认为，精神信仰是迷信的产物。还有的人披上精神信仰的外衣，空谈道德。但是二十年的亲身经历使我得出结论，不道德经常披着道德的外衣传授。我上面所说的关于文明的一切，连孩子都可以懂，这种文明没有任何道德的劝导。文明追求的是增进身体-物质的享受，然而，在这么做的过程中它就悲惨地失败了。

这样的文明是反伦理的，在欧洲，它使人们深陷其中，以至于身在其中的人看起来像处于半疯癫状态。他们缺乏真正的体力或勇气。他们以沉迷维持精力。独处时，他们几乎不能快乐。妇女本应是家中的皇后，却徘徊街头，或在工厂做奴工。为了微薄的薪水，单在英国就有五十万妇女进入工厂或类似的机构，在艰苦的条件下做工。这个可怕的事实是造成妇女争取选举权的运动日益高涨的原因之一。

只要一个人耐心等待，这样的文明终将自行毁灭。根据穆罕默德的教诲，可以认为这是一种恶魔撒旦的文明。印度教称它为黑暗时代。关于这一点，我不能对你做更详尽的说明了。它正在吞噬英民族的活力，我们必须避免它。议会真的是奴役的象征。假如你进行充分的思考，就会接受同样的观点，并且停止指责英国人。他们实在值得我们同情。他们是精明的民族，因此我坚信他们会摆脱罪恶。他们足智多谋、刻苦勤奋。他们的思维模式并非天生的不道德，他们的心地也不坏，因此我尊重他们。文明不是一种不可治愈的疾病，但千万不要忘记，目前英国人正在遭受它的摧残。

## 第七章　印度为何沦陷？

读者：关于文明你说得很多了，足以让我思考再三。目前，我还不知道我应当从欧洲国家接受什么、拒绝什么。但我现在有一个问题。如果文明是一种疾病，如果它正在折磨英国，那么，英国为什么能占领印度并且长期维持对印度的统治？

编辑：你的问题不是很难回答，我们接着就能详细探讨自治的实质。我知道，我还得回答你的问题。然而，让我从你前一个问题开始回答吧。不是英国人占领了印度，而是我们把印度拱手让出了。他们在印度，并不是由于他们有力量，而是我们让他们留在这里的。现在让我们看看这些见解是否靠得住。他们来到我们的国家，本来是为了做生意。可以想一想"巴哈杜尔公司"①，是谁成就了巴哈杜尔公司？那时，他们丝毫没有建立一个王国的意图。是谁帮助了该公司的职员？是谁被他们银器的光泽所诱惑？是谁购买了他们的商品？历史表明，是我们做了这一切。为了马上致富，我们张开双臂欢迎该公司的人。我们帮助了他们。如果我习惯抽大麻，就会有销售者把它卖给我，我是该谴责销售者，还是谴责我自己？谴责销售者会让我改掉抽

---

① "巴哈杜尔公司"（Company Bahadur），亦即英国东印度公司。

大麻的习惯吗？再说，即使一位销售者被赶走了，难道不会有另一位取而代之吗？一个真正要为印度服务的人会寻根问底。如果暴食暴饮导致我消化不良，责怪食物肯定不能让我免除消化不良。探明病因的医生才是真正的医生。如果你把自己想象为诊断印度疾病的医生，一定会找出印度沦落的真正原因。

读者：你说得对。现在我想，你不必跟我大费唇舌来彻底说明你的结论。我没有耐心来了解你进一步的观点。我们现在有一个最有趣的话题。我要追随你的思路，感到困惑的时候，我会打断你。

编辑：我担心，尽管你热情十足，但是，进行深入探讨时，我们的观点会有分歧。不管怎样，只有当你打断我时，我才会与你争论。我们已经看到，英国商人在印度能够立足，是因为有我们的鼓励。我们的王公彼此争斗时，都去寻求巴哈杜尔公司的支援。这家公司娴于商业，也娴于战争，没有道德问题的困扰负担。它的目的是扩大买卖、赚钱。它得到了我们的支持，增加了货物仓库的数量。为保护仓库，它雇用了一支军队，而我们也利用这支军队。把我们当初的所作所为归咎于英国人，这难道不是无用无益的吗？印度教徒和穆斯林剑拔弩张，也给予了该公司可乘之机。我们就是这样为巴哈杜尔公司控制印度创造了条件。因此，更真实的说法是，我们把印度出让给了英国，而不是印度被英国打败了。

读者：现在，你能告诉我英国人何以守住印度吗？

编辑：把印度出让给他们的原因使他们得以守住印度。有些英国人说，他们是靠剑夺取印度，也是靠剑守住印度的。这两种说法都不对。要守住印度根本不需要剑。其实，纯粹是我们自己把他们留在了这里。据说，拿破仑把英国人形容为开店铺的民族。这种说法恰如其分。为了商业利益,他们想方设法,力保任何领地。他们的陆军、他们的海军就是用来保护商业利益的。当德兰士瓦没有显示出这方面的吸引力时,已故的格莱斯顿先生①就发现,英国不应该继续把持该地区。一旦那里成了有利可图的地方,抵抗就导致战争。张伯伦先生②很快发现,英国人喜欢在德兰士瓦享受宗主权的地位。据说,有人问已故的克鲁格总统③月球上是否有黄金。他回答说,极其不可能,因为假如有的话,英国人早就把月球吞并了。只要记住金钱是英国人的上苍,许多问题就能迎刃而解。同理,我们留住英国人,也是为了我们卑贱的私利。我们喜欢跟他们通商,他们用巧妙的方法使我们高兴,然后从我们这里拿走他们想要的东西。把这一切归咎于他们,就等于使他们的权力永久化。我们内斗不已,进一步加强了他们的控制。如果你同意上述观点,就说明英国人是为了商业贸易进入印度的。为了同一个目的,他们留在印度,而我们帮助他们这么做。他们的军队和弹药完全是无用的。在这方面,我要告诉你,在日本是英国的旗帜在飘扬,而不是日本的旗帜。为了经商,英国和日本签订了条约。你将看到,假如他们不出差错,他们在日本的买卖会大大扩张。英国人希望把整个世界变成一个大市场,以便销售他们的商品。诚然,他们做不到这一点,但谁也不能说他们不会尽力。他们将竭尽全力,争取达到这个目的。

---

① 格莱斯顿(William Gladstone),即威廉·格莱斯顿,于1868—1894年四任英国首相。
② 张伯伦(Neville Chamberlain, 1869—1940),英国政治家,1937—1940年任首相。
③ 克鲁格(Paul Kruger, 1825—1904),南非政治家,1883—1900年任德兰士瓦共和国总统。

# 第八章　印度的状况

读者：现在我懂了为什么英国人能控制印度。我想知道你怎样看待我国的状况。

编辑：印度的状况令人伤心。一想到它，我就眼泪盈眶，喉咙发紧。我很怀疑我是否能解释清楚我心中的想法。我深思之后的观点是，印度正在被压倒在地，不是由于英国人的压迫，而是由于现代文明。在现代文明这头巨兽的可怕重压下，它呻吟喘息。它还有时间逃脱，但一天比一天困难。精神信仰对我来说是珍贵的，因此我的头一个抱怨就是，印度正在丧失信仰。在此，我不是指印度教、伊斯兰教，或琐罗亚斯德教①，而是指所有精神信仰的基础正在丧失。

读者：怎么会这样呢？

编辑：有一种对我们的指责，说我们印度人是懒惰的人民，而欧洲人足智多谋、奋勇进取。我们接受了这种指责，因而希望改变我们的状况。印度教、伊斯兰教、琐罗亚斯德教、基督教等无不教导我们，对世俗的追求要淡然置之，对神圣的追求要积极主动，我们要为世俗的野心设定界限，而对精神信仰的热忱应当是无限的。我们的活动应被导向对后者的追求。

---

① 琐罗亚斯德教（Zoroastrianism），又称拜火教、袄教等。

读者：你似乎在鼓励精神信仰欺骗。许多骗子用同样的语言谈论精神信仰，把人民引上邪路。

编辑：你这是对精神信仰的不当指控。毫无疑问，各种信仰者都有骗子。哪里有光明，哪里就有阴影。我愿坚持认为，世俗事物中的骗子更恶劣。我正努力向你解释的文明的骗子，在精神信仰中根本找不到。

读者：你怎么能这样说呢？在精神信仰的名义下，印度教徒和穆斯林互相争斗。出于同样的原因，基督徒和基督徒相互冲突。在精神信仰的名义下，成千上万的无辜者遭受杀害，成千上万的人被焚烧、被拷打。无疑这比任何文明都恶劣。

编辑：我认为，你刚才说的这些苦难远比文明带来的苦难相对更容易忍受。大家都明白，你提到的残忍行径不是精神信仰的一部分，尽管它们打着精神信仰的名义，因此这些残忍行径没有了结。只要有无知、轻信的人民，它们就会一再发生。但在现代文明的火焰中被毁灭的受害者却没有尽头。它的致命后果是，人们走近它灼热的火焰，却仍然相信它对人只有好处。他们变得完全没有信仰，并且事实上也无法从世界上得到任何好处。文明就像一只老鼠，一边抚慰我们，一边啃噬我们。它的影响充分展现时，我们将看到，与现代文明相比，迷信是无害的。我并不是主张迷信要继续下去。我们肯定要竭尽全力与迷信做斗争，但不能通过蔑视的方式与迷信斗争。我们只能通过理解、保护的方式做斗争。

读者：然后，你会说，英国统治下的和平[①]是无用的累赘？

---

① 英国统治下的和平（Pax Britannica），即所谓的不列颠治世。

编辑：如果你愿意，你可以说你看到了和平，反正我没看到。

读者：你这是轻视暗杀团团员①、宾德人②和比尔人③对印度造成的恐怖。

编辑：如果你慎重思考的话，你将看到，恐怖行动绝对不是什么了不得的大事。如果恐怖是件重要的事情，那么，在英国人出现之前，其他的人早就死光了。况且，目前的和平仅仅是名义上的。因为有了它，我们变得软弱胆怯。我们不能认为英国人改变了宾德人和比尔人的本性。因此，与其有人来保护我们免遭宾德人的危害，使我们变得柔弱，不如忍受危害的风险。我宁可被比尔人一箭射死，也不愿寻求怯弱的保护。没有这样的保护，印度是英勇的印度。当麦考莱④说印度人实际上很胆怯时，暴露出他的极端无知。这种指控绝对不适合印度人。在坚强的山民居住的地方，狼和老虎大批出没，如果胆小鬼住在那里，无疑他们早就进了坟墓。你曾访问过我们的田野吗？我敢向你保证，至今农场经营者毫不害怕地睡在他们的农场里。但要是英国人、你和我睡在他们睡觉的地方，就会犹豫不决。力量来自内心的无所畏惧，而不是来自身体的肌肉。另外，我必须提醒渴望自治的你，别忘了比尔人、宾德人和暗杀团都是我们的同胞，征服他们是你我的工作。只要我们还在害怕自己的兄弟，就不能达到自治的目标。

---

① 暗杀团（Thugs），昔日印度强盗与杀人者的暗杀团，始自13世纪，终于19世纪。
② 宾德人（Pindaris），东印度西部及中印度善射之原始民族。
③ 比尔人（Bhils），东印度西部及中印度善射之原始民族。
④ 托马斯·巴宾顿·麦考莱（Thomas Babington Macaulay, 1800—1859），英国历史家、评论家、诗人及政治家。

# 第九章 印度的状况（续）：铁路

读者：我一直聊以自慰印度有和平，现在你却使我失去了这种慰藉。

编辑：我只对你谈了我对精神信仰方面的看法。假如我告诉你我对印度贫困的看法，你可能会开始讨厌我。因为迄今为止，你我认为对印度有益的事物，在我看来已经不是那样了。

读者：你说的是什么呢？

编辑：铁路、律师和医生使这个国家变得如此穷困，以致如果我们不及时觉醒，它就将被毁灭。

读者：的确，现在我担心我们的意见不可能一致。你所抨击的制度，正是我们直到现在一直认为是好的制度。

编辑：这就需要发挥耐性了。对文明的各种罪恶的真正内在性，你理解起来是有些困难的。医生告诉我们，痨病病人快要死了的时候，仍然不会放弃自己会活下去的想法。痨病不会给人带来明显的损伤疼痛，相反，还能让病人的脸色发红，让人误以为一切安好。文明就是这样一种疾病，我们必须特别留神。

读者：那好，那就让我听听你对铁路的看法吧。

编辑：你肯定很清楚，要不是有了铁路，英国是不可能像现在这样牢固控制印度的。铁路还传播了瘟疫,没有铁路,大批的人不能四处流动,他们是瘟疫病毒的携带者。以前,我们有自然的隔离。铁路还增加了饥荒出现的频率,这是因为有了便利的火车,人们把谷物送往价格最昂贵的市场出售。人们变得满不在乎,因此,饥荒的压力增加了。铁路使人的罪恶天性膨胀,坏人以更快的速度实现他们罪恶的图谋。印度的圣地变得不再神圣。从前,人们拜访这些地方,一路上历经千辛万苦。因此,一般而言,从前只有真正的虔诚信徒才去朝拜圣地;如今流氓无赖也前往圣地,去了只是胡作非为。

读者:你说的这些都是一面之词。好人可以去圣地,坏人也可以。为什么他们不能充分利用铁路的好处?

编辑:善行传播起来总是慢如蜗牛爬行,与铁路没有多少干系。那些做好事的人都是不自私的人,他们从不匆忙。他们知道,使人有心向善需要很长的时间。但是,恶行传播起来,却能迅疾如飞。建造一所房子需要耗费时日,捣毁它只需要瞬间。因此,铁路可以成为只传播罪恶的媒介。铁路是否传播了饥荒,这可以争论,但毫无疑义的是,它扩散了罪恶。

读者:就算是这样,铁路确实带来各种各样的弊端,但是,有一个事实足以抵消铁路的所有弊端,这就是,由于有了铁路,我们在印度看到了民族主义的新精神。

编辑:我坚持认为这是一个错误。英国人跟我们说,我们以前不是一个民族,需要几个世纪的时间才能成为一个民族。这种说法没有根据。他们来到印度之前,我们就是一个民族,有一种思想鼓舞着我们。我们的生活方式是一样的。正是因为我们是一个民族,他们才能建立一个王国,然后对我们分而治之。

读者：这点需要你给予解释。

编辑：我不是要说，因为我们是一个民族，就没有差别。但是，人们知道，印度先前的贤达步行或乘牛车走遍印度，学习彼此的语言，彼此并不疏远。那些富有远见的先辈建立了许多朝圣地，如南方的塞都盘驮①、东方的扎格纳特②、北方的赫尔德瓦尔。他们建立这些朝圣的地方，你认为他们的意图是什么呢？你会承认，他们不是傻瓜。他们知道，不出家也照样能敬拜神灵。他们教导我们，心中燃着公义的人就像神圣的恒河在自己的家里。但是，他们也看到，大自然造就了印度这块完整的土地。因此，他们提出，印度一定是一个完整的民族。从这一论点出发，他们在印度四处建起神圣的庙宇，激发人们的民族观念。这种做法在世界其他地方是找不到的。我们印度人是一个整体，而世上没有两个英国人是这样的。只有你、我和其他一些自以为文明开化和高人一等的人才会想象我们是许多民族。铁路出现之后，我们开始相信有民族差别。现在，你可以说，由于铁路，我们开始消除差别。这就像吸鸦片的人在吸食鸦片之后明白了鸦片能上瘾，于是就说吸鸦片有好处。我请你好好想一想我对铁路的看法。

---

① 塞都盘驮（Setubandha），即拉迈什瓦尔（Rameshwar），意为罗摩自在，南印度宗教祖师名。
② 扎格纳特（Jagannath），意为万神之地。

## 第十章　印度的状况（续）：律师

读者：你跟我说，两个人吵架不应该去法庭，这太让我震惊了。

编辑：无论你是否认为这种事情令人震惊，这是实情。你的问题使我们注意到了律师和医生。我确信律师奴役了印度，加剧了印度教和伊斯兰教的纷争，确立了英国的权威。

读者：提出这些指控很容易，但你很难给出证明。除了律师，谁能向我们展示通往独立的道路？谁来保护穷人？谁来维护正义公道？例如，已故的曼·莫罕·高士免费为许多穷人辩护。你大力赞扬的国大党，它的存在和活动离不开律师的工作。你公然抨击这些令人尊敬的人，是不公正的。你贬低律师是在滥用新闻自由。

编辑：我的想法一度和你的一模一样，我无意要你相信他们没做过一件好事。我怀念高士先生，他真的帮助了穷人，国大党在一些事情上得益于律师，这种说法也是可信的。律师也是人，每个人都有好的一面。然而，每当提起律师做好事的时候，我们总会发现，他们做好事是因为他们是人，而不是律师。我要向你说明的是律师职业的不道德，这种职业沉浸在诱惑中，从事这种职业的人没几个能够例外。

印度教徒和穆斯林发生了纷争。一个普通人会请他们不计前嫌，他会告诉他们，他们双方或多或少都有过错，并且劝他们不要再争吵。但是，他们去找律师，事情就不一样了。律师的职责是与他们的当事人站在一边，找有利于当事人的解决办法和论据，而这些法律论据常常是当事人不知道的。假如律师不这样做事，就被认为贬低了他们的职业。因此，律师通常不是去压制纷争，而是推进纷争。而且，人们从事律师职业，不是为了帮助他人摆脱悲惨的境况，而是为了自己致富。这是发财致富的一条道路，他们的利益在于繁衍纷争。据我所知，人们有纷争，律师就高兴。小律师实际上制造纷争。他们四处招徕，就像许许多多的水蛭，吸吮穷人的血。律师是没有什么事可做的人，为了享受奢侈的生活，懒惰成性的人选择律师的职业。我说的可是真话，任何其他的理由都只是借口。发现律师职业崇高的是律师。他们编织法律，就像编织自我赞美一样。他们决定收取多少费用，他们如此自吹自擂，让穷人简直把他们看作神仙下凡。

为什么他们要比普通劳动者索要更多的费用？为什么他们的职业要求更高？究竟从哪方面来看，他们跟劳动者相比，对国家更有益？做好事的人该得到更多的报酬吗？如果他们是为了钱才为国家做事，怎么能说他们是好人？

对印度教徒和穆斯林的纷争有点了解的人都知道，纷争常常是律师的干预引起的。有些家庭就这样被他们毁了，他们还使兄弟之间反目为仇。一些公侯国被律师控制，结果负债累累。许多人的钱财被洗劫一空。这样的例子数不胜数。

但是，他们给国家造成的最大危害是巩固了英国人的统治。假如没有法院，你认为英国人还能维持他们的统治吗？认为法院是为人民的利益建立的，这种想法是错的。那些想永久把持权力的人通过法院达到他们的目的。如果让人们自己解决纷争，第三方就不可能向他们施加任何权威。真的,人们通过打架或者通过寻求亲属了断纷争,就不是那么有男子气。假如他们求助于法庭,就更加怯弱和胆小了。用打架来解决争端肯定是一种野蛮的标志。但如果请第三方来解决你我之间的纷争,又能好到哪里去呢?可以肯定,第三方的决断并不总是正确的。只有当事方知道谁对谁错。我们由于头脑简单加上无知,才会认为拿走我们的钱陌生人会给我们公道。

关键是要记住,没有律师就没有法院,或法院就不起作用;没有了法院,英国人就无法统治。假设只有英国的法官、英国的律师和英国的警察,他们就只能统治英国人。离开了印度的法官和印度的律师,英国人就无法统治印度。律师是怎么来的,他们怎样得到的优惠待遇,这些事情你应该清楚明白,然后你就会和我一样痛恨律师行业。如果律师放弃他们的职业,认为当律师像卖淫一样可耻,那么英国的统治会在一天之内崩溃。对我们提出指责,说我们喜欢纷争和打官司,就像鱼儿喜欢水,他们可是发挥了至关重要的作用。我所说的关于律师的这些话也适用于法官,他们是近亲,互相支持。

# 第十一章　印度的状况（续）：医生

**读者**：现在我理解了律师，他们做了好事是由于偶然，我感到律师职业实在可恶。你把医生也归于同类，这是怎么回事？

**编辑**：我向你说的观点，是我从别人那里接受的，不是我的首创。西方的作家在谈到律师和医生时，用的是更为激烈的措辞。有一位作家把整个现代文明制度比作见血封喉树①。它的树枝是寄生的职业，包括法律类和医学类。树干上悬挂着真正的精神信仰之斧，不道德是树根。因此你可以明白，这些观点不是出自我的头脑，而是代表了许多人的总体经验。我曾经十分热爱医生职业，为了国家，我一度立志当医生。现在我不再有这种想法，我理解了为什么在我们当中，以印度传统医术给人治病的人没有声誉卓著的地位。

英国人的确有效地利用了医生职业来控制我们。人们知道，一些英国医生利用他们的职业，与好几个亚洲统治者交往，谋求政治好处。

医生几乎使我们精神错乱。有时候我想，即使是庸医也要比高级医生好。我们先这样想一想，医生的职责是照护人的身体。或恰当地

---

① 见血封喉树（Upas Tree），爪哇产的桑科毒树。

说，这还不是他们的职责。他们的职责是去除身体的病患。那么，疾病又是怎样产生的呢？当然是由于我们的疏忽或放纵。我吃得太多，就会消化不良。我去看医生，他给我开药，我就被治好了。我又去暴食，再吃医生的药。如果我第一次不吃药，就会遭受应得的惩罚，不敢再去暴食了。但医生进行干预，助长了我的放纵。我的身体肯定感到舒服了，但心智却虚弱了。因此，持续不断的医疗必将导致心智控制能力的下降。

我沉溺于恶习，感染上疾病，医生便治愈我。十之八九，我会重蹈覆辙。如果没有医生的干预，大自然会发挥它的作用，我将获得自我控制能力，从恶习中摆脱出来，成为幸福的人。

医院是传播罪孽的机构。人们对自己的身体疏于关怀，道德堕落就会增加。欧洲医生是最坏的医生，出于照护人的身体这种错误的目的，他们每年杀害成千上万的动物，进行活体解剖。没有任何信仰会认可这种做法。所有的信仰都认为，没有必要为了我们的身体而夺走那么多的生命。

这些医生违背了我们的信仰天性。他们绝大多数的药物不是含有动物脂肪，就是含有烈性酒。对印度教徒和穆斯林来说，这两种东西都是禁忌。我们可以自认为文明开化，把禁忌视为迷信，肆意享用我们喜好的东西。事实上，医生诱惑我们去放纵，结果我们被剥夺了自我控制能力，变得萎靡不振。在这种情况下，我们不适合为国家服务。学习欧洲医学就是加重我们的奴役。

值得考虑的是，为什么我们选择医生职业？肯定不是为了服务人类。我们当医生，是为了获得名誉和财富。我已经尽力说明，医生职业不是真正服务人类，而是有损于人类。医生炫耀他们的知识，收取超额的费用。他们的药品，本来只值几个便士，却卖几个先令。平民百姓由于轻信和希望去除某些病患，甘愿受欺骗。我们知道的庸医难道不比披着仁慈外衣的医生更好吗？

# 第十二章　什么是真正的文明？

**读者**：你已经抨击了铁路、律师和医生。我能明白你会抛弃所有的机器，那么什么是文明呢？

**编辑**：这个问题不难回答。我相信进化至今的印度文明在世界上是不会被击败的。我们祖先播下的种子是无与伦比的。罗马消亡了，古希腊的命运也一样，法老的权势土崩瓦解，日本变得西方化，现在关于中国没有什么可说的。但由于某种原因，印度还是根基牢固。欧洲人从古希腊或罗马的著作中学习，而古希腊和罗马的昔日辉煌已经黯然失色。在努力向他们学习的过程中，欧洲人认为能避免古希腊和罗马的错误，这正是他们的可怜之处。在所有这些时世嬗变中，印度一直岿然不动，这是她的光荣。有人指责印度，认为她的人民不开化、愚昧和麻木，以致不可能促使他们接受任何变革。这种指责正好是针对我们优点的指责。对于我们通过经验检验并发现为真理的东西，我们不敢变更。许多人把自己的意见强加给印度，但印度保持稳定。这正是她的伟大之处，她是我们希望的靠山。

文明是一种行为模式，它向人们指出应尽的责任。履行责任和遵守道德是可以互换的说法。遵守道德是为了控制我们的思想和欲望。在这样做的过程中，我们才能了解自己。在古吉拉特语中，文明的同义词是"品行端正"。

假如这种解释是对的,正如许多作家已经说过的,印度不需要向其他任何人学习,事情本应该如此。我们注意到,人的心智像只不安分的鸟儿,它得到的越多,想要的就越多,并且仍然不满足。我们越放纵自己的各种欲望,它的胃口就越大。因此,我们的祖先限制我们纵欲,他们看到幸福主要是一种精神状态。一个人不一定因为富裕而幸福,也不一定因为贫穷而不幸福。人们经常可以看到富人郁郁寡欢,而穷人高高兴兴。数百万的人总是穷人。我们的祖先观察到这些现象,劝导我们不要沉迷于奢侈与享乐。至今,我们使用的耕犁和数千年前的一样,我们居住的农舍和以前一样,我们本土的教育也和以前一样。我们没有失去生活的竞争机制。每个人做好本职工作或商业,索取规定的工钱。不是我们不懂怎样发明机器,而是我们的祖先知道,如果我们把心思专注于这类事情,我们就会变成奴隶,道德就会沦丧。因此,祖先们深思熟虑后决定,我们只依靠双手和双脚来做事。他们明白,我们真正的幸福和健康在于合理地使用我们的手脚。他们进一步推论,大城市是陷阱和无用的累赘。在那里人们不会幸福,小偷和强盗结帮成伙,卖淫和恶行猖獗,穷人会被富人抢劫。因此,他们对小村庄感到称心如意。他们看到,国王和他们的刀剑不如伦理之剑。他们认为,世界上的最高统治者不如先知和游方僧。具有这种资质的国家更适宜去教导别人,而不是向别人学习。这样的国家有法院、律师和医生,但他们都受到一定的制约。大家都知道,这些职业并没有什么特别的优越之处,何况这些律师和医生不掠夺老百姓,他们要依靠人民生活,而不是人民的主人。在这样的国家,司法还算公正。惯常的规则是避免上法庭,没有人去引诱人们上法庭。这种不好的事情也只有在首都或首都附近的地方才明显。一般的人独立生活,从事农业劳动。他们喜欢真正的自治。

在这种可恶的现代文明还没有到达的地方,印度仍然和过去一样。那些地方的居民会理所当然地笑话你的新奇观点。英国人统治不了他们,你也永远不能。我们并不了解我们代表的那些人,他们也不了解我们。我要劝你和像你一样热爱祖国的人,去还没有被铁路污染的地方,深入内地住上六个月,然后你也许会成为爱国者,并谈论自治。

现在,你明白我认为的真正文明是什么了。那些想改变我所描述状况的人,是这个国家的敌人和罪人。

读者:如果印度完全像你描述的那样,那也没什么不好。但是,印度也有成千上万的儿童寡妇,有两岁的幼儿就结婚,十二岁女孩就做母亲和家庭主妇,有一妻多夫制,有"尼瑜古"① 的做法,女孩在精神信仰的名义下卖身,绵羊和山羊在精神信仰的名义下被屠杀。你认为,这些现象也是你所描述的文明的象征吗?

编辑:你错了。你所说的弊病确实是弊病。没有人会错把它们当成是古代文明。尽管有文明,但这些弊病依然存在。人们一直在努力,并且将继续努力消除它们。我们可以利用发自内部的新精神来净化消除这些坏事。但我向你描述的现代文明的标志,它的拥护者对它们是全盘接受。我向你描述的印度文明,也被它的赞成者这样描述过。人们无法在世界上任何一个地方、任何文明中获得十全十美的境界。印度文明倾向于提高人的道德水平,而西方文明则倾向于使不道

---

① "尼瑜古"(Niyogo),意为决定、义务、命运,在此特指古印度一种陋习,容许无子女的妇女向她死去丈夫的兄弟或近亲提出做爱的要求。

德四处蔓延。西方文明是没有神灵的,印度文明则是基于对神灵的信仰。有了这样的理解和信念,每一位热爱印度的人都应该依恋印度文明,如婴儿依恋母亲的乳房一样。

## 第十三章　印度怎样才能获得自由？

读者：我欣赏你关于文明的看法。我还需要反复思考，不能立即全部理解。既然你持有这些观点，那你觉得怎样才能使印度获得自由？

编辑：我不期待人们突然接受我的观点。我的责任是把我的观点呈现在你这样的读者面前，然后把余下的事情交给时间。我们已经探讨了印度获得自由的条件，但是以间接的方式探讨的。现在我们直接讨论这个问题。有一条世界闻名的格言说，消除了病因，也就消除了疾病。同样，如果印度被奴役的原因消除，就能获得自由。

读者：如果印度的文明像你所说的那样是最好的，你怎样解释印度被奴役的状态？

编辑：毫无疑问，印度文明是最优秀的文明之一，但要看到所有的文明都在经受考验。只有长久的文明能够经受住考验继续存在下去。由于印度的儿女不争气，所以她的文明处于危急之中。但是，印度文明的力量在于她度过震荡而继续存在的能力。况且，并不是整个印度都受到了影响。只有受到西方文明影响的人才被奴化了。我们用自己可悲的尺子衡量整个宇宙。我们沦为奴隶，就认为整个宇宙都被奴役了。我们处于不幸的状况中，就认为整个印度也陷入了这种状况，事实并非如此。同样，我们不应把自己被奴役的状况归咎于整个印度。如果我们牢记上述事实，就会明白，如果我们获得了自由，印度就自由了。顺着这样的思路，你会对自治有清晰的了解。我们学会控制自己，这就是自治。因此，自治掌握在我们的掌心中。不要以为这种自治是一场美梦，它不是无所作为。我希望描述的自治是这样的一种自治，我们一旦实现了它，就要用尽余生的力量劝说别人也这么做。但这种自治必须是每个人的亲身体验，一位溺水的人不可能拯救别人的性命，如果我们自己还是奴隶，却想着去解放别人，就是纯粹的自负。现在你明白了，赶走英国人没必要成为我们的目标。如果英国人印度化了，我们可以让他们住在这里。如果他们希望继续住在印度并保留他们的文明，印度就不应该让他们存在。这种情况的出现取决于我们。

读者：英国人竟然印度化，这绝对不可能。

编辑：这么说好像英国人没有人性。他们是否印度化无关紧要。如果我们把自己的房间收拾干净，适合居住的人自会留下，其他人会自行离开。在所有人的经验中，都有这种事情发生。

读者：但这种事情历史上还没有发生过。

编辑：相信历史上不曾发生过的事情今后绝不会发生，就等于不相信人的尊严。无论如何，我们应该尝试自己的理性喜爱的事情。所有的国家情况各不相同。印度的情况独一无二，她的力量不可估量。因此，我们不需要参考别国的历史。我已经让人们注意这样一个事实：其他许多文明都消亡了，印度文明却经历了多次震荡而幸存下来。

读者：我不明白这点。毫无疑问，我们要用武力赶走英国人，只要他们还在印度，我们就不能安宁。我们的一位诗人说过，奴隶甚至不会梦想到幸福。英国人在这里，使我们一天天地衰弱下去。我们的伟大已经消失，我们的人民看上去惊恐万状。英国人在我们的国家就像一种病害，我们要想尽一切办法把他们除掉。

编辑：你情绪激昂，把我们前面一直在探讨的东西都忘记了。是我们招来了英国人，是我们留下了他们，你忘了吗？由于我们采纳了他们的文明，才使他们出现在印度。你对他们的仇恨应该转化为对他们文明的仇恨。但是，现在让我们假定必须用战斗赶走英国人，怎样才能做到这一点？

读者：采用意大利那样的方式。马志尼[①]和加里波第[②]能做到的事情，我们也能做到。你不能否认他们是非常伟大的人物。

---

[①] 马志尼（Giuseppe Mazzini，1805—1872），意大利民族独立运动时期民主共和派领袖和政治思想家，主张废除君主专制。
[②] 加里波第（Giuseppe Garibaldi，1807—1882），意大利民族独立运动领袖，领导了罗马共和国的保卫战。

## 第十四章　意大利和印度

编辑：你提到的意大利的例子很好①。马志尼是伟人和好人，加里波第是出色的勇士。他们两人都令人敬佩，从他们的生平中，我们能学到许多东西。但是意大利的情况和印度有所不同。首先，马志尼和加里波第的差别值得注意。就意大利的情况来看，马志尼的雄心壮志还没有实现。马志尼在有关人的责任的文章中写道，人必须学会如何控制自己，意大利现在还没有这样。加里波第与马志尼的观点不同，加里波第发放武器，而每个意大利人也拿起了武器。意大利和奥地利有着相同的文明，这方面他们是堂兄弟。这是个以牙还牙的问题。加里波第是要把意大利从奥地利的枷锁中解放出来。加富尔②首相的诡计使意大利的那段历史蒙上耻辱。结果如何呢？如果你认为意大利人统治意大利，意大利的国民就会高兴，那你还在黑暗中摸索。马志尼确凿地说明，意大利并没有获得自由。维克托·伊曼纽尔③赋

---

① 意大利在中世纪和近代前期一千多年的历史中，一直处于外国占领、四分五裂的状态中，1870 年统一之前，意大利被奥地利、法国、西班牙等国占领和统治。
② 加富尔（Camillo Benso Cavour，1810—1861），意大利贵族和君主立宪派领袖，意大利王国首任首相。
③ 维克托·伊曼纽尔（Victor Emanuel，1820—1878），统一意大利，成为意大利统一后的第一位国王。

予这种表达方式一种意义，而马志尼则赋予其另一种意义。根据伊曼纽尔、加富尔，甚至还有加里波第的说法，意大利意味着意大利国王及其仆从。根据马志尼的说法，意大利意味着意大利全体人民，即意大利的农民，而伊曼纽尔只是国家的仆人。马志尼心目中的意大利仍处在奴役状态中。在所谓的民族战争时期，是敌对的两个国王相互对抗，意大利人民是棋盘上的走卒。那片土地上的劳动阶级仍然生活悲惨。因此，他们热衷于暗杀、发动叛乱、组织起义。否则，他们扮演的角色都是意料之中的。奥地利军队撤退后，意大利实质上得到了什么好处？好处仅仅是名义上的。那些当初引发战争的改革要求到头来都没有得到许可，人民的状况总体上也没有发生什么变化。我肯定你不希望印度再次出现这样的情况。我相信你想要的是广大印度人民的幸福，而不是把政府把持在你的手中。如果是这样的话，只有一件事情我们必须考虑：广大人民怎样获得自治？你得承认，在几位印度王公的统治下，人民被压倒在地，受到残酷的压制。他们的暴政甚至超过了英国人。如果你希望印度出现这种暴政，那么我们今后将永远不会有一致意见。我的爱国主义没有告诉我，假如英国撤退了，我就要容忍人民被印度王公践踏。如果我有力量，就要反抗印度王公的暴政，如同反抗英国人的暴政一样。我所说的爱国主义是指全体人民的福祉。如果我能从英国人手中获得人民的福祉，就会向他们低头臣服。如果哪位英国人愿意把自己奉献出来争取印度自由、反抗专制暴政，并服务于这片土地，我就会把这位英国人当作印度人一样欢迎。

另外，只有印度有武器的时候，才能像意大利那样作战。你还全然没有考虑到这个问题。英国人武器精良，这并不令我害怕。但是很清楚，假如我们要跟他们对阵，成千上万的印度人就必须武装起来。

假如这种事情是可能的，那要花费多少年的时间？况且，大规模地武装印度，就是使印度欧洲化，她的状况会像欧洲一样可怜。简而言之，这就意味着印度必须接受欧洲的文明。假如这就是我们想要的，那么我们中的一些人会在那种文明中接受良好的训练，这是最好的事情。然后我们将为争取一些权利而斗争，将得到我们能够得到的东西，以此打发日子。但事实是，印度民族不会采取武装斗争，而它不这么做也没错。

读者：你言过其实了。不需要所有的人都武装起来。首先我们要刺杀几个英国人，造成恐怖。然后，一些有武器的人会公开作战。我们也许会丧失大约二十五万人的生命，但我们将重新获得土地。我们将开展游击战争，打败英国人。

编辑：也就是说，你想使印度神圣的土地不再神圣，用暗杀的方式使印度获得自由，这样的想法难道没有让你战栗吗？我们需要做的是牺牲自己，杀死别人是胆小鬼的想法。你究竟想通过暗杀的方式使谁获得自由？广大的印度人民不希望这样，沉醉于可怜的现代文明的人才会有这种想法。那些靠暗杀上台的人肯定不会让全体国民感到幸福。有些人认为，印度因有了迪因格拉行动或类似的行动而得到好处，这种想法是严重错误的。迪因格拉是一位爱国者，但他的爱是盲目的，他以错误的方式献出了生命，最终结果只能是有害的。

读者：但你得承认，暗杀行为使英国人胆战心惊，莫莱总督实行改革是出于恐惧。

编辑：英国人是既胆小又勇敢的民族。我相信，英国很容易受到枪炮的影响。莫莱总督可能出于恐惧而准许改革，但是，出于恐惧而准许的东西，只能在恐惧持续期间得到维持。

## 第十五章　残酷的武力

读者：这真是一种新的学说，即通过恐惧获得的东西，只能在恐惧持续期间得到维持。难道给出的东西就不能收回去吗？

编辑：并非如此。1857年的公告是在一场起义结束后发布的，目的是维护和平。当和平得到保证，人们变得头脑简单时，它的全部效力就减弱了。如果我因恐惧惩罚而不敢去偷东西，那么一旦恐惧消除，我就会马上重操旧业。这几乎是普遍的经验。我们认定可以通过武力强迫人们做事，于是我们就使用武力。

读者：你的论点不能自圆其说，你难道不承认这一点吗？你看，英国人在他们自己的国家得到的东西，就是靠野蛮的武力得到的。我知道你会说，他们得到的东西是无用的，但这并不影响我的论点。他们想要无用的东西，他们就得到了。我的观点是他们的愿望得到满足了，至于采取了什么手段，那又有什么关系？为什么我们不能为了达到良好的目的而不择手段，甚至不惜使用暴力呢？对付潜入房间的小偷，我难道还要考虑采用什么手段吗？我的责任是无论如何也要把他赶走。你似乎承认我们什么也没有得到，而通过请愿也不会得到任何东西。那为什么我们就不能使用暴力呢？为了保持我们得到的东西，我们应该用同样的暴力来维持恐惧，使恐惧达到必要的程度。一个人持续使用强力来阻止一个孩子把脚伸进火里，对这样的人，你是不会加以斥责的。为了达到目的，我们总要采取某种手段。

编辑：你的推论貌似合理，但它欺骗了许多人。在此之前，我使用过类似的论点，但现在我认为我以前错了，我将竭力使你幡然醒悟。让我们先来讨论这种论点，这就是，为了达到目的而使用野蛮的武力是正当的，因为英国人使用相同的手段达到了他们的目的。一点不错，他们确实使用了野蛮的武力，我们如法炮制也是可能的。但是，使用相同的手段，我们只能得到和他们得到的一样的东西。你会承认，我们不愿那样。你相信手段和目的没有关系，这种想法是一种错误。由于这种错误，甚至那些被认为有信仰的人也犯下了滔天罪行。按照你的推理，播种毒草能长出玫瑰。如果我要横渡大洋，我只能乘船。如果我赶着一辆马车过海，我和马车都会很快沉入海底。"有什么样的神灵，就有什么样的信徒"是一条值得回味的格言。它的含义一直遭到歪曲，人们因此误入歧途。手段好比一粒种子，目的好比一棵大树，就像种子和大树之间的关系不可侵犯一样，手段和目的之间的关系也不可侵犯。我匍匐在魔鬼面前，就不会得到敬拜神灵的结果。因此，如果有人说"我想敬拜神灵，使用魔鬼的手段来敬拜神灵也没有关系"，说这种话的人就会被认为是愚蠢的笨蛋。种瓜得瓜，种豆得豆。1833年英国人使用暴力获得了更大的投票选举权，使用野蛮的武力使他们更加理解自己的责任了吗？他们想要选举权，他们用暴力得到了选举权。但真正的权利是履行义务的结果，这种权利他们还没有得到。因此，我们看到，英国每个人都想得到并坚持争取权利，我们看到了这些人的力量，没有人考虑他的责任。每个英国人都想得到权利，那么，由谁来赋予权利，又把权利赋予谁呢？这里我不想暗示他们一点也没有尽自己的义务，他们只是没有尽与这些权利相应的义务。他们不履行那种特定的义务，也就没有获得履行权利所需的适当性，他们的权利就对他们构成了一种负担。换句话说，他们所得到的东西恰恰是他们所采用手段的结果，他们使用了与目的相应的手段。如果我想抢走你的手表，肯定要跟你打架抢夺。如果我想买你的手表，就得付钱给你。如果我想要一份礼物，就会请求你把它送给我。根据我采用手段的不同，手表可以是赃物、财产或一份馈赠。这样我们看到，三种不同的结果来自三种不同的手段。你还要说手段无关紧要吗？

现在我们再来讨论你提出的赶走小偷的例子。你认为赶走小偷可以不择手段，我不同意。如果是我的父亲来偷东西，我选择一种手段。如果小偷是熟人，我会用另一种手段。如果他是完全陌生的人，我将用第三种手段。如果他是一个白人，你或许会说，你使用的手段可能与对付印度小偷不同。如果小偷与你相比是个弱者，对付他的手段肯定会和对付跟你一样强壮的小偷不同。如果小偷从头武装到脚，我就只能保持安静。这样看来，在父亲和全副武装的小偷之间，我们有各种各样的对付手段。另外，我想无论小偷是我的父亲，还是一位强壮的拿着凶器的人，我都应当假装睡觉。理由是，我的父亲也可能拿着凶器，我回避他们的强力，让他们偷走我的东西。父亲动用武力，会使我悲戚地哭泣。手持凶器的人动用武力，会激起我的满腔怒火，使我们变成仇敌。这是很有意思的情况，由这些例子出发，我们大概不能在每种情况下，对于采用什么样的手段取得一致的意见。我自己好像很清楚在所有情况下应该做什么，但我的解决办法也许会让你感到害怕。因此，我拿不定主意是否应当把我的解决办法介绍给你。眼下我留给你去猜测,如果你猜不到,显然就要在每种情况采取不同的手段。你将会看到,并不是任何手段都可以用来赶走小偷,你必须根据不同情况采用适当的手段。因此,接下来的推理就是,你的责任不是使用你喜欢的任何手段赶走小偷。

让我们再来做深入一些的探讨吧。假如全副武装的人抢夺了你的财产,你整天想着这件事,满腔怒火,你认为要惩罚这个恶棍,不是为了你自己,而是为了邻居的利益。你召集了一群有武器的人,要对恶棍的房子发起袭击夺取它。那个恶棍事先得到了消息逃跑了,他也被激怒了。他召集了一帮盗贼,向你发出挑衅,说要在大白天来抢劫。你自己很有力量,不害怕他,而且也准备好了对付他。与此同时,这个强盗骚扰你的邻居,邻居纷纷向你诉苦。你说你所做的一切都是为了他们,你不介意自己的财产被偷。邻居们说,以前盗贼从来不骚扰他们,全是因为你宣布与他为敌后,他才开始劫掠,于是你进退维谷。你对这些可怜的人充满同情,他们说的全是实话。你准备做什么呢?如果现在你对强盗放任不管,你就会脸面无光。因此,你对那些可怜的人说:"别介意。来吧,我的财富就是你们的。我会给你们武器,我会教你们怎样使用武器。你们应该痛打恶棍,决不要放过他。"这么一来,冲突升级了,盗贼的人数增多了;你的邻居也有意识地让自己面对麻烦。因而,要报复强盗的后果是,你扰乱了自己的宁静,你总是担忧被抢劫或被袭击。你的勇气消失了,取而代之的是胆怯。如果你耐心地考虑这个观点,就会明白我没有夸大其词,这是其中一种手段。现在让我们考虑另一种,你把这个强盗看作是你的愚昧兄弟,你打算在适当的时候说服他弃恶从善。总之,你认为他是你的同胞,你不知道什么原因促使他去盗窃。因此,可能的话,你决定消除他偷窃的动机。当你正在说服自己的时候，那个人又来偷窃了。你不再对他生气，反而怜悯他。你觉得这种盗窃习惯一定是他的一种疾病。因此，从今以后你门户敞开，改变你睡觉的地方，把物品放在小偷最容易拿到的地方。这个小偷又进来了，目睹眼前的一切，他感到迷惑不解，可还是拿走了你的东西，但他的思想受到了触动。他到村里打听你的情况，了解你宽广的胸怀和仁慈的善心，他后悔莫及，恳求你的原谅，归还你的东西，再也不偷窃了。他成为你的仆人，你帮他找到一份受人尊敬的职业，这是第二种手段。你看到，不同的手段产生完全不同的结果。我并不希望由此得出推论，强盗小偷都会以上述方式行事，而所有的人都会像你一样充满怜悯和富于同情心。我只是希望表明，良好的手段才能产生良好的结果。而且我还要表明，假如不是在所有情况下都如此的话，至少在大多数情况下，仁慈和同情的力量远远超过武力的力量。运用野蛮的武力有害，而运用同情则永远不会有害。

　　现在我们来探讨一下请愿的问题吧。毫无疑问，如果没有武力做后盾，请愿是无用的。然而，已故的罗纳德法官曾说过，请愿可以达到有用的目的，因为请愿是教育人民的一种手段，请愿能让人民了解自己的状况，并对统治者发出警告。从这个角度来看，请愿并不是全无用处。一个各方面与你旗鼓相当的人提出请愿是一种礼貌的表现。一个奴隶提出请愿是他受奴役的标志。以武力为后盾的请愿是来自旗鼓相当对手的请愿，他以请愿的方式表达他的要求，便显示出他的高贵。有两种力量可以成为请愿的后盾，一种是："如果你不把这个给我们，我们就会伤害你。"这是武力的力量，我们已经讨论了它的不良后果。另一种力量则可以这样表达："如果你不答应我们的请求，我们将再也不是你的请愿者。只有当我们继续保持被统治者的状态时，你才能统治我们。我们今后再也不会和你交往。"这种方式蕴含的力量可以说是爱的力量、灵魂的力量，或用更流行但不够准确的说法——消极抵抗。这种力量是坚不可摧的，使用这种力量的人完全明白自己的处境。我们有句古老的谚语，它的字面意思是："一种消极方法可以治愈三十六种疾病。"面对爱或灵魂力量的反抗，武力就无能为力。

现在让我们说说你举的最后一个例子吧，也就是使用强力阻止一个孩子把脚伸进火里。那样做对你没有用，你能真正为那孩子做些什么呢？假如他将你的体力耗尽，最终还是会冲进火里，你仍然无法阻止这件事的发生。你只有两种选择：要么杀死他，以免他葬身火海；要么献出你自己的生命，因为你不忍心看到孩子在你眼皮底下被烧死。你当然不会杀死他，假如你的心没有彻底充满怜悯，你也可能不会在他进入火海之前，自己跳进火中。结果是，你最终还是会无助地看他进入火海。这样你无论如何不会动用强力。假如在可能的情况下，你用力阻止那个孩子冲入火海，我希望你不会认为这仍然是一种强力，尽管它是暴力的一种低级形式，但那种力量与暴力是有区别的，我们必须明白它是什么。

要记住，在阻止孩子冲入火堆的过程中，你所关心的完全是他的利益，你是为了他的利益才运用了你的权威。你的例子不适用于英国人。在使用野蛮的武力反抗英国人的时候，你只顾及自己的也就是民族的利益，不牵涉同情也不牵涉爱。如果你说，英国人的行为是邪恶的，代表着火，并且认为他们是出于无知而如此行动的，在你看来他们就像一个孩子，而你想保护这样一个孩子，那么你就必须压倒所有这类恶行，不管这种恶行是谁犯下的，而且要像拯救坏孩子的时候那样，必须牺牲自己。如果你有如此博大的同情心，我祝愿你在实践同情心的时候一切顺利。

## 第十六章　消极抵抗

读者：你所说的灵魂的力量或真理的力量，在历史上是否有成功的证据？好像没有哪个民族是通过灵魂的力量崛起的。我仍然认为，没有实际的惩罚，坏人不会主动放弃恶行。

编辑：诗人图尔西达斯[①]说过："同情或爱是精神信仰的根基，就像自我是身体的根基一样。因此，只要我们还活着，我们就不能没有同情。"对我来说，这句话像是科学真理。我相信它，就像相信二加二等于四。爱的力量与灵魂的力量相同，也与真理的力量相同。我们有证据显示，它在每一步都发挥作用。如果没有爱的力量存在，整个宇宙早就消失了。但你要的是历史证据，因此，有必要弄清楚什么是历史。在古吉拉特语中，与历史对应的说法是："它是如此发生的。"如果这就是历史的含义，那么可以给出大量的证据。但如果历史的含义是帝王的所作所为，那么在这样的历史中，就找不到灵魂的力量或消极抵抗的证据，你不会期望在锡矿中找到银矿石。正如我们所知，历史是世界战争的记录。英国人有一句谚语：没有历史的民族是幸福的民族，因为没有历史就是没有战争。历史准确记录了国王们怎

---

① 图尔西达斯（Tulsidas，1532—1623），印度著名诗人。

样玩乐，国王们如何彼此成为仇敌、彼此谋杀。如果这些就是世界上所发生的一切，那么很久以前历史就结束了。如果宇宙的故事以战争为开端，那么今天世界上就找不到一个活人了。那些作为战争对象的人，如澳大利亚土著人，由于侵略者的到来，他们几乎没有什么人活下来。请注意，这些土著人没有使用灵魂的力量自卫。人们不需要多少远见就能知道，澳大利亚人的命运将与他们的受害者一样。"凡动刀的，必死在刀下。"对我们来说，这句谚语的意思就是，善泳者溺于水。

事实上，全世界仍然有那么多人活着，这就说明历史的根基不是军事武力，而是真理或爱的力量，因此，爱的最重要和最确凿的成功证据是，尽管世界上有那么多的战争，历史依然在延续。

成千上万人的存在仰仗着爱的力量发挥非常积极的作用。千百万家庭生活中的小纠纷在爱的力量面前化解，成百上千的民族生活在和平之中。历史没有也不能记录这些事实，历史记录的只是爱或灵魂的力量在平稳发挥作用的过程中出现的历次中断。两位兄弟争吵，其中一位后悔，潜伏在他内心深处的爱苏醒了，两人重归于好，和睦相处。没有人会注意到这些。但是由于律师介入，或由于其他的原因，两位兄弟拿起武器或诉诸法律（这是动用蛮横力量的另一种形式），他们的所作所为会立即成为报纸关注的焦点，成为邻居茶余饭后的谈资，并可能载入史册。家庭和团体是这样，国家也是这样。我们没有理由相信家庭适用一套法则，国家适用另一套。历史是自然过程中断的记录，灵魂的力量是自然的，因此不会被载入历史。

读者：根据你说的情况，显而易见，这种消极抵抗在历史上是找不到的，有必要更加充分地理解这种消极抵抗。因此，你最好做些进一步的阐释。

编辑：消极抵抗是通过个人受苦来争取权利的手段，它与武装抵抗是相反的。我拒绝做一件违背良心的事情，就是运用灵魂的力量。例如，当今政府通过了一条适用于我的法律，我不喜欢它。如果我使用暴力强迫政府撤销这条法律，就可以说用了强力。如果我不服从这一法律，情愿接受违法的惩罚，就是运用了灵魂的力量，消极抵抗需要自我牺牲。

大家都承认，自我牺牲比起牺牲别人无限高尚。况且，即使这种力量被用于不公正的事业，也只有应用它的人受苦。即使他错了，也不会让别人因此而受苦。从前人们做出的许多事情，后来发现是错的。没有人能说自己绝对正确，或声称某件事因为他认为是错的就是错。对他来说，一件事情是错误的，在于他的审慎判断。因此，他不去做他认为错误的事情，并接受由此而来的任何后果，这就是恰当的了。这是运用灵魂力量的关键。

读者：你蔑视法律，这是可鄙的不忠诚行为。我们一向被认为是遵纪守法的民族，你好像比极端分子还要过分。他们说，我们必须服从已通过的法律，但如果是恶法，我们就必须赶走制定法律的人，甚至不惜为此使用武力。

编辑：无论我是否比他们激进，对你我来说都无关紧要。我们只是想确定什么是对的，然后依此行动。我们是遵守法律的民族，这句话的真实含义在于我们是消极抵抗者。当我们不喜欢某些法律时，就不会砍掉法律制定者的脑袋，我们会忍受痛苦，拒绝服从。无论法律是否正确，我们都应该绝对服从，这是最近流行的观念。以前没有这种事情。先前人们蔑视他们不喜欢的法律，甘愿忍受违法的惩罚。遵从违背良心的法律，就是背叛我们的人格荣誉。法律无论对错都要服从，这种教导与精神信仰对立，意味着奴性。如果政府要求我们赤身裸体上街，难道我们应该听从吗？如果我是一位消极抵抗者，我会告诉他们，我拒绝服从他们的法律。我们如今竟然忘记了自己，变得如此温顺，以致不在乎任何有辱人格的法律了。

一个具有男子气概的人，一个只是敬畏神灵的人，是不会害怕任何人的。人为制定的法律不一定对人有约束力，甚至连政府也不能期待我们百依百顺，他们不会说"你们一定要做某某事"，而是说"如果你们不做，我们将惩罚你们"。我们现在已经如此堕落，竟然认为遵从法律规定就是我们的责任。如果一个人意识到服从不公正的法律是可耻的表现，就不会有任何暴政能够奴役他。这是自治的关键。

认为大多数人的行为应该制约少数人，这种想法是迷信和荒唐的。许多事例说明，大多数人的行为后来被发现是错误的，少数人的行为是正确的。所有的改革都起源于反对多数人的少数人。如果在一伙强盗中，大伙的义务是抢劫，一个虔诚的人要接受这种义务吗？只要服从不公正法律的迷信思想存在下去，人们的奴役状况就不会改变。唯有消极抵抗者才能破除这种迷信。

使用暴力和使用火药与消极抵抗水火不容，因为这意味着我们想用武力强迫对手去做我们希望做而他不希望做的事情。如果这样使用武力是正当的，我们的对手当然也可以像我们一样来强迫我们，这样下去我们永远不能达成一致。我们只能天真地认为我们在取得进步，实际却像一匹盲目的马在磨坊里绕圈打转。坚信没有义务必须服从违背良心的法律的人，只有消极抵抗一条路可行。任何其他的路必然带来灾难。

读者：从你说的情况来看，我的推论是，消极抵抗是弱者的有力武器，当弱者变得强大时，他们可能会拿起武器。

编辑：这是十分无知的说法。消极抵抗，也就是灵魂的力量，它是举世无敌的，它优越于军事力量。怎么能认为它仅仅是弱者的武器呢？消极抵抗者必备的勇气，对于倚仗暴力的人来说是全然陌生的。你认为一个懦夫敢于不服从他厌恶的法律吗？极端分子被认为提倡野蛮的武力，那么，为什么他们还要谈论服从法律？我不责备他们。他们也说不出别的什么来。当他们成功地驱逐了英国人，变成了统治者的时候，他们将要求你和我服从他们的法律，这符合他们的本性。但一位消极抵抗者会说，即使被大炮炸得粉身碎骨，他也不服从违背良心的法律。

这个问题你是怎么想的呢？哪种情况需要勇气——躲在大炮后面把别人炸得粉碎，还是面带微笑走向大炮甘愿粉身碎骨？谁是真正的勇士？是把死亡看作知心朋友的人，还是可以把他人置于死地的人？相信我，若一个人缺乏勇气和大丈夫气概，绝不会成为一名消极抵抗者。

然而我会承认，一个身体瘦弱的人也能进行这种消极抵抗。一个人可以实行消极抵抗，就与上百万人可以实行一样，男人女人都可以投身其中。它不需要训练一支军队，也不需要柔道。它只需要我们学会控制思想，而一旦达到这种境界，人就像森林中的百兽之王一样自由自在，只要侧目一瞥就会使敌人丧胆。

消极抵抗是一把多刃剑，可以随便使用。它给使用者带来福气，也给敌方带来福气。它能带来深远的影响而无须流一滴鲜血。它永远不会生锈，永远不会被偷走。消极抵抗者之间的竞争不会使人精疲力竭。消极抵抗之剑也无需剑鞘。你竟然认为这样的武器仅仅是弱者的武器，这的确很奇怪。

读者：你说过消极抵抗是印度的特征，难道印度从来没用过大炮吗？

编辑：显然，在你看来，印度就是几位王公。对我来说，她意味着无数的人民，王公和我们依靠他们生存。

国王总是会利用国王的武器，使用武力是他们与生俱来的一贯伎俩。他们要发号施令，但不得不服从命令的人不想要枪炮，全世界绝大多数人都是这样。他们要么学习使用暴力，要么学习运用灵魂的力量。如果他们学会了使用暴力，统治者和被统治者就会变成狂人。如果他们掌握了灵魂的力量，统治者的命令就不会超越他们的剑端，因为真正的人蔑视不公正的命令。农民从来没有屈服于刀剑，将来也不会。他们不知道使用刀剑，也不害怕别人挥舞刀剑。把死亡当作枕头来休息的民族是了不起的民族，视死如归的人没有任何恐惧。对那些仍然在欺人的野蛮武力迷惑下耗费精力的人来说，我的说法并不夸张。事实上在印度，在生活的各个层面，绝大多数人运用了消极抵抗。统治者令我们感到不快，我们就停止与他们合作，这就是消极抵抗。

我想起一个例子，在一个小公国里，村民被王公的一些命令激怒了，他们立即开始撤离村庄。王公紧张起来，向臣民道歉，撤回了他的命令。在印度能找到许多这样的例子。只有消极抵抗成为人民的主导力量时，真正的自治才有可能实现。任何其他统治都是外来的统治，不能长久。

读者：那么，你是想说，我们一点也不需要体能训练了？

编辑：我肯定不会说这样的话。除非身体受过训练，否则很难成为一名消极抵抗者。从原则上说，耽于放纵的身体虚弱不堪，蛰居于身体之中的精神也会随之虚弱。缺乏了精神的力量，就不会有灵魂的力量。我们必须消除童婚，拒斥奢侈的生活，以便增强体质。如果我让一个身体支离衰残的人去跟大炮对阵，就会成为笑柄。

读者：从你说的来看，成为一名消极抵抗者不是一件轻而易举的事情，如果真的是这样，我希望你能说一说，怎样才能成为一名消极抵抗者。

编辑：说起来既容易又困难。我知道一位十四岁的少年成了消极抵抗者，我知道有些身患疾病的人也做到了消极抵抗，但我也知道，有些身体强壮并且在其他方面生活幸福的人不会进行消极抵抗。大量的经验告诉我，那些为了服务国家而想成为消极抵抗者的人，一定要具有完全禁欲、甘愿清贫、服从真理和无畏的精神四种品质。

禁欲是最重要的纪律之一。没有禁欲，思想就不能达到必要的坚定境界。不禁欲的人丧失精力，会变得胆小懦弱不堪一击。一个人如果把心思放在肉体的情欲上，就不能胜任任何重要的斗争。无数的例子可以证明这一点。那么，这就引出一个自然的问题：已婚者应该怎么办？然而，这不应当成为问题。如果一对夫妻沉溺于情欲享受，那就是动物式的放纵。除了繁衍后代外，这样的放纵理应禁止。但对于一位消极抵抗者来说，甚至如此有限的纵欲也要避免，因为他不能有要孩子的欲望。因此，一位已婚者也能遵守完全的禁欲。有关禁欲不能展开说得太多，有这么几个问题：一个人怎样携带妻子参与？她的权利是什么？以及其他类似的问题。想要从事伟大事业的人必须解决这类困惑。

就像禁欲一样，甘于清贫也是必不可少的。追求金钱和参与消极抵抗不能并行不悖。有钱的人是不会把钱扔掉的，但人们期望参与消极抵抗的有钱人会对金钱淡然处之。他们必须有所准备，宁可损失所有的钱也不放弃消极抵抗。

在我们的上述讨论中，消极抵抗被描述为真理的力量。因此，必须不惜任何代价地服从真理。与此相关，只有那些想为谎言辩解的人，才会产生这类学术问题，如为了救人一命是否可以撒谎。处处服从真理的人不会遇到这样的窘境，即使他们遇到这样的窘境，依然可以避免一种虚假的境地。

没有无畏精神，消极抵抗就寸步难行。只有无所畏惧，无论是丧失财产、虚伪的名誉，还是面对众叛亲离、政府的迫害、身体伤害或者死亡都不惧怕，这样的人才能走消极抵抗之路。

不能因为这些要求难以做到而放弃。大自然赋予人能力，让他可以克服一切困难，承受一切无端降临的灾难。这些品质值得人拥有，即使一个人无心服务于国家也是一样。在这里应当清楚地说明，即使那些希望参加军事训练的人，也应当或多或少地拥有这些品质。一个人光靠良好的愿望是不会成为一名勇士的。立志当勇士的人必须遵守禁欲、安贫乐道。一名勇士缺乏无畏精神是不可想象的。也许有人认为，他没必要太诚实，真正的无畏必然有诚实相随。如果一个人背弃了真理，就是由于他有某种恐惧。上述四种品质不应当让任何人感到害怕。在这里可以指出，惯于使用强力的人必须拥有很多其他毫无价值的品质，而那些品质是消极抵抗者从来都不需要的。你会发现，一个剑客由于缺乏无畏的精神，需要做出多少额外的努力。一旦他成为无畏的化身，剑马上就会从他手上落地，他不再需要剑的帮助。一个摆脱仇恨的人不需要剑。一个手拿棍棒的人，突然面对一头狮子，他会本能地举起他的武器自卫。那人看到自己先前只是空谈无畏，而不是真正地具备无畏。他扔掉棍子的那一刻，就发现自己摆脱了所有的恐惧。

## 第十七章 教育

读者：在我们的整个讨论中，你还没有阐明教育的必要性。我们总是抱怨缺乏教育，我们注意到在我们的国家开展了一场义务教育运动。马哈拉贾·迦克瓦尔已经在他的领地上推行了义务教育，每个人对此都极其关注，我们祝福马哈拉贾一切顺利。所有这种努力都是徒劳的吗？

编辑：如果认为我们的文明是最高级的文明，我就不得不遗憾地说，你提到的那种努力大都是白费力气。马哈拉贾和其他伟大的领导人努力推广义务教育，他们的动机是纯洁无瑕的。毫无疑问，他们应该受到高度的赞扬。但对于他们的努力会得到什么样的结果，我们不能自欺欺人。

教育的含义是什么？它只是意味着文化知识。它只是一种工具，一种可以善用也可以滥用的工具。同样的工具可以用来治病救人，也可以用来杀人夺命，文化知识也是这样。我们每天都看到许多人滥用文化知识，极少数人善用它。如果这种说法是正确的，那么我们就证明了文化知识带来的弊端大于它的好处。

教育的通常意思是文化知识。教孩子们读、写、算是初等教育。一位农民靠诚实劳动为生，他拥有关于世界的一般知识。他很清楚应该怎样对待父母、妻儿和村民，他理解并遵守道德规范，然而，他不会写自己的名字。你让他学习文化知识是为了什么？你能给他增加丝毫的幸福吗？你希望他对农舍或自己的命运不满吗？即使你想要那样做，他也不需要这样一种教育。在西方思潮的冲击下，我们没有权衡利弊就得出结论，认为我们应当把这种教育推广到人民中。

让我们以高等教育为例。我学过地理、天文、代数、几何等等科目。结果如何？我自己或者周围的人得到了什么益处了呢？为什么我要学习这些东西呢？赫胥黎教授曾这样定义教育："我认为受过普通教育的人就是从小受到训练，他的身体随时服从意志的支配，并能像机械装置一样顺畅而愉快地从事一切工作；他的理智是清晰、冷静、逻辑化的发动机，各个部件力量均衡，运行顺畅有序；他的头脑储存着大自然的基本知识；他的激情被训练得服从坚强意志的支配，并听从敏感良心的召唤；他学会了憎恨所有卑鄙无耻的事情，尊重别人就像尊重自己一样。只有这样的人，我才认为受到了普通教育，因为他能与大自然和谐相处。他会充分地利用大自然，大自然也会充分利用他。"

如果这是真正的教育，那我必须强调，我从来没能用前面列举的学科来控制我的感官。因此无论是基础教育还是高等教育，都不是做重要的事情所必需的，它们不能使我们成为有用的人，不能使我们尽职尽责。

读者：如果是这样，我要问你另一个问题。你凭什么跟我讲所有这些事情呢？如果你没有接受过高等教育，怎么能向我解释这些事呢？

编辑：你问得很好。但我的回答很简单：如果我没有接受过高等教育或初等教育，也丝毫不认为我虚度了年华。我不认为我是因为能说会道才服务于大众的，但我的确希望服务于人民，并且在竭尽全力去实现服务的愿望时，运用我接受过的教育。假如说，我在善用所受的教育，那也不是为了千百万的人民，而是为了像你这样的人服务，这支持了我的论点。你和我接受的基本上都是虚幻不实的教育，我们因此都受到了毒害。我声明我已经摆脱了它的不良影响，我正试着把我的经验教训告诉你。同时，我要向你说明这种教育的腐败。

此外，我并没有贬低文化知识的各个层面。现在我想说明的是，我们不能把它当作偶像崇拜，它不是我们的"如意神牛"①。它适得其所时，可以是有用的。当我们控制住感官，并把伦理奠定在坚实的基础之上时，它才适得其所。然后，如果我们喜欢接受那种教育，就能善用它。这就好像一件装饰品戴在身上，和我们很相称。但顺理成章的是，我们没有必要让这种教育变成义务制的。我们古代的学校教育系统已经足够完备，在古代教育中，培养品德是头等重要的事情，这才是基础教育，建立在这种基础之上的建筑物才会长久屹立。

读者：我可以认为你是要说，为了获得自治，你不认为英国式教育是必要的吗？

编辑：我的回答既是又不是。给予广大人民英国式教育就是奴役他们，麦考莱奠定的教育基础已经奴化了我们。我并不是说他故意这么做，但结果就是这样。如果我们必须用外语来谈论印度自治，这不是很悲哀的事情吗？

值得注意的是，欧洲人抛弃的体系在我们这里却很流行，他们的博学之士不断进行变革，我们却愚昧地墨守着已被他们抛弃的体系。

---

① "如意神牛"（Kamadhuk），能够满足人们愿望的神牛。

他们尝试每一个分支，以进行改进。威尔士是英国的一小部分，他们付出了极大的努力想要在威尔士人中复活关于威尔士语的知识。英国大臣劳合·乔治①先生带头在儿童中开展讲威尔士语的运动。那么我们的情况怎样呢？我们用漏洞百出的英语互相写信，在这方面甚至连我们的文科硕士也不例外。我们最好的思想是用英语表达的，我们国大党的议程是用英语进行的，我们最好的报纸是用英语出版的。如果这种事情还将持续很长时间的话，我敢肯定，子孙后代将会谴责并诅咒我们。

值得注意的是，通过接受英国式教育，我们奴化了自己的民族。虚伪、暴政之类的坏事愈演愈烈。懂英语的印度人毫不犹豫地欺骗、恐吓人民。现在，如果说我们正在竭力为人民做事的话，那也不过是在偿付我们亏欠他们的一小部分。

如果我要上法院，必须使用英语作为表达媒介，这不是一件痛苦的事吗？如果我成为一名律师，就不能讲自己的母语，需要另外有人把母语给我翻译成英语，这难道不是极其可笑的吗？这难道不是奴隶的标志吗？我是要责怪英国人还是自己？是我们这些懂英语的印度人奴化了印度。民族的诅咒不会落在英国人头上，而是要落在我们头上。

我告诉过你，对你最后的问题，我的回答既是肯定的，又是否定的。我向你解释了为什么是肯定的，现在我向你解释为什么是否定的。

我们被文明疾病如此困扰，以致我们已经离不开英式教育。已经接受了这种教育的人，需要的时候也许能善用它。当我们与英国人打

---

① 劳合·乔治（Llyod George, 1863—1945），英国政治家，于1916—1922年任英国首相。

交道时，当我们与自己的人民交往时，当我们只能使用英语与他们通信时，当我们要了解英国人如何变得厌恶他们自己的文明时，我们可以利用或学习英语。学习英语的人必须用母语向后代传授道德，并教给后代另一种印度的语言。等孩子长大后，他们可以学习英语，但终极目标是我们不再需要英语，要避免为了挣钱而学习英语。即使在这种有限的事情上学习英语时，也必须考虑应该通过英语学什么、不应该学什么，我们有必要知道需要学习什么样的科学。稍微想一想你就可以明白，如果我们不在乎英国式教育的学位，统治者就会立刻竖起他们的耳朵。

读者：那么，我们应该给予人们什么样的教育呢？

编辑：这个问题前面已多少有些探讨，但我们还要考虑得充分一些。我认为必须进一步学好我们所有的语言。至于通过这些语言具体地学习什么科目，这里不需要详细论述。有价值的英语书我们应该翻译成不同的印度语言。我们应该抛弃那种学习许多门科学的虚荣。伦理教育应该占据首要位置。另外，每一位有文化的印度人还要在其地方方言之外，额外掌握另一种语言。如果他是印度教徒，就要学习梵文。如果是穆斯林，就要学习阿拉伯文。一位帕西人可以学习波斯语。所有人都学习印地语。某些印度教徒应该懂得阿拉伯语和波斯语，某些穆斯林和帕西人应该学习梵文。几个北部和西部地区的人应该学习泰米尔语。印度的通用语应该是印地语，可以选用波斯语和纳加里语字母来书写。为了加强印度教徒和穆斯林的亲密关系，有必要懂得这两种文字。如果我们做到了这些，短时间内就能把英语从这片土地上驱逐出去。对我们这些奴隶来说，这是必要的。由于我们被奴役，我们的国家就被奴役；如果我们自由了，国家也就自由了。

读者：伦理教育问题是非常困难的问题。

编辑：然而，我们不能不解决这个问题。印度永远不能没有神灵，恶劣的无神论不会在这片土地上昌盛。这项任务的确是艰巨的，想到伦理教育，我就开始头昏脑胀。我们的伦理老师虚伪又自私，他们应该受到谴责。毛拉①、达斯图尔②和婆罗门手里掌握着钥匙，但如果他们不够明智，我们就应该把从英国式教育得来的力量投入伦理教育，这么做并不是很难。目前，只有海洋的边缘被污染了，只有这个边缘范围内的人需要清洁。我们属于这个范围之内，我们甚至可以自我清洁，因为我的话不适用于千百万大众。为了把印度恢复到原来的状况，我们必须回归伦理教育。在我们自己的文明中，自然会有进步、倒退、改革和反动，但必须做出一种努力，那就是把西方文明赶出去，其他的事情会随之而来。

---

① 毛拉（Mullah），伊斯兰教学者。
② 达斯图尔（Dastur），印度教学者。

## 第十八章　机器

读者：当你说到赶走西方文明的时候，我猜想你会说我们拒绝机器。

编辑：你提出的这个问题触到了我的伤疤。当我阅读杜德先生的《印度经济史》的时候，我流泪了。再次想到它，我就感到非常难过。正是机器使印度陷入贫困，曼彻斯特给我们造成的伤害难以估量。正是由于曼彻斯特，印度的手工业差不多消失了。

可是我犯了一个错误，怎么能责怪曼彻斯特呢？我们的衣服用的是曼彻斯特的布料，这就是为什么曼彻斯特要纺织它。当我读到孟加拉人的勇敢行为时，我由衷地感到高兴，在那个管辖区内，没有纺织厂。因此，他们能够恢复原先的手工纺织业。孟加拉真的是鼓舞了孟买的制造业。如果孟加拉能够声明抵制机器制造的所有物品，那将会锦上添花。

机器已经开始使欧洲荒芜，毁坏的力量正在敲英国的大门。机器是现代文明的主要象征，它代表着滔天的罪恶。

孟买工厂里的工人变成了奴隶。工厂里，妇女工作的条件令人震惊。没有工厂的时候，这些妇女也没有忍饥挨饿。如果对机器的狂迷在我们的国家增长，我们的国家将变成悲哀的大地。也许人们会把我的看法当作奇谈怪论，但我不得不说，把钱送到曼彻斯特去，以及使用曼彻斯特的薄布，也比在印度兴建工厂好得多。使用曼彻斯特的布，我们顶多浪费了钱。但如果印度复制另一个曼彻斯特，我们将保住钱，却要付出惨重的代价，因为我们的道德将会败坏。我这里所说的话，有纺织厂劳工做我的证人。从工厂中积累财富的人不会比其他富人好些，如果认为印度的洛克菲勒比美国的洛克菲勒善良，那就是愚蠢。贫穷的印度能得到自由，但假若印度通过不道德的手段致富，这样的印度就很难重新获得自由。我担心我们不得不承认，有钱人支持英国的统治，他们的利益和英国统治的稳定密切相关，金钱使人无助。另一件同样有害的事情是性的罪恶。金钱和性都是毒药，即使被毒蛇咬伤也没有这两者的毒性大。毒蛇只能毁灭人的身体，但金钱与性却能毁灭人的身体、心智和灵魂。因此，我们不必为工业增长的前景而感到高兴。

读者：那么，工厂应该关闭吗？

编辑：这很难做到。事物已经形成了，就不容易把它驱除。所以我们说，从一开始就避免某件事的发生是最大的明智。我们不能责备工厂老板，我们只能怜悯他们。期待他们关闭工厂未免太离谱，但我们可以恳求他们不再增加工厂。如果他们是善良的人，他们会逐渐减少他们的生意。他们可以在千家万户设立古老、神圣的手摇纺织机，他们可以购买手摇纺织机织出的布。无论工厂主是否会这么做，人民都可以不使用机器制造的物品。

读者：目前为止，你谈了有关机器织布的问题，但我们需要数不清的机器制造的物品。我们不得不从国外进口这些物品，或者进口机器在国内生产。

编辑：的确，我们的用品有些甚至是德国制造的，还需要谈论火柴、别针和玻璃器具吗？我的回答只能是一个：这些物品被引进之前，印度是怎么做的？今天我们也应当像以前一样做。没有机器，我们不能用手工方法制造别针，那我们就不用它。华丽光彩的玻璃器具对我们毫无用处。我们会像过去一样，使用自家地里长的棉花做灯芯，使用手工泥碟做油灯。这样做会使我们保护眼睛、节约金钱，而且还支持了司瓦德西，这样我们必将获得自治。

不要设想所有的人一下子能做到所有这些事情，或者一些人会立即放弃所有的机器制造物品。但如果这种想法是有道理的，我们总是能找出什么是我们可以放弃的东西，并逐渐停止使用它。一些事情少数人可以做到，其他人就会效仿，这样运动就会扩大，像数学题中的椰子数量增加一样。领导人带头行动，平民百姓乐意群起跟随，这样的事情既不复杂又不困难。你和我不必等到能带动别人时才开始行动，不去行动的人是失败者；那些明白真理却不落实到行动上的人，理所当然应当被叫作懦夫。

读者：那么，电车和电力又怎么样呢？

编辑：现在提出这个问题太晚了，它没有意义。如果我们要抛弃铁路，就不得不抛弃电车。机器就像一个蛇洞，可能窝藏着一条至一百条蛇。有机器的地方必有大城市，有大城市的地方必有电车和铁路，只有在那样的地方人们才看到电灯。英国的村庄从来不吹嘘任何这类的东西。诚实的医生会告诉你，凡是机动车辆增加的地方，人民的健康就出现恶化。我记得欧洲的一个镇没有多少钱，电车公司、律师和医生因此收入减少，结果人民的健康状况改善。关于机器，我想不出它的一项好处，它的罪恶却罄竹难书。

读者：你正在说的一切都要用机器印刷出来，这到底是好事还是坏事呢？

编辑：有时候可以以毒攻毒，这就是一例，但这不能算作机器的好处。机器寿终正寝时，它好像对我们说："小心，避开我。你不会从我这里得到好处，从印刷品中得到的好处只对感染上机器狂的人才有用。"

因此，我们不要忘记主要的事情，一定要意识到机器是有害的。只有这样，我们才能逐渐摆脱机器。大自然没提供给我们一下子实现目标的任何方法。假如我们不把机器当作一项恩惠来欢迎，而是把它看作是一种罪恶，机器最终就会消失。

## 第十九章　结论

读者：你的观点让我得出一个推论，你会成立第三党。因为你既不是激进派，也不是温和派。

编辑：不对，我一点也不想成立第三党。我们的思考不会都一样，我们不能说所有的温和派的人观点相同。只想献身服务的人怎么会成立一个党派？我愿意为极端派和温和派双方服务。在我和他们发生意见分歧的时候，我会恭敬地向他们申述我的观点，并继续提供我的服务。

读者：那么你想对两个派别说些什么？

编辑：我要对极端派说，"我知道你们想要争取印度自治，但这不是你们提出要求就能得到的。每个人都应该把自治当作自己的事情，其他人为我争取到的自治不是自治，而是外来的统治。因此，你不能说，仅仅是赶走了英国人，就是获得了自治。我已经描述了自治的真正本质，使用武力达不到获得自治的目的，野蛮的武力对于印度来说是不自然的。因此，你们要完全依靠心灵的力量，在追求目标的每个阶段中，千万不要认为暴力是必需的"。

我会对温和派说："仅仅诉诸请愿是贬损我们的人格，等于承认我们低劣。说什么英国人的统治是不可缺少的，这简直是对神灵的否认。除了神灵，我们不能说任何人或任何事是不可缺少的。况且，常识告诉我们，说英国人目前在印度是必要的，这种说法只会助长他们的狂妄自大。

"如果英国人背上铺盖卷撤离了印度，不要认为印度就会成为寡妇。在英国人的压力下被迫遵守和平的人，在英国人撤退后可能会进入战争状态。强行压制冲突的爆发没有好处，冲突必须有发泄的渠道。因此，在保持和平之前，我们之间必须先打起来，我们最好先打一番，不需要第三方来保护弱者。正是这种所谓的保护使我们失去勇气，这样的保护只会使弱者更弱。除非我们意识到这点，否则我们不会有自治。我在这里要转述英国一位神父的想法，他说，自治下的混乱胜于有秩序的外国统治。根据我的理解，这位博学的神父所说的自治的意思与印度人所说的自治不同。我们必须自己明白，也让别人明白，无论是英国人的暴政，还是印度人的暴政，我们都不想要。"

如果这种想法能够实现，极端派和温和派就能携手并进。他们就没有理由互相畏惧或互不相让。

读者：那么，你要对英国人说些什么呢？

编辑：对他们我会恭敬地说，"我承认你们是我的统治者。你们控制印度是由于你们的刀剑，还是出自我的赞同，这个问题现在没有必要争论。我不反对你们滞留在我的国家，但尽管你们是统治者，也必须做人民的仆人。不是我们一定要服从你们的意愿，而是你们一定要顺应我们的意愿。你们可以保留从我们这片土地上榨取的财富，但从今以后你们不能再这么做。如果你们愿意，你们的作用将是维持印度的治安，但是，你们必须放弃从我们这里得到任何商业利益的想法。我们认为，你们所支持的文明恰恰跟文明相反，我们的文明远比你们的优越。如果你们认识到这条真理，将对你们有好处；如果你们拒不承认，根据你们自己的格言，在我们国家居住，你们就只能入乡随俗，你们不能做任何违背我们精神信仰的事情。作为统治者，你们的义务是为了印度教徒而戒食牛肉，为了穆斯林而回避熏猪肉和火腿。我们迄今为止没说什么，因为我们被吓怕了，但你们不要认为你们的行为没有伤害我们的感情。现在我们把自己的感情表达出来，既不是出于卑鄙的自私，也不是由于恐惧，而是因为我们现在的责任就是大胆直言。我们认为，你们的学校和法院毫无价值，我们要恢复我们古代的学校和法院。印度的通用语言不是英语，而是印地语。因此，你们应该学习印地语，我们和你们交流只能用我们国家的语言。

"我们不能忍受你们把钱花费在铁路和军备上，我们觉得这么做毫无道理。你们也许害怕俄国，①我们不怕。她来到这里，我们会照看她。如果你们站在我们一边，我们可以共同接待她。我们不需要任何欧洲的布料，我们用本国生产和制造的物品也能过日子。你们不可能一边盯着曼彻斯特，一边盯着印度。②只有当我们的利益一致时，才能合作。

"我们向你们说出这番话并不是骄傲自大。你们有强大的军事力量，你们的海军所向无敌，在你们占据优势的领域，如果我们与你们开战，我们是无法取胜的。但是，如果你们不肯接受上述意见，我们将停止扮演被统治者的角色。如果你们愿意，可以把我们剁成碎片，

---

① 当时英国和俄国是争霸世界的主角，英俄争夺印度洋霸权的斗争十分激烈，英国为了与俄国争霸，大力扩充军备，修建铁路，运输军用物资。
② 可能是因为曼彻斯特是大机器生产，而印度是家庭手工业生产，曼彻斯特为了出口，印度为了自己消费，二者利益不一致，可参考后面的一句。

可以用大炮把我们炸得粉身碎骨。如果你们的行为违背我们的意愿，我们就不会帮助你们。没有了我们的帮助，你们必将寸步难行。

"在权力的陶醉中，你们可能嘲笑我们所说的一切。我们也许不能让你们立即醒悟过来，但是，假如我们依然有男子汉气概的话，你们很快会看到你们的陶醉等于自杀，你们对我们的嘲笑是丧失理智。我们相信，在你们内心里，你们属于有信仰的民族，我们生活的这片土地是多种精神信仰的发源地。我们现在不需要考虑当初我们是怎样碰到一起的，但我们可以共同好好利用我们的关系。

"你们这些来到印度的英国人不是英国民族的优秀者，我们几乎半英国化的印度人也不能被认为是真正的印度民族的优秀者。如果英国人民知道了你们做过的一切，他们会反对你们的许多做法。印度人民跟你们打交道不多。如果你们抛弃你们的所谓文明，并且研究你们的经典，将会发现我们的要求是正当合理的。只有我们的要求得到充分满足，你们才能留在印度。如果满足这些条件，你们留下来，我们将向你们学习几件事情，你们也将从我们这里学到许多。这样我们才能互相受惠，并使整个世界受惠。但只有我们的关系扎根于精神信仰的土壤，上述事情才有可能发生"。

读者：你要对这个民族说些什么？

编辑：谁是这个民族？

读者：就我们的目的来说，就是你我一直在考虑的这个民族，也就是我们这些受到西方文明影响并渴望自治的人。

编辑：对这些人我会说，"只有满怀深情的印度人，才能对英国人说这些话而丝毫不感到害怕。只有真心相信印度文明是最辉煌的文明，而欧洲的文明只不过昙花一现的人，才可以被认为是满怀深情的人。欧洲那样的文明常常在历史上出现又消失,今后还会这样。只有在自己的内心体验到灵魂力量,因而不会在野蛮的武力面前战战兢兢,也不会在任何情况下使用野蛮的武力的人,才可以被看作是满怀深情的人。只有深受其害,因而对目前的悲惨状况感到强烈不满的人,才可以被看作是满怀深情的人。

"如果真的有一位这样的印度人,他必将向英国人说出上述这番话,英国人也必将听他的话。

"这些不是要求,但它们反映出我们的精神状况。通过请求,我们什么也别想得到,我们必须采取行动拿到我们想要的东西,为此需要必要的力量。只有照下列方式行事的人才能拥有这种力量。

一、只有在极少数的情况下,他才使用英语。

二、如果他是律师,他将放弃律师职业,从事手摇纺织机的工作。

三、如果他是律师,他将用知识启蒙他的人民和英国人。

四、如果他是律师,他不会在争议各方之间搬弄是非,而是放弃法院,并以他的经验劝导人们也像他一样做。

五、如果他是律师,他会拒绝当法官,就像放弃自己的律师职业一样。

六、如果他是医生,他将放弃医学,并认识到他应当治疗的是心灵而不是身体。

七、如是他是医生,他将明白不论他的信仰是什么,与其通过欧洲医学院实施的那种残忍的活体解剖手段去治疗疾病,还不如让身体的病症持续。

八、尽管他是医生,也将从事手摇纺织机的工作;如果病人来找他，他会告诉他们病因，告知他们消除疾病的原因，而不是只给他们开些无用的药物，从而让他继续放纵自己；他会理解，如果不吃药万一病人死了，全世界不会遭难，而他也真正地对死者做到了悲悯。

九、如果他是富人，会对自己的财富毫不介意，他将说出自己的想法，不畏惧任何人。

十、如果他是富人，会把金钱投资于手摇纺织机，通过自己的穿戴，鼓励人们使用手工制造的物品。

十一、像每位印度人一样，他知道现在是忏悔、赎罪和哀悼的时候了。

十二、像每位印度人一样，他知道谴责英国人无济于事；知道由于我们的原因，他们来到印度，由于同样的原因，他们留下来；只有我们改变了自己，他们才会离开印度，或改变他们的本性。

十三、像其他人一样，他将明白在哀悼的时候，不能有任何的放纵；在我们潦倒的时候，被投进监狱或被流放是最好不过的事情。

十四、像其他人一样，他将明白，为了与人民打交道，认为我们必须想方设法逃避监禁，这种想法是迷信。

十五、像其他人一样，他会明白，行动远远胜过言论；我们的责任是准确地说出我们的想法，直面言论带来的后果，只有这样我们的发言才能给别人留下深刻的印象。

十六、像其他人一样，他会理解，只有经过磨难才会获得自由。

十七、像其他人一样，他将理解，终生流放到安达曼群岛也不足以赎回怂恿欧洲文明的罪恶。

十八、像其他人一样，他将懂得，没有哪个国家不经过磨难就能崛起，甚至在真刀真枪的斗争中，真正的考验也是经历磨难而不是杀人；而在消极抵抗的斗争中尤其如此。

十九、像其他人一样，他将明白，别人做了某件事我们也会去做，这种说法是一种懒惰的借口；我们做自己认为正确的事，其他人看见了，他们会做同样的事；当我想吃某种美味的时候，不会等别人先尝它；全民奋斗和忍受磨难犹如品尝美味；在压力之下忍受磨难不是磨难"。

读者：你说的事情可不少。这些事情什么时候能实施呢？

编辑：你犯了一个错误。你和我与别人无关，应当让每个人尽自己的责任。如果我尽到责任了，也就是说帮助了我自己，我就能帮助别人。在我离开之前，我想冒昧地重复说明以下几点。

一、真正的自治是自我控制或自我约束。

二、获得自治的途径是消极抵抗，这是心灵的力量或爱的力量。

三、为了运用这种力量，从各个方面来说，司瓦德西是必不可少的。

四、我们想做的事情一定要做到。这不是因为我们要反对英国人或我们要报复，而是因为这是我们的责任。假设英国人取消了食盐税，归还了我们的钱，把最高的职位给了印度人，撤退了英国军队，我们仍然不会使用他们的机器生产的物品，不会使用他们的语言，不会推广他们的工业。值得注意的是，这些东西本质上是有害的，因此我们不要它们。我对英国人没有丝毫的敌意，但我的确憎恨他们的文明。

在我看来，我们使用了"自治"这个词语，却没有理解它的真实意义。我尽力向你解释了我对它的理解，我的良心可以证明，从今以后我的生命全部奉献给争取印度"自治"。

# 附录
# 一些权威著作与名人证言

## I 一些权威著作

为了进一步深入上述研究,特此推荐下面书籍以供阅读:

托尔斯泰:《天国就在你心中》

托尔斯泰:《什么是艺术?》

托尔斯泰:《我们时代的奴役》

托尔斯泰:《第一步》

托尔斯泰:《我们如何逃避》

托尔斯泰:《致一位印度教徒的信》

谢拉尔德:《英格兰白奴》

卡朋特:《文明的病因与医治》

泰勒:《速度谬见》

布朗特:《新的十字军东征》

梭罗:《论公民不服从的责任》

梭罗:《没有原则的生活》

拉斯金:《给那后来的》

拉斯金:《永恒的快乐》

马志尼:《人的责任》

柏拉图:《苏格拉底的辩护与死亡》

麦克斯·诺尔道:《文明的悖论》

瑙罗吉:《印度的贫穷与非英国统治》

杜德:《印度经济史》

缅因:《农村公社》

# II 名人证言

下面的段落节选自阿尔弗雷德·韦伯先生的珍贵的文集,这些段落表明古代印度文明没有什么可向现代学习的。

## J. 西摩·凯伊
### 印度银行家和印度代理人
### (写于1883年)

"我们在印度享有的地位,绝不是将文明带给野蛮民族市民的地位,这一点我们再清楚不过了。当我们踏上印度的土地,就发现这里有着古老的文明,经过数千年的发展,这种文明已经形成了自身的特色,并适应了高度智慧民族的需求。这种文明并非流于表面,而是无所不在、无处不有,它不仅为这个国家提供了政治体制,而且提供了纵横交错的社会和家庭机制。总体来说,这些机制具有仁爱的本质,这一本质在其对印度民族产生的影响中得到了体现。也许世界上没有哪个民族在他们的民族特性中能够显示出如此丰富文明的积极作用。他们精于商业、敏于推理、慷慨宽厚、勤俭节约、服从父母、尊老爱幼、和善亲切、遵纪守法、怜悯无助者、甘于受苦。"

### 维克多·库辛
### 系统哲学折中主义创始人

"另一方面,当我们全神贯注地阅读东方诗学和哲学运动的时候,特别是印度的诗学和哲学运动的时候(它们正开始向欧洲传播),我们发现那里有许多真理,而且这些真理非常深邃,有时它们与欧洲天才家取得的卑劣成果形成了鲜明的对比,以致我们不得不在东方的真理面前屈膝,而且在这个人类摇篮中确实看到了最高尚哲学的故乡。"

### 弗雷德里赫·麦克斯·缪勒

"如果我扪心自问,我们这些差不多只接受了希腊和罗马思想以及闪族犹太思想哺育的欧洲人,从什么样的文献中能够获取我们非常需要的救药,以便使我们的内在生活更完美、更全面、更博大,事实上更人性化,不仅仅是为了此生,而且是为了来生和永生,那么我将再次指向印度。"

### 弗雷德里赫·冯·施莱格尔

"不可否认的是,早期印度人具有真神的知识,他们的所有著述都充满了感情和表现力,高尚、明朗和壮丽,就像任何民族用来表达他们神灵的人类语言那样,构思深邃,表述虔诚。在具有本土哲学和形而上学又具有这些追求的有内在品位的国家中,例如,独具特色的当代德国和令人骄傲的古代希腊,从时间上来说,印度斯坦无疑雄居首位。"

### 阿贝 J.A. 杜波依斯
### 迈索尔的传教士
### (摘自 1820 年 12 月 15 日的一封信)

"已婚妇女在她们家庭中享有的权威,主要表现在维持家庭成员之间的良好秩序与和平,她们中许多人慎重而自由地履行这一重要职责,欧洲妇女鲜有匹敌。我结识了许多大家庭,由三四十人或更多的人组成,包括成年儿女,他们都结婚了,且都有孩子,在一位老妇人即他们的妈妈或岳母的主管下,共同生活在一起。通过良好的管理,通过适应儿媳的脾气,根据情况刚柔兼施,这位老妇人多年来成功地在这么多脾气各异的女性中维持和平与和谐。我想问你们,在我们的国家,在同样的情况下,是否能够做到。在我们的国家,两个生活在同一屋檐下的妇女很难和睦相处。

"事实上,也许在这样一个文明的国家,没有哪种诚实的工作不是印度女性应尽的责任。正如我们已经注意到的,除了管理家庭和照料她们掌控之下的家人外,妻子和女儿还要加入并协助她们的丈夫和爸爸从事农业劳动。那些贸易者的妻子和女儿则协助他们打理贸易,商人则得到他们的妻子和女儿的协助,经营商店。许多女性自己开商店,她们不识字或者不会算数,却通过其他方式使她们的账目井井有条,而且在商业交易方面被认为比她们的男人精明得多。"

## J. 扬
### 肥皂技术研究所秘书
### (近年所写)

"这些不同种族的人(从道德视角观察的印度人)也许是世界上最杰出的人。他们散发出道德纯洁的气息,不得不令人肃然起敬,特别是那些穷苦阶级,虽然他们命运卑微、贫困匮乏,但显得快乐而满足。他们是大自然真正的孩子,他们每天活在当下,从不顾虑明天,感念上苍为他们提供的粗茶淡饭。亲眼看见男女苦力顶着太阳出、披着月亮归地艰苦工作一天后晚上回来的壮观景象,是一件非常奇妙的事。虽然无休无止的劳作使他们疲惫不堪,但是他们大多数情况下显得快乐而活泼,一起欢快地谈天说地,有时会轻松愉快地高歌一曲。然而,他们回到称之为家的小棚屋时,等待他们的是什么呢?一碟米饭填肚子,地板当床。家庭幸福似乎是本土人的规则,而这一点在婚俗方面表现得尤为奇特,父母包办婚姻,许多印度家庭提供了婚姻状态最完美的典范。这可能归因于印度教圣典的教诲,也归因于他们反复灌输的夫妻婚姻责任的严格规定;但是,可以毫不夸张地说,丈夫一般来说忠实地依恋他们的妻子,许多情况下妻子也以为她们的丈夫尽职尽责为荣。"

## 托马斯·蒙罗上校
## （在印度服役三十二年）

"如果文明民族的表征是：具有良好的农业体系，无可匹敌的制造业技术，生产日用品或奢侈品的能力，每个村庄都有教授读、写和算术的学校，具有彼此友好相待和仁爱宽容的普遍习俗，最重要的是，充满信任、尊重和优雅地对待女性，那么印度人一点也不亚于欧洲国家；如果文明将变成两个国家之间的贸易物品，那么我相信，这个国家（英国）将从进口品中获益。"

## 威廉·韦德伯恩爵士

"因此，印度村社几百年来一直是对抗政治混乱的堡垒，也是质朴的家庭及社会美德的家园。正因如此，无怪乎哲学家和历史学家总是亲切地详述这种古老的机制，它是自然的社会单元和最佳的农村生活形式，是世界上最佳意义上的自给自足、勤劳刻苦、热爱和平、传统保守。我认为你会同意我的看法，我们所看到的印度村社这一社会和家庭生活意义非凡，既生动别致又魅力非凡，它是一种无害而快乐的人类生存形式。此外，它也并非没有良好的实际效果。"

# 来自耶罗伐达圣殿

# 序言

1930年,我在耶罗伐达中心监狱被关押期间,每周写信给真理学院,简要探讨真理学院的主要院规。由于真理学院的影响已经超出了它的地理界限,这些信件被多次复制散发。这些信件是用古吉拉特文写的。人们要求将这些信件翻译成印地语和其他印度语言,以及英语。瓦尔吉·戈文德吉·德赛先生把它全部翻译为英语。他看到我在关押期间比较空闲,便把译文送来让我修改。我仔细地查看了全文,为更符合我的原意,我改动了几段。我几乎没有增加什么内容,如果为英语读者重写,可能写出来的是完全不同的内容,但那样的话超出了我的任务。况且,英语读者可能已经了解了我在1930年写给真理学院的信件中表达的想法,因此,我尽可能地保留了原文的意思。

莫罕达斯·卡拉姆昌德·甘地<br>1932 年 3 月 6 日<br>于耶罗伐达中心监狱

在所有的义务中,对真理的热爱,对它保持忠诚并坚定不移,是头等重要的大事。真理是神灵,热爱神灵和热爱真理是一回事。

西尔维奥·佩利科[①]

---

① 西尔维奥·佩利科(Silvio Pellico,1789—1854),意大利爱国诗人和作家。

# 第一章　真理

我先讨论真理，因为真理学院的存在就是要追求并实践真理。

"萨提亚"一词来自"萨特"，它的含义是"存在"。在现实中，除了真理什么都不存在，这也许就是萨特或真理之所以成为神灵的最重要名称的缘由。事实上，说"真理就是神灵"比说"神灵就是真理"更正确。但是，正如我们不可能没有统治者或将军一样，因此称神灵为"王中之王"或"全能者"，这仍将是他普遍的名称。然而深入思考就会认识到，萨特或真理是神灵唯一正确且最重要的名称。

哪里有真理，哪里就有真正的知识。没有真理，就没有真正的知识。这就是将"吉特"①或知识与神灵的名字联系在一起的缘由。并且，哪里有真正的知识，哪里就有欢乐（阿南德②），没有悲哀。甚至像真理是永恒的一样，由此派生的欢乐也是永恒的。因此，我们知道，神灵是萨特-吉特-阿南德，它集真理、知识和欢乐于一体。

献身真理是我们生存的唯一理由。我们的所有活动都应该围绕真理展开，真理是生命的真正力量。一旦追求真理者达到了这一境界，

---

① 吉特（Chit），即知识。——原注
② 阿南德（Ananda），即欢乐、喜悦、快乐、极乐。

所有正确生活的原则会自动到来。那时服从原则就会成为本能。但如果没有真理，就不可能遵守生活中的任何原则或规则。

一般来说，遵守真理法则被理解为仅仅是讲真话，说出真理。但在真理学院，我们应该在更广泛的意义上理解萨提亚一词。它包括思想上的真理、言论上的真理和行动上的真理。如果一个人能够充分地认识到这一真理，那么他就无所不知，因为所有必须知道的知识都包括在里面。没有包括在内的不是真理，也不是真正的知识。人没有真正的知识就不会有内心的平静。当我们学会运用久经考验的真理，就会立即知道什么事情值得做、什么东西值得看、什么书值得读。

但是，人们怎样实现这一被看成是点金术的真理？《薄伽梵歌》的回答是：全心全意地献身真理，不考虑生活中的其他利益。尽管在探索真理的过程中，对某个人显示的真理，往往在另一个人眼中不是真理。但探索者不必担心，只要付出真诚的努力，就会认识到不同的真理就像同一棵树上的无数片不同的叶子。虽然神灵对不同的人显示出不同的侧面，然而我们知道他是同一的，真理是神灵的正确名称。因此，一个人根据自己的理解服从真理，没有什么不对，这是他的职责。如果追随真理的人犯了错误，他会改正的。对真理的探索会使人甘愿忍受痛苦，有时甚至死亡，但他却没有丝毫的自私。在对真理的无私追求中，没有人会长久地迷失方向。如果走错路，他就会跌倒，然后会找到正确的道路。因而，追求真理就是真正的巴克提①（虔敬）。因为这是通往神灵的道路，胆怯和失败无处藏身。真理是护身符，它使死亡成为通往永恒生命的入口。

---

① 巴克提（Bhakti），即虔敬、虔信、献身。

在这方面，我们不妨深思一下哈里什昌德拉[①]、波拉拉达[②]、罗摩占陀罗[③]、伊玛目哈桑和伊玛目侯赛因[④]，以及基督教圣人的生平和榜样。如果所有的人，无论男女老少，醒来后都时时刻刻全身心奉献真理，无论工作、吃饭、喝水还是玩耍，直到肉体的死亡，将我们与真理合一，那该是多么的美妙！真理之神对我来说是无价之宝，愿他对每个人都是如此。

---

① 哈里什昌德拉（Harishchandra），印度教神话中的国王，以虔诚和正义著称。
② 波拉拉达（Prahlad），印度教圣人，毗湿奴神的信徒。
③ 罗摩占陀罗（Ramachandra），印度教三大主神之一毗湿奴的第七个化身。
④ 伊玛目哈桑（Imam Hasan）和伊玛目侯赛因（Imam Husain），伊斯兰教圣人。

## 第二章　非暴力或爱

上周我们探讨了真理的道路何以既狭窄又笔直。非暴力之路何尝不是如此，就像一个人站在剑刃上寻找平衡，杂技演员集中注意力可以在一根绳子上行走。但是，在真理和非暴力的道路上行走需要加倍地全神贯注，稍微有点分心就会跌倒在地。一个人只有无休止地奋斗，才能实现真理和非暴力。

但只要还囚禁在这终有一死的肉体里，我们就不可能实现至美至善的真理。我们只能在想象中看见它，因为通过有限的肉体不能面对面地见到永恒的真理。这就是为什么我们最终要求助于信仰。

在有限的生命中不可能充分地实现真理，这使古代的真理探索者十分重视非暴力，他遇到的问题是："我是该宽容给我制造麻烦的人，还是摧毁他们？"探索者意识到摧毁别人并没有使他前行，他还是停留在原处；而宽容那些人，探索者却能向前迈进，时常还能带动其他的人一起上路。第一次毁灭行为教训了他，他所追求的真理，不是存在于外界而是在他的内心。他使用的暴力越多，离真理就越远。因为他只顾与外界想象的敌人作战，却忽视了自己内心的敌人。

我们惩罚小偷是因为他侵扰了我们。如果他们躲开我们，又会把注意力转向下一位受害者，这位受害者也是人，是我们的另一种不同形式，这样我们就落入恶性循环的圈子。小偷把偷窃当成了职业，结果给我们带来了更大的苦恼。最后我们发现与其惩罚小偷，不如容忍他们。宽容有可能使他们恢复理智，并使我们意识到他们和我们一样也是人，他们是我们的兄弟、朋友，可能不该受到惩罚。或许我们能够做到宽容小偷，但面对需要承担的后果，却常常显得懦弱。我们应该明白还有更重要的工作去做。既然我们把小偷看作是自己的亲人，就要尽力让他们认识到这种亲密关系。因此，我们要想方设法去争取他们的转变，这便是非暴力的途径。它需要我们不断地忍受痛苦，培养无穷的耐心。做到这两方面后，小偷最终必然会离开罪恶之路。我们也因此逐渐学会怎样与所有的人做朋友，并意识到真理的伟大。尽管蒙受痛苦，但我们的心灵越来越平静，越来越勇敢，越来越积极；我们更清楚什么是永恒的，什么是短暂的；我们懂得了什么是我们的责任，什么不是。我们的傲慢融化了，变得谦卑。我们的世俗占有物减少了，内心的邪念也逐日减少。

　　非暴力不是以往表现出来的那么简单。毫无疑问，不伤害任何生命是非暴力的一部分，但只是最低限度的表达。任何邪念、鲁莽、说谎、仇恨、赌咒别人，都是对非暴力原则的践踏。贪恋尘世的需求也是对非暴力原则的违背。但是，尘世的需求也包括我们每日的食物。我们立足的地方就有数百万的微生物，我们的出现破坏了它们的生存环境，我们应该做什么？难道应该自杀吗？即使这样，也没有解决问题。如果我们相信，就像我们确实相信的那样，只要我们的精神还栖居在肉体里，身体带来的每一种毁灭都会影响其他的生命。我们只有放弃身体的一切需要，它才会停止。从身体的所有需要中摆脱出来是真理之神的实现，但这样的实现不可能匆忙获得。身体不属于我们，当它存在时，我们要把身体当作托付给我们保管的东西去使用。只有以这样的方式对待肉体，我们才能盼望终有一天可以从身体的重荷中解脱出来。既然我们认识到身体的局限性，就必须每天用发自内心的力量向着理想前进。

前面的叙述已经表明，没有非暴力就不可能寻求并发现真理。非暴力和真理相互交织，实际上很难把它们分开。它们就像一枚硬币的正反两面，更像一个光滑无痕的金属圆盘，谁能说得清哪一面是正面，哪一面是反面。然而，非暴力是手段，真理是目的。手段之所以为手段，是因为它在我们能够掌握的范围内，因此非暴力是我们的最高职责。只要我们关注手段，目的迟早就会达到。一旦我们把握住这一点，最后的胜利便确信无疑。无论我们遇到什么困难、什么障碍，都不能放弃对真理的追求。

# 第三章　禁欲或贞洁

我们应该遵守的第三条院规是禁欲。事实上所有的院规都是从真理中推导出来的，有助于我们获得真理。已经全身心和真理结合，并且崇拜真理的人，如果把他的才能用于其他事务，就是对真理的不忠诚。那么，他如何做才算是对的呢？如果一个人把自己完全奉献给真理，他就要绝对地大公无私，不可能有时间出于私利去生儿育女、照顾家庭。鉴于前面所说，通过自我满足实现真理就是一个矛盾的说法。

从非暴力的观点看，如果没有彻底的无私精神，就不可能充分实现非暴力。非暴力意味着博爱[①]。如果一个男人把爱给了一个女人，或一个女人把爱给了一个男人，那么还能给外界剩下什么？它意味着"我们两个人优先，恶魔拿走剩下的"。忠实的妻子准备为丈夫牺牲一切，同样忠实的丈夫也准备为妻子牺牲一切。显然，这样的人达不到博爱的高度，或者他们不可能把所有的人看作是自己的亲友，因为他们在爱的周围筑起了一堵墙，他们的家庭越大，距离博爱就越远。因此，遵从非暴力法则的人不能结婚，更不用说婚外的性关系了。

---

[①] 博爱（Universal Love），即普世之爱、普遍之爱、大爱。

已经结婚的人怎么办？难道他们永远实现不了真理吗？难道他们不能为人类的神坛贡献一切？还有另外的一条道路。他们的行为可以像没有结婚的人一样，享受到这种幸福状况的人将会证实我的观点。据我所知，许多人成功地进行了尝试。如果夫妻把对方看作是兄妹，他们就会摆脱情欲的羁绊，为整个人类服务。把世界上每个女人看作是姐妹、母亲或女儿的想法，会立即使男人高贵，并迅速地挣脱情欲的锁链。这样夫妻双方不但一无所失，反而丰富了自己，甚至丰富了他们的家庭。他们的爱情摆脱了对情欲的渴望，变得日益深厚。随着不纯洁情欲的消失，他们能更好地互相服务，和睦相处。当爱变得自私和局限的时候，就会发生争吵。

如果赞成上述观点，贞节带来的身体上的好处就成为次要的了。在感官享受中蓄意浪费生命力[①]是多么愚蠢！出于肉体满足的需要而耗费男女充分发展其体力和精力所需的资源是一种严重的滥用。这种滥用是许多疾病的根源。

像其他院规一样，禁欲必须从思想、言论和行为上得到遵守。《薄伽梵歌》告诉我们这一点，经验也将证明这一点：表面上控制了身体而脑海中仍然邪念丛生的蠢人，不管如何努力，最终的结果总是徒劳无获。如果头脑胡思乱想，拼命克制情欲可能有害无益，因为身体迟早会做出响应。

在此有必要做一区分：心存邪念是一回事，让邪念失控则是另一回事。如果我们控制住杂乱的邪念，最终将达到禁欲。

生活中我们每时每刻都能感觉到对身体的控制，却很难控制大脑

---

① 生命力（Prana），亦译普拉那、生命素、生命能、命气等，指维持宇宙存在的能量。

的思绪。我们绝不能放松对身体的控制，此外还必须不断地努力控制大脑里的杂念，我们只能这样做。如果任凭大脑胡思乱想，我们的身体和思想就会分裂，就会变得对自己虚伪。只有不停地抵御每一个邪念入侵，我们的身体和思想才会统一。

　　人们认为禁欲极其困难，几乎是不可能的。为了寻找禁欲的理由，他们把禁欲规定在狭隘的范围内，认为控制住情欲就等同于禁欲，我觉得这种想法是不完全的，是错误的。禁欲指的是控制所有的感觉器官，企图只控制一个感官，放任其他的感官享受，必然是白费力气。用耳朵听色情故事，用眼睛看色情画面，用嘴巴品味刺激性的食物，用手触摸撩拨人心的东西，却盼望控制住剩下的唯一感官，那是痴心妄想。就像一个人把手放在火上，却希望不被烧着一样。因此，决心控制一个感官的人，必须同样下决心控制所有的感官。我觉得狭隘地理解禁欲带来了许多危害，只有当我们在各方面同时实行自我控制时，我们的努力才是科学的，才有可能成功。也许味觉是罪恶之首，因此在真理学院遵守的规则中，我们把控制味觉单列了出来。

　　让我们记住禁欲（Brahmacharya）的本质含义。Charya 是指行为过程，Brahmacharya 即追求 Brahma[①] 的行为过程，也就是追求真理的行为过程，从词源学的意义上来说就是控制所有的感官。我们应该忘记禁欲的狭隘理解，不能把它局限于仅仅是控制情欲。

---

① Brahma，梵天或梵，亦即至高真理，宇宙最高的永恒的实体或精神。

## 第四章　控制味觉

控制味觉和禁欲是密切相关的。我从经验中发现，如果控制了味觉，做到贞节就比较容易。在古代的戒律中没有这条规定，是不是因为伟大的圣人也觉得难以做到？在真理学院，我们把控制味觉作为院规单列出来，专门对它进行讨论。

吃饭应该像吃药一样，也就是说不要想它是否可口或其他的什么，只需考虑身体需要的分量。药量太少不起作用，药量太大伤害身体，食物也是这样。为了追求味觉吃东西，或吃得过多，都违反了这条院规。同样，为了加重或改变食物的味道，或者为了使无味的食物变得好吃，在食物中加盐也是违反了院规。但如果出于健康的原因，在食物中添加适量的盐就没有关系。当然，如果我们自欺欺人，声称加盐或加其他调味品是为了身体的需要，而事实上并非如此，我们就是极端虚伪的人。

这样我们就不得不放弃许多我们一直喜欢的美味，因为它们不是身体所需要的营养。因此，放弃许多食物种类的人，最终自然会获得自我控制。这个问题一直以来很少被关注，因此将食物选择纳入院规成为一个难题。

出自盲目的感情，父母给孩子吃各种不同的食物，降低了他们的体质，养成了他们人工化的口味。当孩子长大后，他们的身体病态、味觉错乱。早年放纵的不良后果步步尾随我们，我们浪费了大量的钱财，轻易地成为医生的俘虏。

绝大多数人不去控制感官，反而成了感官的奴隶。一位经验丰富的医生曾经说过，他从未见过一个健康的人。每一次暴食都会损伤身体，通过禁食只能部分地减轻这种损伤。

对于我的这条原则，任何人都不必害怕，或者绝望地放弃努力。发誓并不表示从一开始就能彻底做到，它只表明我们在思想、言论和行为上，不断付出真诚的努力。我们不能用假象欺骗自己，为图自己的方便降低理想的要求是虚伪的，并且贬损了自己。我们应该深入领悟理想，无论多么困难，都不屈不挠地去奋斗。时刻充分遵守这条重要院规的人，在尘世上已经没有什么事情需要他努力了，他成为一位完美的人，他是一位瑜伽行者。谦卑的真理追求者只要付出沉稳而不懈的努力，就必定能在神灵的良辰里蒙受上天的恩典，所有人为的味觉会随着最高境界的实现而消失。

我们不必一天二十四小时总是想到食物，唯一需要的是保持警觉，食物只是为了维持身体所需。一旦沉溺其中，内心的警觉就会帮助我们及时发现。如果我们意识到自己在贪图口味，就要果断地下决心断绝。公共食堂有益于我们遵守这条院规，它使我们不必为每天的伙食操心，使我们怀着知足和感恩的心情领受适量的饭菜。公共食堂减轻了我们的负担，成为院规的监督者，它不会使我们饮食无度，它提供的食物可保证我们的身体健康，而身体是用于为他人服务的。在理想的状态下，太阳应该是我们唯一的厨师。但我知道，我们距离那种幸福的状态是多么遥远。

# 第五章　不偷窃

现在我们讨论不偷窃的院规。它像上面提到的最后两条院规一样，也包含在真理之中。爱可以从真理中推导出来，或者可以和真理一起发挥作用。真理和爱一致，并且相同，然而我偏爱真理。最终只能有一个唯一的存在，它就是至高无上的真理。真理是目的，爱是抵达真理的方法。虽然我们觉得难以服从爱的法则，但我们知道什么是爱或非暴力。对于真理我们却只知道部分，即使充分实现非暴力的人，也很难掌握真理的全部知识。

一个偷窃者说自己知道真理、拥有爱，那是不可能的。我们每个人都或多或少、有意无意地都偷窃过。我们可能不仅偷了别人的东西，也偷了自己的东西，比如一位父亲瞒着孩子吃东西。真理学院的厨房是大家共同的财产，如果有人悄悄地拿走一块冰糖，就是给自己烙上了小偷的印记。未经别人的同意而拿走别人的东西，即使在别人知道的情况下，也是一种偷窃行为。拿走无人认领的财产同样也是偷窃。在路边发现的东西属于管理者或当地政府，在真理学院附近发现的任何东西都要交到办公室，如果不是真理学院的财产，值班人员要交给警察。

以上几个方面都很容易明白，但不偷窃还有更深的涵义。经过别人同意拿走的东西，但自己并不需要，也算是偷窃。我们不应该接受自己不需要的任何一件东西。这类小偷一般是把食物作为目标，如果我拿走自己不需要的水果，或者拿走的分量大大超过自己的需求，我就成了小偷。我们常常不知道自己真正需要的是什么，绝大多数人夸大了自己的需求，无意识地把自己变成了小偷。如果认真地考虑这个问题，我们就能大量地减少需求，遵守不偷窃原则的人会逐渐减少他的需求。世界上大多数悲惨的贫困就是由于人们违背了不偷窃的原则。

前面提到的偷窃是指外部的或者对东西的偷窃，此外还有一种更加阴险的偷窃，使人的精神更加堕落，这就是心理上的偷窃，渴望得到别人的东西，或贪婪地盯着它。一个不吃饭的人，就肉体而言，他可以被看作是在禁食，但如果他看到别人在吃饭，就在脑海中想象吃饭的愉快，他就违背了禁食，犯了偷窃罪。如果在禁食期间，他不断设想禁食后的各种菜肴，也同样有罪。

遵守不偷窃院规的人不会为将来的需求烦恼。许多人正是出于对未来的无端焦虑成了小偷。今天我们可能只渴望占有一样东西，但明天如果我们想要更多时，就会采取措施，可能的话就直接去偷。

偷窃思想不亚于偷窃物品，某人声称自己想出了某些好的观点，其实不是他原创的，他就犯了思想偷窃罪。在世界历史的进程中，有许多博学的人犯了这种偷窃罪，时至今日剽窃也绝非罕见。例如，假定我在安德拉看到一架新型手工纺车，回到真理学院制造了一台类似的纺车，却宣称是我发明的，我就是在撒谎，犯了偷窃别人发明之罪。

因此遵守不偷窃院规的人要保持谦卑、考虑周到、时常警觉，还要生活俭朴。

## 第六章　不占有或清贫

不占有和不偷窃是同类。不是偷来的东西，如果我们不需要却占有它，它就是赃物。占有物品暗含着为将来做准备，真理的追求者、爱的追随者不能为明天储备。神灵从不为第二天储存东西，他从来不创造此时此刻不需要的东西。如果我们把自己托付给神灵的意志，就足以放心，因为神灵会为我们提供每日的食物，也就是生存需要的一切。许多圣人和信徒曾以此信念为生，他们的经历总是证实了这一点。我们对神灵的法则的愚昧无知或视而不见，导致贫富不均以及贫富不均带来的各种不幸，因为神灵的法则是每天为人们提供所需要的食物，仅此而已。富人储存了太多无用的东西，对占有的物品漫不经心，随意浪费，同时数百万人却因饥饿濒临死亡。如果每个人只保留他需要的东西，世界上将没有人匮乏，所有的人将不愁吃穿。事实上，富人的不知足并不亚于穷人，穷人想成为百万富翁，而百万富翁想成为千万富翁。为了知足的精神能广泛传播，富人应带头减少占有物。如果他们能有节制地占有财产，饥饿的人就能吃饱，并且还会和富人一起懂得知足。不占有理想的圆满实现要求人像鸟一样，头上没有屋顶，不为明天储备衣服和食物，他只需要当日的食物，但食物的来源是靠神灵的旨意，不用他来操心。只有极少数的人可以达到这种理想状态。普通的探索者不会从几乎不可企及的理想中退缩。我们要记住这个理想,在它的光芒中审视我们的占有物,并努力减少它们。真正意义上的文明,不在于增加需求,而在于有意而自愿地减少需求,只有这样才能增进幸福和满足,并提高服务能力。根据这条标准来衡量,真理学院里有许多东西并非必需品,多余的东西会引诱邻人偷窃。

从纯粹真理的角度看,身体也是一个占有物。正确地说,正是享乐的欲望为灵魂创造出了身体。如果这种欲望消失,就不需要身体了,人就从生死的恶性轮回中摆脱出来。灵魂是无所不在的,何必在意囚禁在牢笼般的身体中?或为了那个牢笼而去犯罪,甚至去杀人呢?这样思考,我们就能达到自我克制的理想状态,学会使用身体去服务,直到身体死亡。因此,我们生活的支柱不是食物而是服务。我们吃、喝、睡、醒,只是为了服务。这样一种思想给我们带来的是真正的幸福,并且能在时机到来时获得真福直观①。让我们以此反省自己吧。

我们要记住不占有的院规还适用于人的思想。如果一个人的脑海里塞满了无用的知识,他就违背了这条宝贵的原则。使我们远离神灵的思想,或者阻止我们向往神灵的思想,都是我们道路上的障碍。在此我们回顾一下《薄伽梵歌》第十三章中关于知识的定义,它说谦逊等组成了知识,其余的没有用处。如果真的如此,那么我们今日拥有的绝大部分知识纯粹是无用的,不仅对我们毫无益处反而有害。它们使我们头脑迷失方向,甚至一片茫然,充斥着各种纷乱的邪念。毋庸

---

① 真福直观(Beatific vision),亦译荣福直观,即灵魂对神灵的直接认识。

置疑，这并不是为懒惰找借口。生命中的每一刻应该充满着向往真理的精神或体力活动。凡是把生命奉献给服务的人，不能有片刻的游手好闲。我们要学会辨别什么是有益的活动，什么不是。当我们全心全意地致力于服务时，就自然形成了辨别能力。

# 第七章　无畏

每位《薄伽梵歌》的读者都知道，书中提到的有关神灵的属性中，名列首位的是无畏。作者是出于危急关头的需要，还是出于慎重考虑，把最高荣誉给了无畏，我不得而知。在我看来，无畏名列首位当之无愧，因为其他高贵品质的培养离不开无畏。一位寻找真理、拥有爱的人怎么能够没有无畏的精神！正如普里塔姆所说："'哈里'的道路属于勇敢者，而不是懦夫。""哈里"在此的意思是真理，勇敢者是用无畏装备起来的人，而不是持剑、拿枪之类的人。只有充满恐惧的人才会用武器装备自己。

无畏是指战胜所有外部的恐惧——疾病、身体受伤、死亡、被驱逐、失去最亲近的人、名誉受损、触犯法律等等。很多人认为只要不怕死，就什么都不怕了，这是完全错误的。一个人能战胜对死亡的恐惧，不一定能无所畏惧地对待其他事情。比如我们周围就有些人并不怕死，可他们会逃避生活中的一点点困难；有些人准备慷慨赴死，却无法承受心爱的人被夺走；有些守财奴能忍受一切，甚至愿意付出生命，却不愿舍弃财产；还有些人做了好多不光彩的事来提高虚幻的声望；也有些人背离就在眼前的艰难道路，仅仅是因为害怕遭到世人的憎恶。真理的追求者必须征服所有这些恐惧，在追求真理的过程中，准备牺牲所有的一切，甚至像哈里做的那样。哈里的故事可能是个寓言，但每位追求真理的人将从个人的经历中见证它的真实。故事和历史事实一样珍贵。

只有达到最高境界的人才能获得彻底的无畏，因为它意味着摆脱痴心妄想。如果一个人拥有坚定的决心，并且锲而不舍地努力和充满自信，他就能不断地向着目标前进。

就像开始说到的那样，我们必须抛弃所有对外部的恐惧，但我们总是害怕内心的敌人，害怕情欲、愤怒等。一旦我们降伏了阵营里的叛徒，对外部的恐惧就会自动消失。所有的恐惧以身体为中心活动，如果我们克服了身体的依恋，恐惧也就了无踪影。到那时我们将发现所有外部的恐惧是没有根基的幻觉。如果我们摆脱了对财富、家庭和身体的依恋，心中的恐惧就荡然无存。"去除世间幻相，方能自在安详"是一句至理名言。财富、家庭和身体仍然存在，跟过去一样，我们需要改变的是对待它们的态度。其实所有这些都不是我们的，它们都是属于神灵的。世界上没有任何东西是我们的，连我们自己都是神灵的，那么我们还有什么可害怕的？《奥义书》教导我们"享受事物却不贪恋"，也就是说，我们感兴趣的是作为托管人来保管财富，照顾家庭和身体，而不是占有它们。遵神灵的意愿我们拥有它们，神灵会给予我们力量和武器来捍卫它们，抵抗入侵者。当我们不再认为自己是主人，而是降为比脚下的尘土还要卑微的仆人时，所有的畏惧将如迷雾散开，我们将获得难以形容的平静，并且直面真理之神。

## 第八章　根除不可接触制

就像控制味觉一样,这也是一条新的院规,可能显得更加陌生些,但它十分重要。"不可接触制"认为,某些出生在特定阶层或家庭的人是肮脏而不可接触的。用阿克哈的话说,这种制度是个毒瘤。

没有人生来不可接触,因为所有的人都是同一个火苗四溅的火花,把某些人看作生来不可接触是错误的。顾虑接触尸体也是错误的,应该怜悯并尊重尸体,我们在处理尸体或给尸体抹油或剃须之后洗澡,只是出于健康的原因。在这些情况下不洗澡的人,可以被视为不干净,但绝对不是罪人。一位母亲收拾完孩子的粪便,要是她还没有洗澡,或者还没有洗手和洗脚,也许算是"不可接触的",但如果孩子偶尔碰到她,也绝不会因此被玷污。

但是清洁工、理发匠、鞋匠等这类人却从一出生就被看作不可接触者,遭到蔑视。即使他们坚持长期用肥皂洗澡,衣着得体,佩戴毗湿奴信徒的标志,每天阅读《薄伽梵歌》,从事有学识的职业,但他们仍然是不可接触者。这种违背精神信仰的种姓制度,我们理应把它铲除。根除不可接触制是真理学院的一条院规,我们相信不可接触制不是印度教的一部分,而是瘟疫,每位印度教徒都有义务与它做斗争。每一位认识到它的罪恶的印度教徒,都要与不可接触者友好相处，以弥补罪过，要秉承爱与服务的精神与他们合作，并净化自身。我们要昭雪他们的冤屈，耐心地帮助他们克服长期被奴役产生的愚昧和其他恶习，并且鼓励其他印度人也投身其中。

若从精神的角度考察根除不可接触制度，它的世俗和政治后果就无关紧要了。我们与所谓的"不可接触者"做朋友，不考虑后果。真理的探索者不会担心世俗的反应，因为这是他生活修行的一部分，其他的结果他不在乎。

倘若我们能坚持遵守这条戒律，就会发现我们与之斗争的罪恶远不止欺负受压迫的阶层。最初罪恶比芥菜籽还小，不久它便迅速成长，并侵蚀它的栖息地。因此，这一罪恶现在已经侵袭到生活的各个方面。由于不可接触制的错误观念所致，需要无休无止地净身沐浴和隔离食物，我们几乎无暇自顾。当假装向神灵祷告时，我们敬拜的不是神灵，而是我们自己。

因此，这条院规不仅仅倡导与不可接触者做朋友，还要求大家像爱自己一样爱所有的人。根除不可接触制就是热爱并服务于整个世界，把自己融化在爱中。根除不可接触制打破了人与人之间的障碍，打破了人的等级障碍。我们发现世界各地都存在障碍，但在此我们主要关注的是这种不可接触制把成千上万的人降低到奴隶的境况。

## 第九章　生计劳动

为了生存，人必须劳动，我第一次有这个想法是读托尔斯泰关于生计劳动的论述。直到读了拉斯金《给那后来的》之后，我才深刻理解了这个道理。首先强调人必须用双手劳动来维持生计的人是俄国作家季·米·邦达列夫，托尔斯泰广泛传播了这种思想。在我看来，相同的原则也出现在《薄伽梵歌》中：若享受食物而不予奉献，这样的人与窃贼无异。奉献在此处意味着从事生计劳动。

理性的思考也会得到相同的结论。一个不进行体力劳动的人有权利吃饭吗？《圣经》说："你必汗流满面才得糊口。"一个百万富翁干不了多久的体力活就会十分劳累，即使他整天在床上滚动也会有助于消化食物，锻炼后他感到饥饿，使食物易于吸收。如果每个人无论贫富都参与某种形式的身体锻炼，为什么不能是生产形式的锻炼，如生计劳动？没有人会要求耕种者做呼吸练习，或锻炼他的肌肉。况且，十分之九以上的人类在土地上劳动。如果剩下十分之一的人以绝大多数人为榜样，至少为了食物而从事生计劳动，那么世界将会变得更加幸福、健康和平安。如果这些人助农民一臂之力，将会缓解农业生产的艰辛。如果每个人都认同为生计而劳动是一项义务，那么不公平的等级差别也会被废除。生计劳动对所有的种姓都适用。在资本和劳工之间存在着遍及世界的冲突，穷人嫉妒富人。如果所有的人都靠生计劳动维持生计，那么贫富差别就会消失。虽然仍然有富人，但他们会认为自己仅仅是财产的托管人，并把财产主要用于公众福利。

  对于遵守非暴力、崇拜真理、自觉奉行禁欲的人来说，生计劳动确实是一种恩惠。此处的生计劳动其实只与农业生产有关，但目前无论如何，不是每个人都能到地里干活。虽然从事农业劳动是理想状况，但也可以用纺织、编织、做木工或打铁来代替耕作。每个人应当成为自己的清洁工，打扫卫生就像吃饭一样必需。每个人最好处理自己的废弃物。如果不可能的话，每个家庭应该清理自家的垃圾。多年来我感到一定存在某种根本性的错误，以致社会中存在一个专门的阶层从事清扫工作。历史上没有记录谁第一次指定最低身份的人提供重要的清洁服务。无论他是谁，他都没做好事。我们应该从童年起就在思想中形成这样的观念，即我们都是清洁工。对每一位意识到这一点的人来说，最容易的办法是，从做一名清洁工开始生计劳动。做清洁能帮助我们真正懂得人与人的平等。

# 第十章　宽容，即精神平等（上）

我不喜欢宽容一词，但也想不出更好的说法。宽容暗含了一个无端的假定，即其他的信仰不如我们的好。非暴力教导我们，尊重其他人的信仰要像尊重自己的一样，并要承认自己信仰的不完善。真理的探索者愿意承认自己的不足，他遵从爱的法则。如果我们完全地见证了真理，就不再是探索者了，我们与神灵合一，因为真理就是神灵。我们全力以赴地追求真理，并觉察到自身的缺陷。如果我们自身不完善，那么我们理解的信仰也一定不完善。我们尚未认识完美意义上的信仰，正如我们还没有认识神灵一样。它正处于进化与不断阐释的过程中，正是由于这种进化，才有可能不断向真理迈进。如果人类表述的所有信仰都不完善，就不需要比较优劣了。所有的信仰都包含着真理的启示，但都不完善，容易出错。对其他信仰的尊重不等于无视它们的缺点。同时也必须十分注意自己信仰的缺陷，不能听之任之，而要尽力地去克服。我们不仅要平等对待所有的信仰，也要考虑我们的义务，要把其他信仰可接受的部分融入我们的信仰。

那么，就出现了一个问题：为什么会有许多不同的信仰？灵魂只有一个，而灵魂所赋予生命的肉体却有许多。我们不可能削减肉体的数量，但能认识灵魂的统一性。就像大树只有一个树干，却有很多的枝叶一样，也存在一种真正完美的信仰，但经由人的中介变成了许多。完美的信仰超越所有的语言，当不完善的人掌握它时，他用语言表达出来，其他同样不完善的人解释他的话。谁的解释是完全正确的？从每个人自己的角度看都是正确的，但也有可能每个人都错了。宽容不是对自己的信仰漠不关心，而是更加明智和虔诚地热爱它。宽容赋予我们深刻的精神洞察力，使我们避免从一个极端误入另一个极端。真正的思想知识冲破信仰之间的壁垒，培养对其他信仰的宽容，帮助我们理解自己的信仰。

宽容不妨碍我们区别对错与善恶。这里谈论的是世界上主要的信仰，这些信仰都根植于共同的基础，都产生过伟大的圣人。

# 第十一章　宽容，即精神平等（下）

我想再讲讲宽容。以我个人的经历为例，我会表达得更加清楚。在凤凰村[1]我们每天祷告，就像在萨巴玛蒂一样，穆斯林、基督徒及印度教徒一起参加。已故的赛斯·罗斯敦和他的孩子也经常来参加，他很喜欢古吉拉特语圣歌"对我来说，最最亲切的名字是罗摩[2]"。如果我没记错的话，当马甘拉尔或卡什带领我们吟唱这首圣歌的时候，罗斯敦高兴地喊道："用'霍尔马兹德'[3]代替'罗摩'"。他的建议被愉快地采纳了，以后只要罗斯敦在场，甚至有时他不在的时候，我们都用"霍尔马兹德"代替"罗摩"。已故的侯赛因是达乌德·赛斯的儿子，经常住在凤凰村，他热情地参加我们的祷告会。在一架风琴的伴奏下，他时常用甜美的嗓音吟唱圣歌"今世花园的繁荣转瞬即逝"[4]。他教我们唱这首歌，祷告时我们也唱它。我们的诵歌中保留了这首歌曲，是对热爱真理的侯赛因的怀念。我还从来没有遇到过哪位追求

---

[1] 凤凰村，甘地在南非建立的道德实验场所。
[2] "对我来说，最最亲切的名字是罗摩"，罗摩（Rama），印度教神名，这是一首印度教圣歌。
[3] 霍尔马兹德（Hormazd），亦即阿胡拉·马兹达（Ahura Mazda），伊朗古代琐罗亚斯德教的主神。
[4] "今世花园的繁荣转瞬即逝"（Hai bahare bagh），这是一首伊斯兰教圣歌。

真理的年轻人比侯赛因更投入。约瑟夫·罗叶普彭经常到凤凰村来，他是一位基督徒，他喜欢的圣歌为"他是毗湿奴信徒，救助苦难的人"①。他酷爱音乐，有一次唱这首圣歌时，他用"基督徒"代替"毗湿奴信徒"，其他人欣然接受，我看到约瑟夫满心欢喜。

为了满足自己的需要，我阅读了不同信仰的圣典，我熟悉了基督教、伊斯兰教、琐罗亚斯德教、犹太教和印度教。在读圣典的过程中，我对所有的信仰一视同仁，尽管当时我可能没有意识到。回顾那时的情况，我没有因为它们不是我的信仰而产生批评它们的丝毫愿望，我满怀敬仰阅读圣典，在每本书中都发现了共同的基本道德。有些事情我当时不理解，甚至现在也不明白，但经验告诉我，草率地认为我们不理解的东西肯定是错误的，这种做法不妥。我起初不理解的某些事情后来变得像白天一样明显。一视同仁帮助我们克服许多困难，即使我们批评对方时，也要谦虚、有礼貌，不要伤害别人。

接受精神平等的原则并不等于消除信仰和无信仰的区别。我们不主张宽容无信仰。正因如此，一些人可能会反对，如果每个人自己决定什么是信仰什么是无信仰，就不会一视同仁。假若我们遵守爱的法则，对待无信仰的兄弟就不会有憎恨之心，相反我们爱他们，指出他们的错误，他们也指出我们的错误，或者大家宽容彼此观点的分歧。如果其他派别的人不遵守爱的法则，对我们施加暴力，然而如果我们真心地爱他们，最终一定能化解他们的仇恨。我们要遵守这条黄金法则，对待有错误的人一定要耐心。如果需要，准备好自我受苦。

---

① "他是毗湿奴信徒，救助苦难的人"，这是一首印度教圣歌。

# 第十二章 谦逊

谦逊作为一条院规不能独立存在，因为它不能脱离其他行为。然而，它是对非暴力不可缺少的考验。对真正实行非暴力的人来说，谦逊是他天性的一部分。

为真理学院起草的院规草案在朋友中流传，包括已故的古鲁[①]达斯·班纳吉爵士。他提议，把谦逊加进院规。由于我上面提到的原因，这个建议当时没有被采纳。

虽然谦逊不是一条院规，但它很重要，甚至比其他院规更重要，遗憾的是没有人去实践。真理可以培养，就像爱可以培养一样，但培养谦逊却有沦为虚伪的危险。不要把谦逊与礼貌、礼节混为一谈，表面上一个人也许会向另一个人屈服，但他的心里可能充满仇恨，这不是谦逊，而是狡猾。一个人也许会反复吟唱"罗摩那摩"，或拨着念珠喃喃祈祷，或在社会中显得像一位圣人，但如果他内心自私自利，他就不是谦恭的人，而是伪君子。

一位谦逊的人，本身意识不到自己的谦逊。真理之类也许有度量的尺度，可谦逊没有。与生俱来的谦逊决不会永远隐而不显，但是它

---

[①] 古鲁（Guru），意思是智慧的老师、大师、导师、领袖等。

的拥有者意识不到它的存在。至富仙人和妙友仙人①的故事是很好的例子。谦逊的人明白自己无足轻重，而妄自尊大的人自以为了不起。如果有人以自己能遵守院规而感到骄傲，那么遵守院规就失去了部分意义。吹嘘自己品德的人经常成为社会的祸害，社会不欣赏这种行为，他自己也不能从中得到任何好处。也许有一种想法可以让我们更加谦卑：在浩瀚的宇宙中，所有的生命都不过是微小的原子。我们作为肉体的存在转瞬即逝，在永恒之中一百年算得了什么？但如果我们砸碎了自我的链条，融入人类的海洋，我们就与她的尊严同在。自以为是的人在神灵与人之间设置了一道屏障，感觉不到我们的存在是要与神灵合一。大海中的一滴水分享着父母的伟大，尽管它没有意识到，然而一旦它脱离大海，独自存在，就会立即被蒸发。毫不夸张地说，地球上的每个生命都只不过是一个泡沫。

　　为他人服务的一生必定是谦逊的一生，愿意为别人牺牲生命的人没有时间为自己谋得一个显要的位置。不要像在印度教中那样，错把无所作为当成是谦逊。真正的谦逊是竭尽全力、持之以恒地为人类服务。神灵显现在行为中，没有片刻的休息。如果我们为神灵服务或与神灵合一，我们的行为就要像他那样不知疲倦。脱离海洋的水滴也许有片刻的休息，但海洋的水滴永不停息，我们的情况也一样。当我们与神灵的海洋合一时，我们也不停息，不需要休息。我们的睡眠也是行动，因为睡眠的时候心中仍思念着神灵。永不停息的信念才能换来真正彻底的休息，拥有从不懈怠的激情才能最终抵达无法言说的平静。这种彻底无我的最高境界难以描述，但没有超出人类经验的范围。许

---

① 至富仙人（Vasishtha）和妙友仙人（Vishvamitra），印度教智者。

多虔信的人达到了这种境界,我们自己也有可能达到。这就是我们真理学院的人为自己设定的目标,所有的院规和活动都是用来帮助我们实现这一目标的。只要我们坚信真理,总有一天会不知不觉地达到这一目标。

## 第十三章 誓言的重要性

在这一系列信件中,我概括地论述了誓言的重要性,但是,也许有必要较为详细地说明一下誓言与虔诚生活的关系。有一个思想流派颇具影响力,他们认为应该遵守某些原则,但没有必要发誓。他们甚至提出发誓是软弱的表现,可能还有害处。他们还说,如果后来发现某条原则不方便或极其不好,再坚守下去就是绝对的错误。比如戒酒是件好事,但偶尔喝一下,比如说为了治病喝酒,会有什么害处呢?发誓滴酒不沾反而是多余的障碍,其他事情也一样。

誓言表示毫不动摇的决心,帮助我们抗拒诱惑。如果我们的决心在困难面前屈服,它就一文不值。人类的普遍经验说明,没有坚定的决心,就不可能取得进步。如果开始认为是好的誓言,后来发现有严重的错误,当然应该抛弃。但没有谁会对可疑的事情发誓,发誓的内容应该是普遍认可的原则。在这种情况下出现的错误,大概只是头脑的想象。真理的追随者不会考虑他说实话会不会伤害别人,因为他相信真理不会害人。彻底的守戒也一样,守戒者或者以治病为借口破例,或者为了彻底的守戒准备冒生命危险。如果我们碰巧为了坚守戒律而失去生命,又有什么关系呢?即使我们的寿命借助酒延长了,仍然不能保证长寿,延长片刻的生命也许又被其他的作用扼杀。另外,守住戒律高于生命的人，就像醉汉戒了酒，他的榜样在世上将成为强大的善的力量。有高尚决心的人拥有坚定的信念，即使付出生命代价也在所不惜，他们终有一天能见到神灵。

发誓不是软弱的表现，而是力量的表现。不惜任何代价去实现是誓言的特征，这是力量的堡垒。说"尽可能"去做的人，暴露了他的傲慢和软弱。我从自己和别人的经验中发现，用"尽可能去做"来约束自己，存在致命的漏洞。尽可能地去做某些事，很可能抵挡不住第一次的诱惑，就好像说我们会"尽可能地"遵循真理是毫无道理的一样。连商人也不会查看票据，找出某人答应在某天"尽可能地"付钱。同理，神灵也会拒绝人做出的"尽可能地"遵循真理的许诺。

神灵就是誓言的象征，如果神灵偏离了自己的法则，哪怕只有丝毫，神灵就不是神灵了。太阳是一位伟大的守戒者，因此我们才可能测量时间、公布历法。所有事情的正常运行都离不开人们履行诺言。难道在品格培养或自我实现方面，诺言就不需要了吗？因此，为了自我净化和自我实现，我们绝不要怀疑发誓的必要性。

## 第十四章 奉献或牺牲

我们频繁地使用"奉献"这个词,并把手工纺织提高到了每日"主要奉献"①的地位。因此,有必要考虑"奉献"一词的种种含义。

"奉献"是指为了其他人的福利而采取的行为,不图任何回报,无论是世俗的还是精神世界的。此处的"行为"是指最广泛意义上的行为,包括思想、言论和行动。"其他人"不仅仅是指人类,还包括所有的生命。如果"从非暴力"的角度看,牺牲低等动物为人类服务就不是"奉献"。虽然《吠陀》②中有用动物献祭的主张,但这没有什么关系,它经受不住真理和非暴力的考验,对我们而言这就足够了。我承认我不精通吠陀学问,但就此话题而言,我不用为此担心,因为即使动物献祭是吠陀社会的一个特征,它也不会被"非暴力"倡导者援引。

而且,"主要奉献"一定是为最大范围的最大多数人谋福利,并

---

① "主要奉献",甘地规定真理学院的人每天都要手工纺纱。
② 《吠陀》是婆罗门教和现代印度教最重要和最根本的经典,更是印度宗教、哲学及文学之基础,共有四部:《梨俱吠陀》《娑摩吠陀》《夜柔吠陀》和《阿闼婆吠陀》。《薄伽梵歌》中提到的吠陀是指前三种吠陀,《薄伽梵歌》并不否定或摒弃吠陀,只是认为遵循吠陀不能获得解脱。

能让最大多数的男女以最小的代价参与的行为……因此，即使为了所谓的更高的利益，对任何人施加恶意或恶行都不是"奉献"，更谈不上"主要奉献"。《薄伽梵歌》教导我们，并且经验也证明，一切不属于"奉献"的行为只能是枷锁。

如果没有"奉献"，这个世界片刻都不能存在。因此《薄伽梵歌》讨论了真正的智慧[①]后，接着探讨获得智慧的方法，它用大量篇幅说明了"奉献"伴随着"造物"本身而来。神灵赋予我们身体，只是为了能够用它服务所有的"造物"。因而《薄伽梵歌》说，没有"奉献"的人吃的是偷来的食物。追求纯洁生活的人，每一种行为都应该是在"奉献"。"奉献"随着我们的出生而来，我们的一生都是负债人，因此我们要不断地服务众生。就像一个奴隶为主人服务，并从主人那里接受食物和衣服一样，我们也应该满怀感激地领受宇宙之神分配的礼物。我们接收的东西应该称作礼物，作为负债人，我们理所当然地要履行义务。如果我们得不到礼物，也不必责怪主人。我们的身体属于他，我们被珍惜或者被抛弃取决于他的意志，这种事不值得抱怨或怜悯。相反，如果我们能够在神灵的规划中找到合适的位置，就能达到一种自然的甚至是愉快而理想的状态。如果我们愿意体验这种天赐之福，就要有强烈的信念。"不必为自己担忧，把一切的担忧留给神灵"，所有的精神信仰中都含有这种教导。

任何人不用对此感到胆怯。以十足的良心献身于服务的人，会日益在更大的范围内领会服务的必要性，并不断丰富他的信念。如果一个人不准备放弃自身利益，未认识到他出生的条件，就不可能踏上为

---

[①] 智慧（Jnana），亦译般若，指人们对世界的感知能力、知识。行动经过智慧之火焚烧，也就摆脱了欲望和企图，不执着于行动成果。

众生服务之路。我们每个人有意或无意地提供过服务，如果我们慎重地培养服务的习惯，服务的愿望将随之增强，并且不仅仅是为了自己的幸福，也是为了世界上大多数人的幸福。

# 第十五章　再论奉献

上周我写到"奉献",但感觉意犹未尽,想多写一点。"奉献"作为一条与人类相伴而创的原则,也许值得进一步探讨。"奉献"是一天二十四小时都要履行的义务,或者要给予的服务。因此,如果"慈善"含有奉献意味的话,那么"每日都应该积德行善"这句格言就不恰当了。无私地为他人服务,获益的不是他人,而是我们自己,就像偿还债务时,我们是在服务自己,减轻自己的负担,尽自己的义务。此外,所有的人,包括道德高尚的人,都要把自己的资源奉献出来,与整个人类共享。如果这是一条法则,显然它就是一条法则,那么,在生活中我们就没有自我放纵的余地,而是要自我舍弃……自我舍弃的义务是把人与兽区别开。

有些人提出反对意见,他们认为这样的生活枯燥乏味,缺乏艺术性,没有时间照顾家庭。但我讲的自我舍弃不是弃世,不是隐退到森林中。自我舍弃的精神应该主导生活的各个方面。如果一个父亲把生活看作义务而不是放纵,他仍然是一位家长。一个以奉献精神经营的商人,即使经手一千万卢比的钱,如果他遵循这条法则,运用他的能力去服务大众,他也是一个商人。他不会欺骗或投机,他过着俭朴的生活,不伤害任何生灵,他宁可损失百万卢比也不愿伤害任何人。

不要以为这种商人只是我的想象，令全世界感到庆幸的是这种商人西方有，东方也有。虽然他们屈指可数，但毕竟存在于现实中。哪怕只有一个人，也不再是凭空想象了。我们都知道，在瓦德万有一位慈善裁缝。我也知道，有一位这样的理发师。另外，大家都知道有一位这样的纺织工。如果我们深入下去，会在生活的各个领域碰到这样的人，他们过着奉献的生活。无疑这些奉献者靠劳动维持生计。但谋生不是他们的目标，只是他们所从事职业的副产品。莫提拉尔起初是一个裁缝，后来仍然是一个裁缝。但他的精神改变了，他的工作变成了敬拜。他开始考虑其他人的福利，他的生活是真正意义上的艺术化。奉献牺牲的生活是艺术的顶峰，充满着真正的喜悦。如果有人觉得奉献是负担，或者令他苦恼，奉献就不再是奉献了。自我放纵导致毁灭，自我舍弃带来永生。喜悦不能孤立地存在，它与我们对待生活的态度有关。比如一个人喜欢矫揉造作的布景，另一人喜欢不断以崭新面貌呈现的天空景象。因此，喜悦与个人和国家的教育有关。我们喜欢的事物是从小被教导要喜欢的东西。以绘画为例，很容易看出不同的民族风格。

另外，许多奉献者认为他们提供了无私的服务，就能够随意接收别人送的东西，无论自己是否需要。当这种想法占据支配地位时，他就不再是一个仆人，而变成了统治人民的暴君。

为他人服务的人不会考虑个人的安逸，因为一切听从神灵的安排。他不会被服务途中的任何东西拖累，严格地获取他的所需，把多余的留下。当他发现自己身处困境时，仍将保持平静、不气馁、头脑清醒。他的服务就像美德一样，本身就是回报，他将以此为满足。

还有在服务的时候，人不敢疏忽或耽误。如果某人认为在个人事务上，他要勤奋，在没有报酬的公共事务上，他想什么时间以任何方式做都可以，那么他还需要学习奉献学的初级课程。自愿为他人服务要求发挥人的最佳才能，并将它放在个人事务之前。实际上，纯洁的献身者总是毫无保留地为服务人类献出自己的一切。

# 第十六章 司瓦德西

在我们所处的时代，司瓦德西是一条最重要的法则。与自然法则一样，精神法则同样不需要人为制定，它们本身就存在。但由于愚昧或其他原因，人们经常忽视或不遵守它们。这就需要通过发誓来保证人们遵守法则。有素食倾向的人用不着发誓，肉食不但诱惑不了他，反而会引起他的厌恶。司瓦德西原是人的本性使然，但如今却被人彻底遗忘，因此，必须发誓遵守。从最深远的精神意义上说，司瓦德西代表了灵魂从世俗的束缚中获得最终的解脱。肉体不是灵魂本来或永恒的居所，它是灵魂未来旅程的障碍，肉体妨碍了它与所有生命的统一。司瓦德西信徒在努力与众生融为一体的同时，从肉体的束缚中寻求解脱。

如果这种解释是正确的，那么司瓦德西信徒的首要责任是为邻人服务。表面上看，这样做似乎忽略了其他人的利益。但如果奉献给邻人的服务是纯洁的话，就绝不会损害其他人的利益。"和一人相处，如同和整个宇宙在一起"是一条永恒的法则，我们要用心体会。另外，如果一个人被"距离感"诱惑，跑到地球另一端去服务，他不仅放弃了对邻居的义务，他的雄心壮志也被挫败。举个具体的例子，在我住的地方，有邻居、亲戚和我赡养的人，他们需要我，寻求我的帮助和支持是他们的权利。假定我现在离开他们，去远方为其他人服务，我的决定会使周围的小世界陷入混乱，同时我的游侠骑士作风还可能影响新地方的氛围。自家的邻居置之不顾，又给想要服务的人无意中帮了倒忙，这是违背司瓦德西的第一个后果。

这样的例子俯拾皆是，这就是为什么《薄伽梵歌》说"履行自我义务[①]虽死犹荣，承担他人义务[②]充满危险"。若将这个原理用于我们的生活环境，就是司瓦德西法则。《薄伽梵歌》中提到的"自我义务"完全适用于司瓦德西，因为司瓦德西就是要我们承担属于自己的义务。

错误理解司瓦德西，会导致不良后果。例如，我眷顾自己的家庭，不择手段聚敛钱财，就是歪曲了司瓦德西。司瓦德西只要求我用正义的手段履行对家庭的合法义务，这一做法将为我展示普遍的行为准则。对司瓦德西的实践绝对不能伤害任何一个人。如果伤害了其他人，就不是履行"自我义务"，而是自我主义在作祟。

在某些情况下，司瓦德西信徒可能要响应号召，为服务大众牺牲自己的家庭。这种甘愿牺牲行为是对家庭的最高服务。"得着生命的，将要丧失生命，为我丧失生命的，将要得着生命"[③]，这句话既适用于个人，也适用于家庭。假定我的村庄发生了瘟疫，为了服务传染病人，我、妻子、孩子和所有家庭成员都献出了生命，在劝说最亲近的人加入服务行列时，我并不是家庭的毁灭者，而是它最忠实的朋友。在司瓦德西里，没有自私自利的余地；如果有自私自利的话，那就是

---

[①] 自我义务（Svadharma），亦译自法、自我职责。
[②] 他人义务（Paradharma），亦译他法、他人职责。
[③] 这是《圣经》中的话。

它的最高形式,与最高的利他主义没有区别①。司瓦德西最纯粹的形式是全身心地为大众服务。

正是沿着这一思路,我认为,土布②是司瓦德西应用于社会的必然而最重要的结果。我问自己:"什么样的服务是大多数印度人目前最需要的服务?所有人都容易理解和赞同,实行起来也容易,还能让数千万处于半饥饿状态的农民活下去。"答案出现了,只有土布或手纺车的普及化能够满足这些条件。

但愿没有人认为通过土布实践司瓦德西会伤害外国人或印度的工厂主。已经弃恶从善的小偷,或准备退还偷来财产的小偷,已经不是祸害了。相反他是获益者,他可能已意识到,也可能没有意识到。同样,如果世上所有的鸦片瘾君子或嗜酒者摆脱了他们的瘾,酒店主和鸦片贩子就没有生意了,但不能因此说酒店主和鸦片贩子吃亏了。从最真实的意义上讲,他们是获益者。无论是对个人还是对社会,铲除罪恶的回报都不是损失,而是纯粹的收获。

如果认为履行司瓦德西的义务只意味着手工纺线,并穿上用纺线做的土布衣服,那是十足的误解。土布是社会履行司瓦德西义务的第一步,也是必不可少的一步。我们经常看到这样一些人,他们身穿土布衣服,同时佩戴各种令他们着迷的外国产品。这种人不是在实践司瓦德西,而是在追逐时尚。司瓦德西的信徒要仔细考察环境,一旦有

---

① 因为司瓦德西就是全心全意为他人服务,甚至以自己和家庭的牺牲为代价。而"得着生命的,将要丧失生命,为我丧失生命的,将要得着生命。"所以,自己和家人的牺牲,一方面意味着自私,极端的自私,因为他们要得到生命了;另一方面却意味着最高的利他,因为他们的牺牲实际上换来的是他人的获救和生存,就像村庄发生瘟疫时候的情景一样。

② 土布(Khadi),亦译卡迪,指手工纺织出来的布。

可能就尽力帮助邻居，还要偏爱当地产品，即使当地产品比外国产品质量差、价格昂贵，他也会尽力弥补它们的缺陷，但不会因此支持外国产品，而放弃本地产品。

像其他任何美好的事物一样，如果盲目崇拜司瓦德西，它也会被置于死地。我们一定要提防这种风险。拒绝外国产品仅仅是因为它们产自外国，而把全民的时间和金钱浪费在推销不适合本国的产品上，则是可耻的蠢行，是对司瓦德西精神的违背。一位司瓦德西的真正信徒对外国人绝没有恶意，他不会受到鼓动抵触任何人。司瓦德西主义不是崇尚仇恨的邪教，而是崇尚无私服务的信条，植根于最纯洁的非暴力与爱之中。①

---

① 司瓦德西这一章不是甘地 1930 年在耶罗伐达中心监狱写的，而是他于 1931 年出狱后写的。他没有在监狱里写这一章，是由于他感到如果想正确地阐明这条法则，不可能不涉及当时的政治禁区。这一章是普亚里拉尔翻译为英文的。——原注

# 薄伽梵歌简论

## 英文译者序言

甘地先生翻译的《薄伽梵歌》古吉拉特语版本出版于 1930 年 3 月 12 日,这是永世难忘的一天,正是这一天他从萨巴玛蒂向丹迪进军。萨巴玛蒂真理学院的一位成员读了《薄伽梵歌》古吉拉特语版本后,发现该书很难理解,便向甘地抱怨了一番,当时甘地身处耶罗伐达监狱。于是,甘地给萨巴玛蒂真理学院写了一系列信件,每一封信件分别探讨《薄伽梵歌》一章的内容。第一封信件写于 1930 年 11 月 4 日,探讨第十二章。在这里,我将这些信件翻译成了英文。

瓦尔吉·戈文德吉·德赛

# 第十二章

今天，我想谈一下第十二章的内容，这一章讲述的是虔敬。每当我们真理学院举行婚礼的时候，我都要求每一对新人背诵并思考这一章，将其作为他们必须做出的五种牺牲之一。缺乏虔敬的知识和行动索然无味，可能使我们成为十足的奴仆。因此，让我们怀着一颗充满虔敬的心，开始学习《薄伽梵歌》吧。

阿周那①问主人："有些虔敬者崇拜人格神②，有些则崇拜绝对神③，这两种途径哪个更好？"

主人回答："那些怀着最高信仰思念我（将我作为众生的生命）、全神贯注崇拜我的虔敬者，的确是我的信徒。但是，那些崇拜绝对神、抑制和克制他们感官的虔敬者，平等看待一切众生，不分高贵低贱地为他们服务，同样也会到达我这里。这两种虔敬者没有什么优劣之分。但是，对于肉身之人来说，要完全实现绝对神几乎是不可能的。绝对神没有任何属性，人们甚至很难想象它。因此，不管是否意

---

① 阿周那（Arjuna），亦译阿诸那等，《摩诃婆罗多》中的主角，般度族五兄弟之一，排行老三；主人（Lord），即黑天，亦即克里希纳，大神毗湿奴的化身。
② 人格神（Sakara），亦译撒卡拉、有相、有形体等。
③ 绝对神（Nirakara），亦译尼拉卡拉、无相、无形体等。

识到了这一点,他们都是人格神的崇拜者。

"因此,把你的思想凝聚于我(普遍形式的人格神),把你的一切献给我。如果做不到这一点,就努力控制思想偏差,即通过遵行戒律和正行[①],借助调息[②]和瑜伽练习,控制你的思想。如果这一点也做不到,那么就把为我而行动作为你的最高目标,这样你的错觉就会被摧毁,你就会获得弃绝[③]和虔敬的精神。如果你连这一点也做不到,那么就弃绝一切行动成果,即消除获得行动成果的欲望,履行分配给你的任务。关于行动成果,人们无能为力,因为成果的本质是由一些独立因素决定的。因此,你只不过是我手中的工具而已。我因而描述了四种方法,它们之间没有优劣之分,你可以根据自己的喜好,选择其中任何一个。看起来,选择知识的道路(聆听说教、思考说教等等)仿佛比选择戒律、正行、调息、体式[④]等等更容易,礼拜中的沉思则还要容易,而弃绝成果是这一切中最容易的。但是,同一方法并不是对所有人都同样适用。有些追求者必须采纳所有四种方法,这些方法是相互联系的。你必须以某种方式成为一名虔敬者,你可以选择任何一种道路通向这一目的。

"让我告诉你什么是真正的虔敬者,他不憎恨任何生灵,也不对它们怀有恶意,他怀着爱和同情对待所有人。他摆脱了"我"和"我的"错觉,他将自己降为零。快乐和痛苦对他来说,同样是可以接受

---

① 正行(Niyamas),亦译尼雅玛、遵行,指内在控制,通过自律进行自我净化。
② 调息(Pranayama),亦译普拉纳雅玛,指有节律地呼吸,控制呼吸。
③ 弃绝(Sannyasa),亦译为萨尼亚撒、舍弃、遁世、出家等,亦指印度教人生四个阶段之一:梵行期、居家期、林栖期、弃绝期。
④ 体式(Asana),亦译阿萨纳,指瑜伽姿势、体式、体位,也称调身。

的。他宽恕犯错者，如同他期待别人宽恕他自己。他总是满足于他的命运，而且意志坚定。他把自己的智慧、思想和一切献给我。他从不烦扰世人，因而世人也不惧怕他，他也不允许自己遭受世人烦扰。他摆脱了喜悦、悲伤、愤怒、恐惧等。他不为自己追求名利。他心灵纯洁，行动灵巧。他摒弃一切精进举动[①]。虽然他意志坚定，但他对行动的成败超然处之，也就是说，他不为行动的结果而焦虑。敌人和朋友，荣誉和耻辱，他一视同仁，等量齐观。他沉默不语，凡事知足。他居无定所，宛若天马行空。无论什么时间什么地方，他都意志坚定。我喜欢这样的信仰坚定的虔敬者。"

提问：虔敬者"摒弃一切精进举动"，是什么意思？

回答：虔敬者不会制订未来发展计划。例如，如果一个现在从事服装生意的商人，计划将来出售木材，或者如果他只有一间商店，却考虑再多开五间商店，对他来说，这就是精进举动，而虔敬者不会这样做。这一原则也适用于为国家服务，例如，一个今天在土布部门工作的工人，不会明天从事养牛，后天从事农业，之后从事医疗服务，他会尽其所能做他的本职工作。当我摆脱了自我主义的时候，就不会惦记着做其他什么事。

"主人用棉线缚住了我，不管他领我到哪里，我都是他的。我被爱的短剑刺中了。"虔敬者的每个举动都是神灵计划好的，它会水到渠成自然而然地到来。因此，他满足于"这件事、那件事、或者其他任何事"。这就是"摒弃一切精进举动"的意思。虔敬者并不停止工作，事实上，除了工作他一无所有，他只是停止思考与工作无关的内

---

① 精进举动（Arambha），亦译阿兰巴，指活动、努力、发勤等。

容，这些就是他必须摒弃的。

"我今天达到了这个目的，明天要达到那个目的"——这与"摒弃一切精进举动"南辕北辙。

# 第一章

当般度族①和俱卢族②带领各自军队在俱卢之野③战场聚集之时,俱卢族国王难敌走近德罗纳(他的战争学老师),通报了双方主要将军的姓名。作为战斗开始的信号,双方都吹响了海螺号,阿周那的御者黑天④

---

① 般度族(Pandavas),婆罗多族两兄弟后裔中的一支,弟弟般度,生有五子,即坚战、怖军、阿周那、借天、无种,称为般度族。
② 俱卢族(Kauravas),婆罗多族两兄弟后裔中的一支,哥哥持国,天生双目失明,生有百子,长子难敌,称为俱卢族。
③ 俱卢之野(Kurukshetra),根据俱卢族和般度族的祖先俱卢大王的名字而命名,据《侏儒往世书》记载,国王俱卢坐着一辆金车来到这里,把这个地区的大森林全部砍掉,开垦了耕地,然后在这里设祭坛,举行祭祀,得到了天神的恩赐,俱卢之野既是宗教圣地,也是兵家必争之地。
④ 黑天(Shri Krishna),亦即克里希纳,是大神毗湿奴的化身,他装扮成阿周那的车夫。克里希纳梵文的意思是黑色,因为黑色能吸收光谱中的七种颜色,代表他具有一切的吸引力。黑天为佛教旧译,是印度教诸神中最广受崇拜的一位神祇,被视为毗湿奴的第八个化身,是诸神之首,世界之主。关于黑天的神话主要源于《摩诃婆罗多》及《往世书》,出生时有人预言黑天将杀死昏恶的秣菟罗(即马图拉)国王,其父母为躲避国王的报复,带他偷偷逃到格库拉,黑天就在那里长大,成为牧牛人。幼年顽皮出众,惹人喜爱,履行神迹,灭除恶魔。最后,黑天回到秣菟罗杀死昏君,建宫廷于德瓦勒格,娶鲁格米尼公主和其他妇女为妻。黑天后来被猎人误以为鹿,一箭射中他的足跟,使他毙命。关于黑天,印度文献中最重要的是《薄伽梵歌》。

驾着他的战车,进入两军之间的阵地。阿周那眼前的场景使他失去了勇气,他对黑天说:"我怎么能够向战场上的这些人发起进攻呢?如果我不得不与陌生人战斗,我做好了充分的准备,但是这些人都是我的亲友。俱卢族和般度族是堂兄弟,我们一起长大;德罗纳既是我们的老师,也是俱卢族的老师;毗湿摩是我们双方所尊敬的长者。我怎么能与他们战斗呢?诚然,俱卢族是罪犯,是恶行的始作俑者。他们对般度族犯下了罪,夺取了他们的土地,他们侮辱了圣神的黑公主。但是,杀死他们,我能得到什么呢?他们的确很愚蠢,难道我也要和他们一样愚蠢?我有知识,我能够区分对与错。因此,我认为与亲友打仗是一种罪恶。不要介意他们是否错误地占据了般度族在王国中应得的东西,不要介意他们是否杀害了我们。但是,我们怎能举起双手对付他们?哦,黑天,我不能与我的亲友打仗。"

说完这些话,阿周那忧伤不已,坐在自己车座上。

第一章到此结束,标题是"阿周那的忧伤"。所有人应该感到痛苦,就像阿周那一样。除非我们内心有一种失去了什么东西的感觉和一种了解真理的渴望,否则不可能获得知识。如果一个人不是好奇地想知道什么是错什么是对,那么对他来说精神信仰又有什么用呢?俱卢之野战场只是为阿周那和黑天之间的对话提供了场所。真正的俱卢之野是人心,也是正法之地①,如果我们将它视为神灵的寓所,并请神灵来掌控它。日复一日,就有这样或那样的战斗在这个战场上展开。这些战斗中的大多数起源于"我的"和"你的"之争,起源于自己人和陌生人之争。因此,正如我们会在后面看到的那样,主人告

---

① 正法之地(Dharmakshetra),亦即正义之地,达摩(Dharma)即正义之法。

诉阿周那喜好①与憎恶②是罪恶的根源。如果我将一个人或一件物品视为"我的",那么喜好就占据了我的思想;而如果我将他视为陌生人,那么反感或憎恨就进入我的思想。因此,我们必须忘记"你的"和"我的"之间的区分。也就是说,我们必须放弃自己的喜好和憎恶,这是《薄伽梵歌》和其他所有圣典的教训。口头说说是一回事,真正实践则是另一回事。《薄伽梵歌》就是要教我们实践这一教训,我们将努力理解这一教训体现的方法。

---

① 喜好(Raga),亦译拉格,意思是喜好、喜欢、吸引、贪恋。
② 憎恶(Dvesha),亦译德维沙,意思是憎恶、厌恶、不喜欢。

# 第二章

当阿周那自我指责的时候，主人反驳他说："你怎么能有这种谬见？像你这样的勇士一文不值。"但是，即使这样，阿周那依然坚持他最初的立场，拒绝战斗，并说："如果为了得到王国，不得不杀戮长辈和其他亲友，那我宁愿不要人间的王国，也不要天堂的快乐。我的思想在黑暗中摸索，我不知道我的职责是什么，我将自己交到你的手中，请指引我。"

发现阿周那困惑不解并渴求知识，黑天非常同情他，开始向他解释："你的忧伤毫无理由，你有关智慧的言论不求甚解。你显然已经忘记了肉体和灵魂之间的区别。灵魂不死，但是肉体经过孩童、青年和老年，最终消亡。肉体可以再生，但灵魂不生不灭[①]，不变不易。它曾经存在，现在依然存在，将来永生永世存在。那么，你为何人忧伤？你的忧伤源于虚幻。你将这些俱卢族人当成了自己，但是你意识到他们的肉体终会消亡。至于寓纳这些肉体的灵魂，没有人能够摧毁它们。灵魂不可能被武器刺伤，被烈火烧毁，被风吹干，或者被水淹

---

[①] 不灭（Akshara），亦译恶刹罗、阿察罗、罗刹罗、恶察那、阿乞史罗等，意思是无尽、常住。

没。此外，再从你作为指挥一支军队的勇士的职责角度想想。如果你拒绝这场正法之战，那么后果将与你期待的截然相反，你将变成被嘲笑的对象。你一直享有勇士的美誉，但是，如果你现在退出战场，那么你会被认为是由于害怕而退缩。如果在危险面前逃跑，也算履行了你的部分职责，那么受点耻辱不算什么，但是，如果你现在退出战场，将无法履行你的职责，人们就会有理由谴责你逃跑。

"至此，我试图给你讲道理，阐述肉体和灵魂的区别，提醒你作为勇士的职责。但是，现在让我解释一下'业瑜伽'①。业瑜伽的践行者从不伤害人，它与咬文嚼字毫不相干，它是转化为行动和体验的东西。一盎司实践比几吨争辩更有价值，而且，这一实践也不应该考虑结果，不受考虑结果的影响。拘泥字义者履行吠陀仪式，目的在于获得物质回报。如果一个仪式没有产生期待的结果，他们就求助于另一个仪式，再次失望的话，他们就求诸第三个仪式。因此，他们陷于完全的思想困惑的痛苦之中。事实上，我们应该履行职责，不要浪费心思于行动的结果。战斗是你目前必须履行的职责，得或失，败或胜，不在你掌握之中。你为什么要背负思考它们的不必要负担，像走在马车下的狗一样，想象着马车是由它在拉，而不是由马在拉？胜败、冷暖、喜悲轮流转，人们必须学会忍受。要想不忧虑行动的后果，人们就必须心平气和地专注于履行职责。这就是瑜伽，或者行动的技巧。

---

① 业瑜伽（Karmayoga），《薄伽梵歌》中提到的三种瑜伽（业瑜伽、智瑜伽和信瑜伽），也称为行动瑜伽、智慧瑜伽和虔信瑜伽，整部《薄伽梵歌》讨论的就是这三种瑜伽，即应该怎样行动的问题。《薄伽梵歌》里所说的瑜伽不同于一般的瑜伽，通常瑜伽指修炼身心的方法，如禁制、遵行、坐法、调息、制感、专注、沉思和入定八种方法，而《薄伽梵歌》里提到的瑜伽泛指行动方式，其中也包括修炼身心的方法。

行动的成功在于过程,而不在于后果,不要管结果如何。因此,保持平心静气,履行你的职责,不要考虑后果。"

听了这一番话,阿周那说:"你为我勾画的行动道路似乎超出了我的能力。不要顾虑失败或胜利,不要浪费心思于结果——人们怎么能做到如此平心静气和精神坚定?取得如此成就的人是如何行动的,我们如何认识他?"

主人回答说:"哦,国王,摒弃一切折磨心灵的追求并获得内心满足的人,可以说是一个获得了永恒智慧的人或心灵平静的人。他逆境不怒,享乐不贪。快乐和痛苦是通过五官感受到的,因此,智者的所有感觉器官摆脱了一切感觉对象,犹如乌龟收起四肢。当乌龟感到危险时,它会缩进龟壳。但是,就人类而言,感觉对象时刻准备侵袭感觉器官,因此他们的感觉器官必须永远收缩,而且他们应该时刻准备反击感觉对象,这是真正的战斗。有些人以禁欲和绝食为武器,抵御感觉对象,这些措施的使用具有局限性。只要人们在绝食,感觉器官就不会接近感觉对象,但是光绝食并不会消除他对感觉对象的渴望。另外,当绝食停止时,这一渴望可能会更强烈,人们只有在神灵的佑助下才能根除这一渴望。感觉器官的力量非常强大,如果人们不警惕,他们的理智就会被强行夺走。因此,人们必须永远控制住它们。只有转而关注内心,认识寓于心中的神灵并虔敬神灵,人们才能实现控制感觉器官的目的。凡是将我当作他的目标,将他的一切交给我,控制住自己的感觉器官者,就是一位精神平静的瑜伽修行者。如果人们控制不了感觉器官,总是取悦感觉对象,并执着于感觉对象,那么他就很难考虑其他事情。执着产生欲望,欲望受挫便产生愤怒,愤怒则导致疯狂,疯狂产生愚痴,由愚痴而记忆混乱,记忆混乱则智慧毁灭，智慧毁灭则人也毁灭。当人的感官游荡不定时，他就像一艘无舵的船，随波逐流，在岩石上撞得粉碎。因此，人们应该摒弃一切欲望，控制他们的感官，从而使这些感官不沉溺于不良的活动中。这样眼睛就会向前直视，只关注神圣的物体；耳朵就会聆听赞美神灵的圣歌，或聆听不幸者的呼喊；手脚就会专注于服务。事实上，所有感觉器官和行动都会用来帮助人们履行职责，使他们成为神灵恩宠的合格的接受者。一旦神灵的恩宠降临到他们头上，他们的所有悲伤便烟消云散，就像雪在阳光中融化，当神灵的恩宠向他们照耀，所有痛苦便消失殆尽，他们就变得精神平静。但是，如果人们精神不定，他怎么能够有高尚的思想？没有高尚的思想，就不会有平静，没有平静，就不会有幸福。思想平静的人看待事物一清二楚，而思想不定的人难脱世事纷扰，犹如盲人一般。另外，世俗智者眼中看起来纯洁的东西，在思想平静的有识之士看来却是不纯洁的，并令他们厌恶。河流奔流不息地注入大海，但大海纹丝不动，同样，所有感觉对象涌向瑜伽修行者，但是他总是像大海一样平静。因此，摒弃了一切欲望的人，便摆脱了骄傲和自私，行为超然，达到平静。这是完美的信奉神灵之人的条件，即使在最后一刻确立信念的人也可以解脱。"

# 第三章

　　当黑天这样详细解释了识别一个永恒智慧之人的标志后，阿周那获得的印象是，为了达到这样一种状态，人们只需要静静地坐着，因为黑天丝毫未提行动的任何必要性。因此，他问黑天："看起来你好像认为知识比行动更重要。如果这样，你为什么要我从事这可怕的行动，从而搅乱我的思想？请你明确告诉我，该走哪条路才对？"

　　黑天回答："哦，无辜的阿周那，自古以来，追求者就在两条不同的道路中选择。其中一条道路以知识为荣，另一条道路以行动为荣。但是，你会发现，即使不参加行动，也不能摆脱行动，智慧绝不会仅仅因为一个人不行动而降临到他头上，人不会仅仅因为弃绝一切而变得完美。你难道没有看到，我们每个人都一直在行动吗？我们的天性驱使我们行动，这是自然法则。束手静坐但仍留恋感官对象的人是愚痴者，甚至可以称作伪善者。一个人不沉溺于这种愚痴的不行动，而是控制住感官，克服好恶，从容而超然地从事某种行动，难道不是更好吗？履行你应尽的职责，控制住感官，因为这样比不行动好。无所事事者终会因无所事事而终结。但是，在行动的时候，请记住，除非为牺牲而行动，否则行动将会导向束缚。牺牲意味着为了他人的利益而努力，换一个词来说，就是服务。为了服务而从事服务，就没有余地执着,没有余地好恶。从事这样的牺牲吧,从事这样的服务吧。当梵天创造宇宙的时候,同时也创造了牺牲,并对人类说:'进入世界,互相服务和繁荣。视一切造物为神灵,服务并抚慰这些神灵,这样他们高兴了,就会施恩于你,并实现你的不情之愿。'因此,必须明白,凡是享受大地的果实,不为人服务,不先分享他们的果实的人,无异于窃贼。先与众生分享他们的果实,而后再享受果实的人,有资格享受果实,从而摆脱罪恶。另外,只为自己劳作的人是罪人,吃下的是罪恶的果实。这是自然法则:众生靠食物供养,食物生产依赖雨水,雨水降落大地靠牺牲,也就是说,靠众生的劳作。没有众生,就没有雨水,哪里有众生,哪里就有雨水。众生靠劳作生活,没有哪个生物能够不劳而活,如果低等生物如此,那么人类就更是如此。行动源自梵,而梵源自不灭,因此梵存在于各种牺牲或服务中。谁打破了这个互相服务的链条,谁就是罪人,徒然活在世上。

"当一个人享受思想平静和满足时,可以说他没有什么事可做了。他不用通过行动或不行动而收获,他没有个人利益需要服务,但是他不能停止奉献牺牲。因此,摒弃好恶,以超脱的精神,每天履行你的职责。凡以这种精神行动的人,享受至福。而且,像阇那迦①这样无私的国王通过致力于造福人民达到了完善,你怎么能与他的做法背道而驰呢?不管好人和伟人做什么,普通人都遵循效仿。以我自己为例,没有我必须做的事,也没有我应得而未得的,但我仍然不知疲倦地投身于行动。因此,人们也仿效我,继续或多或少地从事工作。但是,如果我停止工作,会发生什么?世界就会倾覆,像太阳、月亮

---

① 阇那迦(Janaka),毗提诃国国王,他是一位热衷追求"奥义"的著名国王,也是《罗摩衍那》史诗中悉多的父亲、罗摩的岳父。

和星星停止运行一样。正是我让它们运行，并调节它们的活动。但是，我的态度与普通人的态度之间存在差别：我以完美的超脱精神行动，而他们却心怀执着，并为自己的私利行动。如果像你这样的智者停止行动，那么其他人也会停止行动，并且思想不安。因此，超然地履行你的职责吧，这样其他人就不会停止工作，并且逐渐学会超然地工作。人们服从自己的天性，遵循自己的天性，必定要工作。呼吸是人的天性的一部分；如果一只昆虫落到眼睛上，眼皮就会不由自主地动，没有人会说：'我呼吸空气'或'我动眼皮。'同样，为什么一切人的行动不能按照天性的特质运作呢？为什么会有自私自利的行动呢？因此，人为了能够自然行动、超然行动，最好将他的一切行动献给我，作为我手中的工具，无私地从事行动。如果人这样克服了自私，他的一切行动就是自然的、纯洁的，他就摆脱了烦恼，这样行动对他就没有束缚力。由于行动是自然的，因此违反天性和宣称不行动，就是纯粹的自我主义。这种自我主义的受害者，外表上似乎不行动，但内心一直在积极地谋划着行动。这比外表上行动更可怕，束缚力更大。

"实际上，感觉器官对各自的感觉对象具有好恶爱憎感。例如，耳朵喜欢听一些话，不喜欢听另一些话；鼻子喜欢闻玫瑰，不喜欢闻泥土，其他感觉器官亦然。因此，人们必须做的就是，不要屈从于两个强盗，即爱好与憎恶。如果一个人想逃避它们的注意，就不能朝秦暮楚地寻求行动。他不能今天贪图这个，明天贪图那个，后天又贪图其他东西。但是，他应该时刻准备为神灵履行应尽的服务。这样他就会养成一种观念，即无论他做什么，实际上都是神灵的行动，而不是他自己的行动，他的自我主义就会成为过去，这就是自我职责。人们必须坚持自我职责,因为无论如何它都是最有价值的。即使自我职责不完美,也胜似圆满执行他人职责,执行他人职责有危险。解脱的本质就在于,在执行自我职责中拥抱死亡。"

当黑天说摆脱了好恶的人所实施的行动就是牺牲时,阿周那问:"是什么造成一个人犯罪?通常他仿佛不是自愿,而是被外人强迫犯罪。"

黑天回答:"这个罪魁祸首就是欲望和愤怒,它们就像孪生兄弟。如果欲望没有满足,愤怒就是不可避免的后果。据说,被欲望和愤怒奴役的人,受到了激情属性[①]的鼓舞,激情属性是人的最大敌人,必须时刻与之战斗。犹如灰尘蒙住镜子,犹如烟雾笼罩火焰,犹如子宫隐藏胎儿,因此愤怒夺取知识的光辉,并使其窒息。欲望形同烈火,从来难以满足,它占据了人的感官、思想和智慧,并将他击倒。因此,首先要控制你的感官,再征服你的思想。当你做到了这些,智慧也就会服从你的命令。因为,在感官、思想和智慧中,虽然思想比感官更重要,智慧比思想更重要,但是灵魂比所有这些都重要。人不知道自己的灵魂力量,以为感官、思想和智慧不服从他的控制。但是,一旦他相信灵魂力量,那么其他东西就变得易如反掌。对于掌控了感官、思想和智慧的人来说,欲望、愤怒及其数不清的主子就没有什么可怕的。"

我把这一章称为理解《薄伽梵歌》的钥匙,它的主旨是,我们被赋予生命是为了服务,而不是为了享乐。因此,我们必须为生命注入一种牺牲品质。虽然对这一命题的理性认可只是第一步,但是这一认

---

[①] 激情属性(Rajoguna),亦译茹阿佳属性、变性、忧性等。

可和这一认可基础上的行动最终必定消除我们心灵的不纯洁。但是，什么是真正的服务？为了获得这一问题的正确答案，就必须控制感官，因为它为我们提供了越来越清晰的真理之神的形象。出于自私自利动机的服务不是牺牲，因此，迫切需要超然的精神。当我们理解了这一点，一切争议对我们来说都失去了意义。"黑天真的要阿周那杀死他的亲友吗？这种杀戮可以成为人的职责的一部分吗？"诸如此类的问题彻底得到了解决。当超然支配了我们的行动，就连我们手里举起的打倒敌人的武器也会从手中滑落。但是，仅仅存在超然还不够，我们只有坚持不懈地努力，超然才会接近我们，这一天也许马上就会到来，也许一千年后才能到来，我们不必为超然到来的时间而担忧，因为努力本身就孕育着成功的种子。然而，我们必须保持警惕，确保它是真诚的努力，确保没有自欺欺人。对所有人来说，这是完全可以做到的。

## 第四章


主人对阿周那说：

"我推荐给你的无私行动①的瑜伽是一个古老的真理，我并没有提出任何新的学说。我将它宣讲给你，是因为你是我的虔诚的朋友，以便你消除思想上的冲突。每当善良遭到削弱，邪恶得以增长时，我就现身降生，保护善良的人、铲除邪恶的人。认识到我的这一幻力②的人相信，邪恶必定会被铲除。我永远站在善良的人的一边，他绝不会从艰难而狭窄的道路上迷失，而是最终走向我，因为他思念我，寻求我的庇护，从而摒弃激情和愤怒，通过智慧苦行获得净化。正所谓有耕耘就有收获，没有人能摆脱我制定的运行规律。我按照品质和行动的不同分布，确立了四个瓦尔纳③（是阶级，而不是种姓）。然而，我不是它们的创造者，因为我不渴望行动的果实，与由此产生的利或

---

① 无私行动（Anasakti），即超然行动，不执着。
② 幻力（Maya），音译为玛雅、摩耶，指神秘的创造力，即利用原质创造一切，《白骡奥义书》中说："应知幻力是原初物质，有幻力者是大自在天。"
③ 瓦尔纳（Varna），意思是肤色或品质，是种姓制度的最初形态，后来演化为迦提制和卡斯特制，通常瓦尔纳制亦译种姓制。甘地强调瓦尔纳是阶级而不是种姓，是因为甘地虽然反对不可接触制，但却赞成种姓制，认为种姓制是一种劳动分工，是不同社会等级构成的劳动分工体系。

害没有关系。这一神圣的玛雅（行动过程）值得去了解。世间流行的一切活动都附属于圣神的法则，但是神灵并没有被它们污染。因此，神灵既是它们的创造者，又不是它们的创造者。这样做的人，以超然的精神行动，不被行动污染，也不贪求行动成果，他肯定会得到解脱。他在行动中看到了不行动，而且立刻明白什么是错误的行动。错误的行动就是一切受欲望鼓舞并不能摆脱欲望的行动，例如盗窃、通奸之类。这些行动绝不可能以超然的精神来实施。因此，那些就近履行职责、摆脱欲望和渴求行动成果的人，可以说是在智慧之火中焚烧了行动的人。这样一个摒弃了对行动成果执着的人，便永远知足，永无依赖。他控制了他的思想，他放弃了一切。他的活动自然而然，就像一个健康的人活动身体一样。他毫不骄傲，甚至没有意识到他是在独自行动。他认识到，他只是神灵的意志的工具。不管他遇到的是成功还是失败，又有何关系？他既不会因为一件事而得意扬扬，也不会因为另一件事而垂头丧气，他的一切工作都是为了牺牲，也就是说，为了服务世界。他在一切行动中冥想神灵，并最终接近神灵。

"牺牲有多种形式，而牺牲的根本在于纯洁和服务，诸如为了达到自我纯洁而实施的感官控制、慈善宽厚、气息调节。这些知识可以通过谦逊、真诚和服务从一位智慧的老师（古鲁）那里获得。如果一个人沉溺于自认为是牺牲的各种活动中，却不了解牺牲是什么，那么他就是在伤害自己，也是在伤害世人。因此，一切行动必须明智，这是绝对必要的，这种智慧不仅仅是书本学习，这一点，没有怀疑的余地。它始于信念，止于经验。它能够使一个人在自己身上看到一切生物，在神灵身上看到自己，从而在他看来万物实际上都是神灵的显现。这种智慧具有拯救最罪恶的人的效果。它使追求真理的人摆脱行动的束缚，使他不受行动结果的影响。世界上没有什么比这种智慧更神圣的了。因此，怀着一颗对神灵充满信念的心，控制所有感官，努力争取这一智慧，你就会享受完美的思想平静。"

　　第三章、第四章和接下来的第五章，应该放到一起来读，这三章为我们解释了什么是无私行动的瑜伽，以及通过什么方式来练习。如果正确理解了这三章，读者就比较容易地理解接下来的章节。接下来的章节详细探讨获得无私行动的途径和方法。我们应该从这一角度来学习《薄伽梵歌》，这样就会毫不费力地找到我们每天所面临问题的解决方法。这就要求我们每天坚持练习，每个人都不妨试一下吧。例如，如果他生气了，让他记住《薄伽梵歌》中处理生气的诗句，并据此战胜这一敌人。假如我们从心底里不喜欢某人，或者对做什么事没有耐心，或没有节制、举棋不定，如果我们相信《薄伽梵歌》并坚持学习，就会借助它解决所有这些困难。每天诵读《薄伽梵歌》和这些系列信件，是达到这一目的的手段。

## 第五章

阿周那说:"你高度赞扬智慧,结果我认为行动是不必要的。但是,你接着又赞扬行动,这样使我觉得无私地履行行动是应该做的事。只有当你明确告诉我智慧和行动哪个更好时,我的思想才会平静。"

主人回答:"弃绝的意思是智慧,业瑜伽的意思是无私行动。二者都很好,但是,如果我不得不在二者之间进行选择的话,那么我应该说业瑜伽更好一些。不怨恨任何人或任何事,不渴望任何东西,摆脱了诸如冷热和哀乐对立的人,是一位智者(字面意思是弃世或遁世的人),不管他是不是行动者,他很容易摆脱束缚他的锁链。只有愚者区别智慧和行动,二者的结果是相同的,二者通向同一目的。因此,将它们视而为一的人,是有眼力的人。具有纯洁智慧的人,只是通过内在意志争取目标,没有必要履行外在的行为。当米提拉城失火后,其他人肯定冲过去救火。但是,阇那迦国王只是用他的思想决心来救火,因为他的手下时刻准备服从他的统帅。如果他提着水桶四处奔走去扑火,那么只会有害无益;其他人会定睛看着他,而不履行自己的职责,或者最多会为了保护国王的安全而东冲西撞。但是,不可能每个人都立刻成为阇那迦。事实上,要达到阇那迦那样的状态,是一个非常艰难的任务。只有百万分之一的人能够达到,作为服务众多生命的果实,而且这也不是称心如意的境遇。当一个人继续履行无私行动时,他的思想也在日益增强,他越来越不想诉诸外在行动。但是,他很难意识到这一变化,他也看不到这一变化。他只献身于服务,结果他从事服务的能力提高到了这样的程度,以至于似乎无法停止服务。最终他的服务只限于思想,正如急速运动的物体看起来停止不动一样,说这样的人什么也没有做,显然是不合适的。但是,通常而言,这一高尚状态只能想象,不能经历。因此,我更赞成业瑜伽。千百万人只是从无私行动中获得弃绝(智慧,字面意思是舍弃)的成果。如果他们尝试弃绝,就会两头落空。如果他们开始弃绝,很可能变成伪君子,而且由于停止履行行动,他们将一败涂地。但是,一个通过无私行动实现自我纯洁、控制思想和感官、与众生合一、爱众生如爱己的人,即使行动也不受行动污染,不受行动约束。他说话,他行走,他参加正常人类活动,但是他的活动似乎只是他的感觉器官在活动,他本人似乎什么也没有做。一个身体健康的人,身体活动是自然而自发的。例如,他的胃在独立活动,他不用担心胃的功能。同样,一个精神健康的人,虽然通过身体在活动,但是并没有被身体污染,而且可以说什么也没有做。因此,人应该将他的一切行动奉献给梵天,并代表梵天行动,这样虽然他在活动,但他既不从中获利也不从中获弊,不受利弊的污染,犹如莲花一样,出淤泥而不染。因此,以超然的精神摆脱自我主义,用身体、思想和认识行动的瑜伽行者(无私行动的人),能够保持自我纯洁,进入平静。另外,执着于行动结果的瑜伽行者是囚徒,被他自己的欲望所束缚。瑜珈行者快乐地生活在九门之城①，即他的身体，心中摒弃一切行动，并认识到他本人没有做任何事，也没有使人做任何事。具有纯洁灵魂的人不犯罪，也不做任何让人称赞的事。以超然的精神行动、消灭自我主义、摒弃行动果实的人，成为一台按照'总机械师'的意志和喜好运作的机器，或者成为神灵手中的工具。因此，不会产生获得优点或缺点的问题。而愚者总是计较他的优点或缺点，并越来越深地陷入泥沼，结果他最终获得的只是缺点。但是，对于每天用智慧消灭无知的人，他的自发行动变得日益纯洁，在世人的眼中变得完美，值得称赞。他对万物一视同仁，他对品学兼优的知梵者婆罗门、牛、象、狗和禽兽不如的低贱的人平等相待。也就是说，他以平等的虔敬之心为他们服务，他不厚此薄彼、尊彼蔑此。无私行动的人将自己看成是世界的债务人，他偿还对每个人欠的债，公正地对待每个人。在地球上，他征服造化②，充满至高无上者的精神。他不因可爱而高兴，也不因可憎而沮丧。依恋世界的人，在自我之外寻求幸福。而以无私超然的精神行动的人，在自我之中发现永恒平静的源泉，他的思想摆脱了外在对象。所有感官享受都是痛苦的源泉，人应该抵制欲望、愤怒之类的冲动。无私的瑜伽行者总是致力于为众生做好事，他的思想摆脱了怀疑。他虽然身处世界，但并不属于世界。他通过调息等使双眼内视，并征服了欲望、恐惧和愤怒。他知道我是万物唯一的最高主宰，是一切众生的朋友，是牺牲奉献的接受者，进入我的平静之中。"

---

① 九门之城，即身体，指身体的九个器官：两眼、两耳、两鼻孔、嘴、肛门和生殖器。
② 征服造化是摆脱生死轮回。

# 第六章

主人说:"谁履行自己的职责,又弃绝追求行动成果的自私欲望,就可以被称为弃绝者和瑜伽行者。但是,谁完全放弃行动,就只是无所事事者。问题的根本在于,人不应该让他的思想随欲而迁、游移不定。修习瑜伽者,即修习性情平和,不能不履行行动。谁达到了这种性情平和,就会内心宁静,因为他的思想充满了行动的力量。所谓瑜伽行者,就是不执着于感觉对象或行动,思想不再焦躁不安,不再徘徊。

"一个人的解脱或迷失,全凭自己。因此,他成为自己的朋友或敌人。对于征服了自己思想的人来说,自我就是朋友;但对于做不到自我控制的人来说,自我就是敌人。自我控制的试金石就是,冷热、悲喜、荣辱都干扰不了他内心的宁静。瑜伽行者就是既具有知识又具有经验的人,他不变不动,控制了感官,他平等看待金子、石头和泥土。他对朋友与对敌人、罪人和圣人,一视同仁,平等相待。为了达到这一状态,人们应该稳定思想,使其摆脱一切感官欲望,并独居幽境冥想最高自我①。光修习瑜伽体式等还不够,为了达到性情平和,

---

① 最高自我(Supreme Soul),即最高阿特曼。

人们还必须一丝不苟地修习主要戒律仪式①，例如禁欲（贞洁节欲）之类。凡是这样坐上稳固的座位，恪守梵行仪式，一心一意思念神灵的人，便能进入完美的平静。

"下面这些人进入不了这种平静，即暴食或者仅仅绝食的人，贪睡或不睡的人。追求这种平静的人必须适度地控制他的一切行动，诸如吃饭、喝水、睡眠和觉醒。今天暴食明天绝食，今天贪睡明天不睡，今天拼命工作明天无所事事，所有这些都不是瑜伽行者的特质。瑜伽行者永远思想平静，轻松自如地摆脱一切欲望。他如同在无风之处燃烧的一盏油灯，火焰停止不动。他不会因为世界舞台上的戏剧性事件或自己的思想波浪而辗转反侧，这种泰然自若的思想状态，可以通过缓慢而持续的努力获得。虽然思想浮躁不安，但应该使它逐渐稳定下来，因为只有当人们认识坚定时，才能思想平静。因此，为了平静思想，他应该不断将思想固定于自我，那时他就会在众生中看到自己，在自己中看到众生，因为他会在众生中看到我，在我中看到众生。谁专心于我、随处看到我，谁就不再是他自己，这样他不管做什么都与我协调一致，也不会犯罪。"

在阿周那看来，黑天所描述的瑜伽是一项艰巨的任务，他大声疾呼："人们怎样去获得这种平静？人的思想就像一只猴子一样焦躁不安，像风一样难以控制，怎样克制它？"

主人回答："你说得对。但是，如果一个人真心地着手征服爱恋与憎恶，那么对他来说瑜伽就不难修习。但是，你应该清楚，不能控制自己思想的人修习不了瑜伽。"

---

① 主要戒律仪式（Vratas），亦译缚罗多。

接着，阿周那提出了另一个问题："假如一个人有信念，但懈于努力，从而未能完善自我，那他会怎么样？他会不会像天空撕裂的云彩，从两边坠落毁灭？"

主人回答："具有信念的人绝不会遭到毁灭，因为选择正确道路的人从不会坠入恶道[①]。他死后论功在天界生活一段时间，然后在地球上再生于一个圣人之家。但是，这样幸运的出生很难得到。在这里，他又恢复前生养成的精神印记[②]，更加努力争取完善，达到最高目标。因此，通过百折不挠的勤奋努力，有些人很快获得了平静，而其他人则依据他们的信念和努力再生多次之后获得平静。这种性情平和胜于苦行、胜于知识、胜于神圣仪式，因为苦行、知识和神圣仪式毕竟只是实现平静目标的手段。[③]因此，成为思想平静者和瑜伽行者吧，而且，在一切瑜伽行者中，只有全心全意皈依我，满怀信念崇拜我，我才认为他最优秀。"

这一章非常欣赏地提到了调息和体式，但是我们应该记住，主人同时强调了梵行的必要，即恪守引导我们更加接近神灵的戒律仪式。应该明确地认识到，只修习瑜伽体式之类决不能引导我们达到性情平和。体式和调息也许可以稍微帮助我们坚定思想，使思想保持专一，前提是体式和调息是奔着这个目的去的。否则，它们并不比其他体育锻炼方法好。它们作为体育锻炼的确非常有用，而且我相信这类锻炼对灵魂也有好处，可以从体育的角度来修习。但是，我注意到，如果

---

[①] 坠入恶道指在轮回中坠入地狱或获得其他不幸的转生。
[②] 前生养成的精神印记，即前生养成的智慧瑜伽。
[③] 性情平和或平静是瑜伽行者的最高追求，瑜伽行者实际上综合了苦行、智慧和行动这三者，即苦行、知识和神圣仪式三者。

沉溺于获取超凡力量[1]和表现奇迹，那么这些锻炼只能产生有害的结果。这一章应该作为前三章训诫的总结来学习，它鼓舞我们进行精神奋斗。我们绝不应该失去信心，绝不应该放弃达到性情平和的努力。

---

[1] 超凡力量（Siddhi），亦译神力，指通过瑜伽等练习而获得的诸如洞晓他人心思的能力或隐身的能力或解脱、寂静的能力等。

# 第七章


主人说:"哦,国王,我将告诉你,一心思念我、依靠我、修习业瑜伽的人,怎样才能毫无疑问地彻底了解我。我将向你宣讲这种以经验为基础的知识,一旦获得这些知识后,再没有什么需要获得。在成千上万的人中,难得有人争取获得这种知识,而在争取获得这种知识的人中,也许难得有人获得成功。

"土、水、火、气、空、思想、智慧、自我意识,这是我的原质[①]的八种组成。这是我的较低原质,另一种是较高原质,即生命。这个世界诞生于这两种原质,也就是说,源于肉体和灵魂的结合。因此,我是万物的产生者,也是万物的毁灭者。正如许多珍珠穿在一根线上,世界也由我连在一起。我是水中之味,日月之光,吠陀之'唵'[②],空

---

① 土、水、火、气、空、思想、智慧、自我意识,是数论对原质的区分。原质(Prakriti)即原初物质、本质、自性、自然、自然本源、自然本因等。原质处于未显状态,但它具有善、忧和暗三种性质,若这三种性质出现不平衡,原质就发生变化。
② "唵"(Om),印度古人在吟诵吠陀时用于开头和结束的感叹词。在奥义书中,"唵"这个音节被说成是整个世界的象征,梵的象征,因此沉思这个音节有助于认识梵。Om 由 a、u 和 m 三个音组成,在后来的婆罗门教经典中,这三个音分别代表三位大神,即梵天、毗湿奴、湿婆,或代表三部吠陀,即《梨俱吠陀》《娑摩吠陀》《夜柔吠陀》,或代表三界,即天界、空界、地界。

气之声，人之进取精神，大地之清香，火焰之光热，众生之生命，苦行者之苦行，智慧者之智慧，坚强者之力量，万众正义之渴望。简言之，你应该知道，一切属于善性①、忧性②和暗性③状态的东西都源于我，而且都依赖于我。被这三种属性迷惑的人认不出我，我不变不灭。我的这种神奇幻力由这三种属性构成，难以超越。但是，那些皈依我的人，能够超越这种幻力，即三种属性。愚昧的作恶者，即使在睡梦中也不可能想着皈依我，他们沉溺于幻觉之中，在黑暗中徘徊，得不到知识。但是，做善事者崇拜我。其中，第一种人崇拜我是为了消除他们的痛苦，第二种人崇拜我是为了寻求我的知识，第三种人崇拜我是渴望使自己得到好处，其他人崇拜我是因为他们知道，崇拜我是他们的职责。④崇拜我意味着为我的造物服务，为我的造物服务的人有四种，出于不同的目的：第一种人是由于他们的苦难，第二种人是想获得某些好处，第三种人是出于对这种活动结果的好奇，第四种人是因为他们知道服务的含义，对他们来说，为他人服务是他们不能不做的事。最后这种人是热爱我的智者，比其他几种人更接近我。换言之，他们最了解我，最接近我。他们的智慧是几生几世追求的成果，当他们获得这一智慧后，确信在这个世界上我就是一切，我是至高神灵。但是，那些被各种欲望迷惑的人，皈依另外一些神灵。然而，我是唯一的论功行赏者，允许他们保持各自的信仰。⑤这些智

---

① 善性（Sattva），含有和谐、纯洁、存在、生、实、真、善、美、贤等义。
② 忧性（Rajas），亦译动性、激性，含有活动、激情、创造、变化等义。
③ 暗性（Tamas），亦译惰性、钝性，含有懒惰、散漫、黑暗、死亡、毁灭、无知、抵制等义。
④ 受苦者、求知者、求财者和智慧者，这四种善人崇拜我。
⑤ 一切原质都源自黑天，因此一切世俗欲望的实现，实际上也得益于黑天。

力薄弱的人获得的成果有限，但他们对此心满意足。这些无知者认为，他们通过感官认识我，他们没有认识到，我不生不变的最高形式是感官触及不到的，不可能被双手、耳朵、鼻子和眼睛掌握。因此，无知者没有认识到我是万物的创造者，这就是我的瑜伽幻力。快乐与痛苦是好恶的必然结果，使人类处于幻觉影响之下。但是，那些摆脱了幻觉并纯洁了他们的思想与行动的人，坚定地恪守他们的誓言，始终如一地崇拜我。他们知道我是完美的梵天（绝对主宰）和众多个体自我，化身为各种自我（造物）和行动（我的创造行动）。因此，那些知道我是物主①、神主②和祭主③并达到性情平和的人，死后摆脱了生死轮回的束缚。因为，一旦获得现实知识④，他们的思想就不再专注于琐碎小事，一旦看到整个宇宙充满了神灵的精神，他们就皈依了神灵。"

---

① 物主（Adhibhuta），亦称阿迪布塔，指物质展示，变化不止的物质自然。
② 神主（Adhidaiva），亦称阿迪岱瓦，指所有半神人如日月之神在内的主的宇宙形体。
③ 祭主（Adhiyajna），亦称阿迪亚吉雅，指以超灵形式居于每一个体生物心中的至尊主，祭祀之主。
④ 现实知识（Knowledge of reality），亦译原人知识，即有关终极现实、终极存在、至高自我、至高灵魂的知识，也就是有关神的知识。

# 第八章

阿周那问:"你谈到了梵天(绝对主宰)、自我、行动、物主、神主和祭主,但是,我不明白这些词的意思。此外,你说临死之时你会显现给那些知道你是物主并达到性情平和的人。请你解释所有这一切吧。"

主人回答:"梵天是神灵的不灭的至高存在,自我是居住在众生身体中的个体灵魂,是行为者和享受者。行动是众生由以存在的过程,换言之,是创造的过程。物主是可灭的身体,神主是原人[①],祭主是通过牺牲纯化了的个体灵魂。因此,无论是身体,还是愚蠢的灵魂,或者纯洁的灵魂、梵天,都是无处不在的我。毫无疑问,谁在临终之时在所有这些方面想念我,忘记他自己,就会毫无牵挂,毫无欲望,与我结合在一起。思想中一直思念什么,临终时记得什么,他就会实现什么。因此,你应该时刻记着我,将你的思想和心灵寄托于我,这样你肯定会皈依我。你可能会说,很难做到这样的思想平静。但是,请你相信我的话,一个人通过平日修习和不断努力,可以做到

---

① 原人(Purusa),亦称神我或原始巨人,即拟人化的宇宙形象,作为祭品被分割,而化生宇宙万物。原人因此也被奉为创造主。一切众生的自我与黑天的至高自我同一,一切众生的祭祀牺牲是对黑天的奉献。

思想专一，因为正如我刚才告诉你的，一切众生本质上都是我在不同形式中的显现。因此，他应该从一开始就做好准备，使他的思想在临死之时不误入歧途，而是思想坚定虔诚，保持生命力平稳，心无旁骛地思念我这位全知者、古老者、微妙的万物维持者和愚昧无知的驱散者，犹如太阳驱散黑暗。

"这种最高境界，通晓吠陀的人称之为不灭梵天，摆脱了好恶的圣人达到了这一境界。所有盼望达到这一境界的人都实践梵行，即控制身体、思想和言语，摒弃这三个方面的所有感觉对象。不分男女，凡是控制所有感官、念诵神圣的梵音'唵'、时时刻刻想念我者，抛弃身体去世时，都会达到这种最高境界。他们永远不驰心旁骛，当他们这样皈依我的时候，不再重生，不再返回飘忽无常的痛苦渊薮。皈依我，是摆脱生死轮回的唯一途径。

"人们用一百年寿命来衡量时间，在这一百年寿命中，做数千件不靠谱的事。但是，时间是无限的，梵天的一天等于一千时代①，与此相较，人的一天甚至人生一百年何足挂齿，计算如此微小的时间有何用处？在时间的无限循环中，人生只是转眼一瞬。因此，除了神灵，我们没有什么可想的，我们怎么能有时间去追求瞬间的快乐呢？创造与消灭在梵天的日夜中永不停息地持续，也会在未来持续。

"创造与消灭万物的梵天，只是我的一个方面。他不显现，不为

---

① 时代（Yuga），亦译年代、纪元、周期，是印度教所称构成历史的时代。世界每次从创造到毁灭，都要经历四个时代：圆满时代、三分时代、二分时代和迦利时代，四个时代总共一万两千年，组成一个大时代，一千个大时代组成一劫，相当于梵天的一天或一夜。

感官所认知。在这种不显现之外，我还有另一种不显现①的方面，我曾告诉过你。达到这一境界的人不再出生，因为就这种境界而言，不存在日或夜，这是平静和不动的方面，只能通过专心虔诚奉献来实现，它维持并遍及整个宇宙。

"据说，在北行期②的白半月逝世的人，如果在临终时刻想着我，定会走向我；在南行期③的黑半月逝世的人，定会再生于世。在这里，北行和白半月可以解释为无私服务的道路，南行和黑半月指自私的道路。④服务之路是智慧之路，自私之路是无知之路。走智慧之路者，摆脱生死束缚；走无知之路者，沦为生死束缚之奴。认识到两者之间的区别之后，谁还会愚蠢到要走无知之路？人人都应该学会区别这两条道路，摒弃一切行动果实，以不执着的精神行动，全心全意履行他们的职责，从而努力达到我所描述的最高境界。"

---

① 另一种不显现，就是永恒的不显现，亦即不灭，最终归宿。
② 北行期（Uttarayana），指太阳从1月到7月由摩羯到双子向北运行的时期。
③ 南行期（Dakshinayana），指太阳从7月到1月由巨蟹到射手向南运行的时期。
④ 北行、白半月、月明，即"光明之路"，通向梵，与梵同一，获得解脱；南行、黑半月、月暗，即"黑暗之路"，依然处在生死轮回中。光明之路和黑暗之路是两条永恒的世界之路，一条路去后不返回，另一条路去后仍返回。

## 第九章

在上一章最后一节中描述了瑜伽行者的最高境界后，主人现在自然而然地开始赞颂虔敬。《薄伽梵歌》意义上的瑜伽行者，既不是一个平淡乏味的知识人士，也不是一个沉溺于自我热情的虔敬者，而是一位充满智慧和虔敬精神的无私的行动者。因此，主人说，"由于你不怀憎恨，所以我现在要告诉你智慧的秘密，它的知识会给你带来益处，这是高于其他一切知识的最神圣的知识，很容易转化为行动。凡是不信仰它的人，都不会发现我。人们不可能用他们的感官感知我的不显现的形式，然而我的不显现的形式遍及宇宙，它维持宇宙，宇宙不维持它。而且，在某种意义上可以说，这一切众生不居于我之中，我也不居于他们之中。虽然我是众生的源泉和他们的维持者，但是他们不居于我之中，我也不居于他们之中，因为在无知中他们不知道我，也不虔敬我。要知道这就是我的神圣秘密。①

"但是，虽然我似乎不居于这些众生之中，但我又像空气一样，遍布一切地方。一切众生在一个周期结束之时进入我的原质，在创造

---

① 在《薄伽梵歌》中，黑天有时说自己居于众生之中，有时说自己不居于众生之中；有时说众生居于他之中，有时说众生不居于他之中。这表明黑天作为最高存在，既遍及一切，又超越一切。

开始之时得以再生。这些行动是我的行动,但是它们并不束缚我,因为我以不执着的精神行动,对这些行动产生的结果等闲视之。这些事情之所以发生,是因为它们本身就是我的原质。但是,人们认不出这些事情掩盖之下的我,并完全否认我的存在。① 他们希望落空,行动落空,充满无知,结果可以说他们依附于魔鬼的原质。但是,那些灵魂高尚的人,知道我是永恒的万物之源,并全心全意崇拜我。他们决心坚定,永远追求美德,永远赞美我,永远默想我。其他人则相信,我是单一的或者多重的。我的属性多不胜数,因此那些相信我是多重的人将不同的属性看成是我的许多不同面孔。但是,不管相信我是单一的还是多重的,他们都是我的虔敬者。②

"我是祭礼,我是祭祀,我是祭供,我是药草,我是颂诗,我是酥油,我是祭火,我是祭品;我是这个世界的父亲,我是母亲,我是维持者和祖先,我是可知者,我是那个音节'唵',我是梨俱吠陀③、娑摩吠陀④和夜柔吠陀⑤;我是归宿、支持者、主人和见证;我是庇护、爱人、生成、毁灭、冷和热、存在和不存在。那些履行吠陀中所

---

① 黑天依托人体,化身下凡,愚蠢之人认不出他。
② 黑天的自我独一无二,但他的原质的表现形式多种多样。
③ 《梨俱吠陀》(Rigveda),意为"智慧之诗",四本吠陀本集中成书最早的一部,亦称早期吠陀,收录公元前1500年到公元前900年间的一千零二十八首诗歌,共十卷,是献给雅利安诸神灵的。
④ 《娑摩吠陀》(Sāmaveda),四大吠陀经之第二部,是祭师所唱的歌词及旋律,即集录各种旋律所谱成之诗颂而成的歌词集,歌词基本上是集第一部梨俱吠陀的颂而成。
⑤ 《夜柔吠陀》(Yajurveda),四大吠陀经之第三部,是祭祀经文集,"夜柔"的意思是祭祀,有黑夜柔吠陀和白夜柔吠陀两种本子,"黑本"有经文,并附有说明;"白本"只有经文,没有说明,经文多半从梨俱吠陀中摘出,作祷词用。

提仪式的人，这样做是为了获得结果。他们也许会因此而到达天界，但是他们不得不返回尘世，不得不死亡。但是，如果一个人全心全意沉思我，只崇拜我，那么我就挑起他的一切重担，提供他所需要的一切，保护他所拥有的一切。有些人怀抱信仰，虔诚祭拜别的神灵，成为无知的牺牲品，但是他们实际上也在祭拜我，因为我是一切祭祀牺牲的主人，然而，他们不知道我的原质广泛无边，因此不能达到最高境界。崇拜天神者走向天神，崇拜祖先者走向祖先，崇拜生灵者走向生灵，崇拜我者走向我。我接受追求者爱的奉献，哪怕只是一片树叶或一朵小花。因此，无论你做什么，都把它当作对我的奉献，这样你就会完全卸掉善恶之果的责任，由于你摒弃一切行动果实，因此不再有生死轮回。我平等看待一切众生，既不憎恨也不宠爱。但是，那些虔敬崇拜我的人，我居于他们之中，他们也居于我之中，这并非偏爱，而是他们虔敬奉献的自然结果。事实上，虔敬产生奇迹。即使是一个曾经的罪人，只要他全心全意虔敬崇拜我，也会成为一位圣人。正如黑暗在太阳面前消失，人一旦走向我就会抛弃恶行。因此，可以肯定，虔敬我的人不会死亡，他成为一位有信仰的人，并进入我的平静。即使出身卑贱的人，不管是所谓的低等种姓还是目不识丁的妇女、吠舍①或者首陀罗②，只要向我寻求庇护，也能走向我，达到至高归宿。毋庸赘言，过着神圣生活的婆罗门和刹帝利也一样，每个虔敬我的人，都会享受他虔敬奉献的果实。因此，出生在这个虚幻世界的

---

① 吠舍（Vaishya），古代印度教社会第三阶级，意思是"农民和商人"。——原注
② 首陀罗（Shudra），古代印度教社会第四阶级，意思是"奴隶和仆人"。婆罗门（Brahman）和刹帝利（Kshatriya）是第一和第二阶级，分别指牧师和士兵。——原注

你们，应该崇拜我，得到解脱。你们要思念我、虔敬我、祭供我，在我面前拜倒。如果你们专注于我，将自己降为零，与我协调一致，那么你们肯定能够走向我。"

## 附言

从这一章中我们得知，虔敬意味着依恋神灵。这是培养无私精神的王道。因此，我们从一开始就被告知，虔敬是最高的瑜伽，很容易实践。如果我们全心全意，就很容易实践；如果不全心全意，就很难实践。因而，它被描述为某种东西，我们必须以生命本身为代价去争取。它会使观望者害怕，但全身心投入其中的人会享受至高无上的快乐。苏丹瓦躺在沸腾的油中大笑不止，而旁观者则恐惧不安，据说"不可接触者"南达在接受火刑考验时还在跳舞。我们不必操心这些故事是不是真的。但是，事实是，当一个人专注于某事的时候，就会达到这一平静和沉着的状态，他忘记了自己。但是，除了神灵，谁会心系旁物呢？"不要喜欢苦涩的宁巴果而弃绝甘蔗，也不要喜欢萤火虫而弃绝太阳和月亮。"因此，第九章表明，没有虔敬，就不可能摒弃行动的果实。最后一节诗对整章做了总结，用一句话来说就是，"不要寻求任何东西，把你自己完全交付给我。"

# 第十章

主人说:"继续听我讲述,这对虔敬者有益。即使是众天神和众大仙,也不知道我的开始,原因很简单,我本身无始无终,我是整个宇宙的起源,包括众天神和众大仙。智者知道我是不生者和无始者,因此他摆脱了一切罪恶,因为当他认识到我是不生者和无始者,并认识到他本人是我的孩子和我的一部分的时候,他就克服了人类犯罪的倾向。对自己真正本质的无知,是罪恶的根源。

"正如一切众生起源于我一样,众生所具备的各种天性也起源于我,诸如宽恕、真理、快乐和悲伤、出生与死亡、恐惧与无畏。知道这一切是我的光荣显现的人,很容易变得心情平静,因为他们不再自负。他们心系于我,将一切奉献给我。我是他们谈论的唯一话题,他们以我为荣,生活在快乐和满足之中。对于这些可爱的永远想着我的崇拜者,我赋予他们以理解和知识的力量,他们由此走向我。"

阿周那随之赞美主人:"你是至高梵天,至高居所,你是主人。你自己对我说,众仙人崇拜你为众天神之首,不生者,遍及一切者。哦,主人,哦,父亲,没有人知道你的真正天性,只有你知道。现在,请告诉我你光荣的显现,向我解释我如何才能通过冥想认识你。"

主人回答:"我的神圣显现无穷无尽,但我只列举一些主要的名称。我是居于一切众生心中的灵魂,我是所有众生的开始、中间和结束。我是阿提迭①中的毗湿奴,我是天体中辉煌的太阳,我是摩录多②(风神)中的摩利支③,我是星星中的月亮,我是吠陀中的娑摩吠陀,我是天神中的因陀罗④,我是感官中的大脑,我是众生中的意识,我是楼陀罗⑤中的商羯罗⑥,我是药叉和罗刹⑦中的俱比罗⑧,我是提迭⑨中的波罗诃罗陀⑩,我是走兽中的狮子,我是飞鸟中的雄鹰。实际上,我甚至是欺诈中的赌博。无论善与恶,这个世界上所发生的,都得到了我的许可。认识到这一点,人们应该放弃自傲,消除罪恶,因为我是他们善行与恶行果实的施与者。你应该认识到,我只用我的一小部分,就支撑起整个宇宙。"

---

① 阿提迭(Aditya),亦译阿底亚斯、阿底提耶、阿底提亚等,是吠陀经上一群天神的名字,都是阿底提(Aditi)的儿子,相传有六位或是八位,后代也有人说有十二位之多。
② 摩录多(Marut),亦译马尔殊,是一群暴风雨神的名字。
③ 摩利支(Marichi),亦译玛里琪、阳焰或威光,是创造之神梵天的儿子,也是太阳神苏亚的祖父。
④ 因陀罗(Indra),印度神话中的主神,众神的管理者,众神之王,司雷雨及战争。
⑤ 楼陀罗(Rudra),一群天神的名字,有十一个,是与风暴和毁灭相关的神灵,湿婆的前身。
⑥ 商羯罗(Shankara),即大神湿婆(Shiva)。
⑦ 药叉(Yaksa)和罗刹(Rakshasa)是一群天神的名字,一起侍奉财神。
⑧ 俱比罗(Kubera),印度教神话中的财神,居住于喜马拉雅山中,看守无穷的宝藏。
⑨ 提迭(Daitya),亦译达伊提耶、阿迪蒂亚、金衣人,是印度神话中专门破坏祭仪的妖魔。
⑩ 波罗诃罗陀(Prahlada),魔王的儿子,虔信大神毗湿奴,遭到魔王迫害,毗湿奴化身人狮,杀死魔王,让他登上王位。

# 第十一章

　　阿周那请求主人:"哦,至高无上的主人,通过对我讲述自我灵魂的真理,你解除了我的困惑。你是一切,是创造者,也是毁灭者,你本人永恒不灭。如果可能,请让我看到你的神圣形象。"

　　主人说:"我的神圣形象,成千上万,色彩斑斓。众位阿提迭、婆薮①、楼陀罗以及一切万物,包括动物和非动物,都统一在我的身体里。但是,用你的肉眼,看不到我的这些形象。因此,我给你一双天眼,借此可以看到我。"

　　桑加亚②对持国③说:"哦,国王,主人对阿周那这样说罢,向他显示了难以描述的奇妙形象。我们看到,一轮太阳每天悬挂在天空,但犹如一千个太阳同时出现在天空,阿周那所看到的这轮太阳的光芒比一千个太阳的光芒还绚烂。这个形象的饰品和武器,同样神圣。阿周那看到之后,惊讶不已,汗毛直竖,浑身颤抖。"

---

① 婆薮(Vasu),亦译婆苏、婆蔓,八个一组的神灵。他们同十一个楼陀罗、十二个阿底提耶、特尤斯、钵哩提毗组成了古印度的三十三个神灵。在《梨俱吠陀》的许多颂诗中,在史诗和《奥义书》的神灵名录和分类中,这三组神灵多一起出现。
② 桑加亚(Sanjaya),亦译桑佳亚、全胜,意思是胜利,他是持国的顾问和车夫。
③ 持国(Dhritarashtra),般度族的国王,双目失明。

阿周那说:"哦,神灵啊!我在你身上看到一切天神和各类生物,梵天和湿婆在那里,所有的大仙人和神蛇也在那里。我看到你有无数条胳膊和无数张面孔,但看不到你有起始、中间和末端。你像耀眼的光团一样金光闪耀,你像火焰一样光辉四射。你是宇宙的终极基础、原初的原人、永恒法则的卫士。无论我注视哪里,都能看到你身体的某些部分,太阳和月亮就是你的眼睛,你遍及天地,你的光辉照耀整个宇宙。这个世界无不诚惶诚恐,对你充满敬畏,众天神、众大仙和众悉陀①,都双手合十,站在那里,赞颂你。看到你这一伟大形象,我内心感到恐慌,我失去坚定和平静。哦,神灵,请怜悯我吧。我看到这些人涌进你布满可怕牙齿的嘴里,犹如成群的飞蛾迅速扑向燃烧的火焰,你把他们咬得粉碎。你的形象如此恐怖,你是谁?我不能理解你的所作所为。"

主人说:"我是时神②,世界的毁灭者。无论你参战还是不参战,交战双方的武士都注定要灭亡,你只是神灵的意志的工具。"

阿周那说:"哦,神灵,你是世界的家园,你是不灭者,既存在,又不存在,并超越存在和不存在。你是原始之神,原初的原人。你是世界的庇护所。你是知者,又是被知者。你是伐尤③(风神)、阎

---

① 悉陀(Siddha),印度教神话中一种半神性的存在物,非常纯洁,居于空中。据往世书载,有八万八千个,他们具有八种超自然特性:成为无限大或无限小,极轻或极重,刹那间转移到空间的任何一点,能用意念的力量取得任何东西,使物体和时间服从其意愿,得到世界最高统治权。
② 时神(Time),即时间之神,要收回一切世界。
③ 伐尤(Vayu),意为风、空气,是吠陀和印度教神话中的风神。

魔①（死亡与审判之神）、阿格尼②（火神）和生主③（造物主）。一千次地向你致敬。现在，请向我再次显现你原来的形象吧。"

主人随之说："我向你展示了我遍及世界的形象，因为我爱你。今天你所看到的形象，是通过吠陀和其他学习、通过祭祀和布施或苦行都看不到的形象。看到我这种可怕形象，你不要惊慌，不要困惑，解除恐惧，镇定平静下来，看看我熟悉的形象吧。你刚才看到的形象，就连众天神都难以看到，只有通过纯洁虔敬才能看到。谁为我行动，以我为最高目的，成为我的虔敬者，摒弃执着，热爱一切众生，就会走向我。"

我有意将这一章和上一章压缩了。这一章通篇都是诗歌，因此应该经常读原文或者译文，以便我们灌输虔敬精神。我们是否灌输了这一精神，可以通过运用最后一句诗节中提到的严峻考验来判断。没有完全的自我放弃和无所不包的爱，就不可能有虔敬。神灵是毁灭世界的时神，宇宙逃不脱进入神灵之大嘴的命运，如果我们这样沉思神灵，那么自我放弃并与一切生物休戚与共就很容易实现。不管我们愿意与否，这一命运注定会突然降临到我们头上。因此，大与小、高与低、男与女、人类与动物之间的一切区别，都烟消云散。看到我们只

---

① 阎魔（Yama），冥王，一般译为阎罗王。他是太阳神毗罗萨婆和娑郎由之子，最初的意思是"双生子"，在《梨俱吠陀》中有阎魔同他的孪生妹妹阎密的诗歌对话，阎密要与他同房以延续后代，但是阎魔拒绝了。
② 阿格尼（Agni），亦译阿耆尼，印度神话中的火神，全身红色，发光如太阳，三脚七手三头，统摄地界，是各种祭奠的主宰，众神通过他接受常人的祭品，同时他也是秩序的维护者。
③ 生主（Prajapati），亦译造物主。Praja 的意思是动物或生灵，Pati 的意思是创造者或主人，Prajapati 是所有生灵的主人或创造者。

不过是毁灭之神嘴里的一口食物,我们应该变得谦卑,将自己降为零,与人人为友。如果我们这样做,就不再害怕神灵的这个可怕的形象,它还将给我们带来思想平静。

# 第十三章

主人说:"领域①是人的身体的另一个名称,知领域者②指通晓这个领域的人。要知道,我是一切领域中的知领域者。真正的知识,就是辨别领域和知领域者。五大元素(即土、水、火、气、空)、我慢③、智慧④、未显⑤、十种感官⑥、心⑦、五种感官对象⑧、欲望与憎恨、快乐与痛苦、聚合⑨(身体各个组成部分内在的结合力)、意识和团结,所有这些构成了各种不同的领域。知道这些是必要的,因为它们必须被摒弃。智慧是这种摒弃赖以实现的基础,智慧在这里意味并包含着谦卑、质朴、非暴力、宽恕、正直、尊敬老师、纯洁、坚定、自制、

---

① 领域(Kshetra),指人的身体。
② 知领域者(Kshetrajna),指通晓身体的人,也指自我。
③ 我慢(Ahamkara),亦译阿汗姆卡拉,意思是"结"或"紧缩",指自我感觉或自我意识,即"小我"或个人灵魂,自我中心的紧缩的觉知,将经验等同于自身。
④ 智慧(Buddhi),即觉,指智力。
⑤ 未显(Avyakta),指处于原始状态的原质,参看第八章提到的不显现。
⑥ 十种感官,指五种感觉器官(眼、耳、鼻、舌、身)和五种行动器官(口、手、脚、肛门、生殖器)。——原注 五种感觉器官也叫五知根,五种行动器官也叫五作根。
⑦ 心,指思想、大脑。
⑧ 五种感官对象,指色、声、香、味、触。
⑨ 聚合(Sanghata),亦译复合体。

摒弃感官对象、绝不妄自尊大、看清生老病死、不迷恋妻子和儿女、不迷恋家庭、不迷恋朋友和亲戚、以平常心对待好运和厄运、全心全意虔敬神灵、喜欢独自隐居、厌弃与狐朋狗友一起享受感官刺激、追求自我知识[①]、洞悉真知含义。以上被称作知识，与之背道而驰的皆是无知。现在让我告诉你有关解脱的知识，它就是无始的、至高的梵。梵之所以无始，是因为它不出生，世界诞生之前，它就在那里。它既非'萨特'（存在）又非'阿萨特'（不存在）[②]，而是超越了'萨特'和'阿萨特'。但是，从另一个角度来说，它可以被称为'萨特'，因为它是永恒的，因为人类不可能认识它的本质，因此可以说它甚至超越了'萨特'，是不存在。它遍及整个宇宙，可以说它有一千只手和脚。虽然它似乎有这么多手和脚，但是它没有感觉器官，因为它不需要这些器官。感官是暂时的，而梵是永恒的。虽然它无处不在、无时不在，但它又可以说享有属性，与此同时又不受这些属性约束。哪里有属性，哪里就有变化[③]，但是梵是不变的。可以说，它在一切众生之外，因为对于那些不知道它的人来说，它外在于他们；它又在一切众生之内，因为它无处不在。同样，它既运动又不运动。它很微妙，因而不可知；它既遥远又邻近；它不可区分，因为虽然名和形[④]消亡了，但它却不消亡。同时，它似乎又可以区分，因为它在一切造物之内。它创造万物，维持万物，毁灭万物。它是超越黑暗的光明之

---

① 自我知识（Knowledge of the soul），亦译灵魂的知识，是以自我或灵魂为知识对象。
② "萨特"（Sat）意为存在、实在、真实等；"阿萨特"（Asat）意为不存在、不真实等，均属印度古代哲学概念。
③ 变化（Vikara），指诸法的发生或缘起，以及它们的变迁或消耗。
④ 名（Nama）和形（Rupa），亦译名和色，名指内在心识、精神等，色指外在事物、物质等。

中的光，它是一切知识的终结。根植于每个心灵之中的梵就是境[①]，这是值得知晓的事情。一切知识只是通向与它结合在一起的目的的手段而已。

"神灵及其玛雅（原质），这两者都没有起始。各种变化产生于玛雅，它们又引起各种行动（业）。因为玛雅，自我灵魂体验了快乐和痛苦，以及善行[②]和恶行[③]的果实。认识到这一点的人，以不执着的精神行动，不管他如何行动，也不会再出生，因为他在所有的面孔中看到了神灵的面孔。他认识到除了借助神灵的意志，没有哪片树叶会摆动，因此他摆脱了自我主义。他知道，他不受身体影响；他也知道，虽然自我灵魂寓于身体之中，但它借助知识而不受任何污染，就像无所不在的空气一样，微妙而不受污染。"

---

① 境（Jneya），我国宋代僧人译为"尔焰"，指境界、心境、意境等。
② 善行（Punya），又作功德、福德、善业、善生，指能够获得世间、出世间幸福之行为。
③ 恶行（Papa），又作恶生，指道德上的恶劣行为。

# 第十四章

主人说:"我再给你讲讲那至高无上的智慧,它使众圣贤达到了最高成就。找到这种智慧并据此行动的人,摆脱了生死轮回。哦,阿周那,要知道我是众生的父母。三个产生于原质的性质,即善性、忧性和暗性,束缚住了自我。它们可以依次排序为高、中、低。其中,善性纯洁、无垢、发光,因此它是快乐的源泉。忧性产生于执着和渴望,使人沉溺于各种活动。暗性根源于无知和虚幻,使人放逸和懒惰。简言之,善性执着快乐,忧性执着骚动,暗性执着懒散。有时候,善性处于主导地位,压倒忧性和暗性;有时候,忧性处于主导地位,压倒善性和暗性;有时候,暗性处于主导地位,压倒善性和忧性。① 当智慧的光芒照耀身体的所有活动时,善性占据优势。当贪婪、奔忙、焦虑和竞争出现时,忧性占据优势。如果暗性占据主导地位,就会产生无知、懒散和虚幻。如果善性在一个人的生命中占据优势,那么他死后就会投生清净世界,与圣贤为伍。如果忧性在他生命中占据优势,那么他就会投生执着行动的人。如果暗性占据优势,那么他就会投生愚昧者。善性果实是纯洁,忧性果实是痛苦,暗性果实是无知。善性之人上升到更高的世界,忧性之人留在这个世界,暗性之人下沉到地下

---

① 每个人的品性都取决于这三种性质的组合方式,即哪种性质占据优势。

世界。当一个人看到除了这些性质外没有任何其他行动者,并知道我超越这些性质时,他就会进入我的原质。当寓于身体中的自我超越了所有身体由以产生的这三种性质(三性)时,他就摆脱了生老死之苦,也就喝到了永恒生命的甘露。"

阿周那听到超越三性者在朝圣之路上取得如此巨大进步,便问:"这一成就的标志是什么?取得这一成就的人如何行动?他怎样超越三性?"

主人回答:"当善性的光明和知识,或忧性的活动和奔忙,或暗性的虚幻和无知出现时,他不憎恨;当这些不出现时,他不渴望。这样的人,可以说超越了三性。他坐着像旁观者,不为三性所动,明知三性在动,他也端坐不动。他平等看待苦与乐,平等看待土块、石头和金子。他平等对待可爱与不可爱,平等对待赞美和责备。他平等看待荣誉与耻辱,平等对待朋友与敌人。他弃绝了一切举动。

"不要认为这是一个你不可能达到的目标,也不要认为你因此就不需要努力了。我所讲述的是一个完人的境界,达到这一境界的途径,就是全心全意虔敬地为我服务。从第三章开始,我就指出,没有行动(业),人们甚至都呼吸不了,没有哪个人能够希望逃脱行动。想要超越三性的人,应该将他的一切行动献给我,并且不要渴望行动果实。如果他这样做,他的行动就不会阻碍他的进步,因为我是梵天,是永生,是永恒的正法,是永恒的快乐。

"当一个人将自己降为零时,他就能随时随处看到我,他就是超越三性的人。"①

---

① 超越三性的人,梵语为 Guna-atita。

## 第十五章

主人说:"这个世界像一棵菩提树①,树根在上,树枝在下,叶子是颂诗。知道它者,便是通晓吠陀者。这棵宇宙树的树枝受到三性滋育,'伸向天穹,沉入地壳'(埃德温·阿诺德爵士)。感官对象是它的树芽,正是这些感官对象,用人世间的行动(业)纽带,将自我灵魂束缚起来。

"在这里,世人不可能知道这棵树的真正本质,不可能知道它的开始,不可能知道它的终结,也不可能知道它的基础。

"应该用锋利的无执着之斧砍断这棵根茎坚固的宇宙树,以便自我灵魂可以上升到一个更高的世界,不再返回凡间。为了达到这一目标,人们应该全心全意崇拜原初的原人,所有这些活动(宇宙过程)似乎都源于他。智者不骄慢虚妄,克服执着,虔敬至高自我,抑制欲望,摆脱苦乐对立,这样的人就能达到永恒的境界,这种境界摆脱了一切变化,也不需要日月火光照临。这就是我的至高居所。

"我的一部分永恒变成这个世界的个体灵魂,支配居于原质中的

---

① 菩提树(Ashvattha),别名毕钵罗树、神圣之树、思维树、佛树、觉树、道树等,佛教、印度教、耆那教都将它视为圣树,菩提树象征宇宙,象征梵,象征轮回转生的生存方式。

感官，其中的心是第六感官。当灵魂进入身体或离开身体时，它都带着这些感官，犹如风带着来自原处的香味。它借助耳朵、眼睛、触觉和味觉、鼻子和心，享受各种感官对象。无知者不可能认识它，因为它在三性的影响下离开、停留或享受。但是，智者用智慧之眼能够看见它。勤勉的瑜伽行者看见它居于自己的身体中，但是未获得平静性情的人即使勤勉也看不见它。

"你要知道，照亮整个世界的阳光，还有月光和火光，所有这些光都是我的光辉。我进入大地，维持一切众生。我成为多汁的月亮，滋养各种植物。我依附众生身体，成为生命之火，与呼气吸气结合，消化四种食物[①]。我进入一切心中，由于我，才有记忆和智慧，也由于我，才失去记忆和智慧。可以通过一切吠陀知道我，同时我也是吠檀多[②]的作者和吠陀的知晓者。

"可以说，这个世界上有两种人，即可灭者[③]和不灭者。可灭者是一切众生，不灭者是启迪众生的我，是永远不变者。但是，在可灭者和不灭者之外，还有一种被称为至高自我的最高精神，它进入三界，维持三界，这种至高自我或最高精神也是我。因此，我超越可灭者，甚至超越不灭者，在世界上和吠陀中，被称作至高原人[④]。凡是知道我是至高原人的智者，就是通晓一切者，全心全意崇拜我。

---

① 四种食物，按照嚼、吮、舔、喝四种进食方式分类。
② 吠檀多（Vedanta），印度六派哲学中最有势力的一派。吠檀多由吠陀（Veda）和终极（Anta）两个词组成，意为《吠陀》之终极，原指《吠陀》末尾所说的《奥义书》（意为"吠陀的终极"或"吠陀的末尾"），其后逐渐被广义地解释为研究祖述《奥义书》教理的典籍，后来甚至成为教派的名称。
③ 可灭者（Kshara），亦译有变灭者。
④ 至高原人（Supreme Reality），即至高现实、终极存在。

"哦，纯洁无罪的阿周那，我已经告诉你这种最神秘的学问。知道了它，你就会变成真正的智者，就会达到解脱的海岸。"

# 第十六章

主人说:"现在,我要指出神性和魔性①的区别。无畏、心灵纯洁、智慧、性情平和、自制、布施、牺牲、诵习、苦行、正直、非暴力、真理、不怒、弃绝、平静、不诽谤、怜悯众生、不贪婪、和蔼、谦虚、不浮躁、精力充沛、宽容、坚定、纯洁、无恶意、不骄慢,这些是神性的表征。

"虚伪、傲慢、自大、暴躁、残忍、无知,这些是魔性的表征。

"神性导致解脱,魔性导致束缚。哦,阿周那,你天生具有神性。

"我多讲讲魔性,以便人们能够容易地放弃魔性。具有魔性的人,不知道做什么和不做什么。他们身上没有纯洁或真理,因此他们不遵守良好行为的准则。

"他们宣称,世界不真实,没有根基,没有主宰②。对他们来说,性就是整个世界,因此,除了享受感官对象,他们什么也不想。

"他们行为暴戾,他们缺乏智慧,他们坚持邪念,他们的一切活动只会导致世界走向毁灭。他们的欲望难以满足,他们充满虚伪、骄

---

① 魔性,即阿修罗性。《大森林奥义书》提到,"生主的后裔有两种:天神和阿修罗"。
② 没有主宰,指不相信至高之神。

慢和自大。因此，他们欲壑难填。每天他们都在渴望新的感官享受。他们'身缠千百条虚妄愿望的绳索'（埃德温·阿诺德），为了满足欲望不择手段，敛聚财富。

"'今天我已经获得了这个，明天我要获得那个。我杀死了这个敌人，我还要杀死别的敌人。我是强大者，我是富有者，还有谁能够和我相比？为了声誉，我要祭祀众神，我要布施，我要快乐。'他们窃笑着自言自语，陷入愚痴之网，最终走向地狱。

"具有这种天性的人，狂妄傲慢，诽谤他人，从而仇视居于所有心中的神灵。因此，他们被投入堕落父母的子宫，生而又生，轮回不休。

"欲望、愤怒和贪婪是导致自我灵魂毁灭、通向地狱的三重门。因此，我们应该摒弃这三者，避开这三座黑暗之门，人们就能通过径直而狭窄的道路，达到至高境界。

"凡是无视经典中的规定、放纵享乐的人，不可能获得正道的幸福或平静。

"因此，在决定你必须做什么和不能做什么的时候，你应该从智者那里获得有关经典准则的知识，并据此思考和行动。"

# 第十七章

阿周那问:"有些人无视经典规定的行为准则,却满怀信仰地为神灵服务,这样的人会怎样?"

主人回答:"信仰有三种,依不同情况,分为善性、忧性和暗性。正如人的信仰分为三种,人也分为三种。

"善性之人崇拜天神,忧性之人崇拜半神半人和恶魔,暗性之人崇拜亡灵。

"人的信仰的性质不能随意确定。为了正确地评价人的信仰的性质,人必须知道他的食物、苦行、牺牲和布施的准确性质。

"使人长寿,增强活力、精气、力量和健康的食物,可以说是善性之人喜爱的食物;苦、酸、咸、烫、辣、引起疾病和疼痛的食物,是忧性之人喜爱的食物;发馊和走味的、变质和腐败的、残剩和污秽的食物,是暗性之人喜爱的食物。

"为了职责而奉献的牺牲,不期回报,一心一意,可以说是善性之人的牺牲;为了索取回报、虚荣炫耀而奉献的牺牲,是忧性之人的牺牲;不遵守经典规定、不供食品、不做布施、不念颂诗的牺牲,是暗性之人的牺牲。

"崇敬天神、纯洁、梵行和非暴力,这是身体的苦行;语言真实、动听而有益，经常吟诵研读经典，这是语言的苦行；乐观、温和、沉默、自制、动机纯洁，这是思想的苦行。

"性情平和者，修炼身体、语言和思想这三种苦行，不期望回报，称作善性的苦行；为了炫耀和获取荣誉，修炼苦行，称作忧性的苦行；愚昧固执者，采取自我折磨的手段，或者以毁灭他人为目的，修炼苦行，称作暗性的苦行。

"在合适的地点、合适的时间，布施值得布施的人，不求回报，只为布施，称作善性的布施；一心期望回报，勉强地进行布施，称作忧性的布施；态度轻慢，不尊重接受布施的人，不考虑合适的时间和地点，称作暗性的布施。

"梵在吠陀中被称为'唵、塔特、萨特'①，因此，有信仰的人在开始任何祭祀、布施或苦行仪式时，都会念诵'唵'这个神圣的音节；'塔特'的意思是'那个'②；'萨特'的意思是'萨提亚'，即善。也就是说，神灵是唯一，只有他是存在，只有他是真理和世界的施主。谁认识到这个真理，并怀着献身精神，奉献牺牲，进行布施或修习苦行，他就是一个具有善性信仰的人。如果怀着献身精神，有意或无意做了什么事，偏离了正轨，则无可厚非。但是，未怀献身精神而从事的行为，可以说是没有信仰的行为，因而是"阿萨特"（不真实）。"

---

① 唵、塔特、萨特，这三个词在《奥义书》中经常指梵，也就是至高实在，最高自我，最高灵魂，最高存在，至善，即神灵。——原注
② 《歌者奥义书》说："塔特（意思是那个）是真实，是自我，是你。"

# 第十八章

虽然阿周那认真思考了前面所有章节的说教，但是他仍然心存狐疑。因此，他说："《薄伽梵歌》的弃绝似乎与目前所理解的摒弃有所不同。弃绝与摒弃①真的不同吗？"

主人通过回答这个问题解决阿周那疑问的同时，也非常简洁地概括了《薄伽梵歌》的学说："有些行动是受欲望驱使的。人们为了实现各种欲望，沉溺于各种行动，这些行动被称为欲望②行动。还有一些必要和自然的行动，诸如呼吸、吃饭、喝水、睡觉、坐等等，旨在维持身体健康，使其成为服务的工具。还有一些行动，是为了服务他人。放弃欲望行动，就是弃绝；放弃一切行动的果实，就是摒弃，如我一直向你推荐的。③

"有人认为，一切行动都存在恶果，无论这个行动是什么，无论这个恶果多么微小。即使如此，人们也不应该放弃为了牺牲而实施的行动，也就是说，不应该放弃服务他人的行动。布施和苦行，包含在

---

① 摒弃（Tyaga），亦译提亚嘎、特亚加、泰亚格、蒂亚格等。
② 欲望（Kamya），亦译卡密亚。
③ 从黑天的回答看，"弃绝"和"摒弃"虽有差别，但两者的"真正含义"基本一致，即行动而不怀抱欲望，行动而不执着成果。

牺牲中。但是，即使在服务他人的过程中，人也应该以不执着的精神从事行动。否则，他的行动就可能被恶果混淆。

"出于愚昧无知而放弃必要的行动，这是暗性之人的摒弃。仅仅因为惧怕身体劳累受苦而放弃行动，这是忧性之人的摒弃。但是，为他人服务，是出于认为必须这样做，而且不期望行动的成果，这是真正的善性之人的摒弃。因此，在这种摒弃中，并没有放弃一切行动，只是放弃了必须履行的职责的成果以及其他行动，即欲望行动的成果。当智者以这种无私精神行动时，他的一切疑虑都会烟消云散，他的动机纯洁，他不考虑个人得失。

"凡是不放弃行动成果的人，必须享受或忍受自己行动的自然结果，从而永远成为被束缚的奴隶。但是，凡是放弃行动成果的人，都获得了自由。

"人们为什么要执着于行动呢？对任何人来说，想象自己是行动者，都是毫无意义的。一切行动要获得成功，有五种原因，即身体、行动者、各种手段、各种努力、神明。①

"认识到这一点，人们应该放弃傲慢。放弃了自我主义的人，即使他做了什么事，也可以说他没有做，因为他没有受到行动的束缚。对于一个将自己降为零的谦卑的人来说，即使他杀了人，也可以说没有杀。这并不是说，这个人虽然很谦卑，但他杀了人，而没有受到杀人的影响。因为，对这个人来说，压根儿不存在从事暴力的理由。

"有三种东西驱使人行动：知识、知识对象和知者。行动有三个组成部分：手段、行动和行动者。要做的事是知识对象，做事的方法

---

① 手段指各种器官，神明指命运或天命。

是知识，知道的人是知者。因此，他在得到行动的冲动之后，就实施行动，在行动中，感官充当了手段，这样思想就转化成了行动。

"'通过它，人能够在一切众生中看到一种永恒不变的生命'（埃德温·阿诺德），在一切多样性中看到基本统一性，这就是善性知识；人们认为，不同生物有不同灵魂，这就是忧性知识；人们浑然无知，认为一切混淆不清，没有规律和理由，这就是暗性知识。

"同样，有三种行动。无爱憎，不渴望个人成就，这是善性行动；渴望享乐，自高自大，焦躁不安，这是忧性行动；由于愚痴而行动，不顾个人能力，不顾伤害或暴力的后果，这是暗性行动。

"因此，也有三种行动者。摆脱执着不自负，勇猛精进有毅力，成败得失不动摇，这是善性行动者；毫无怜悯，贪得无厌，暴力成性，成为'或喜或悲的奴隶'（埃德温·阿诺德），而且毫无疑问热烈渴求行动成果，这是忧性行动者；放荡不羁，粗野不堪，迂腐无知，虚伪狡诈，懒惰拖沓，简言之，没有丝毫个人修养，这是暗性行动者。

"智慧、坚定和幸福，也有三种。

"能够正确区分什么是行动和什么是不行动，'什么必须做和什么不能做，什么应该恐惧和什么不应该恐惧，什么束缚灵魂和什么解脱灵魂'（埃德温·阿诺德），这是善性智慧；试图区分上述各项却做不到正确区分，这是忧性智慧；'视非法为合法，颠倒一切是非'（埃德温·阿诺德），这是暗性智慧。

"坚定是一种力量，即从事某事，并不畏艰险、持之以恒。它或多或少内在于万物之中，否则世界一刻也维持不下去。控制思想和呼吸，约束各种感官活动，保持思想、呼吸和感官之间的平衡，这是善性的坚定；执着于职责、享乐和财富，考虑个人所得，这是忧性的坚定；'头脑愚痴而不能摆脱懒散、忧伤、恐惧、空虚和绝望'（埃德温·阿诺德），这是暗性的坚定。

"源于真正的自我知识，'永远快乐，永远解除痛苦，对于灵魂来说，开始苦如毒药，结果甜如甘露'[①]（埃德温·阿诺德），这是善性的幸福；源于感官享受，'开始甜如甘露，结果苦如毒药'（埃德温·阿诺德），这是忧性的幸福；'源于懒散、昏睡和愚痴'（埃德温·阿诺德），这是暗性的幸福。

"因此，这种三重分类适用于万物。四个"瓦尔纳"（古代印度教社会的阶级）的职责，是按照他们各自本性产生的品质加以区分的。

"平静、自制、苦行、纯洁、宽容、正直、智慧、体验和信仰神灵，这是婆罗门本性的行为；勇敢、威武、坚定、足智多谋、不临阵脱逃、慷慨大方、具有领袖品质，这是刹帝利本性的行为；'耕种土地、饲养牲口、从事商业'（埃德温·阿诺德），这是吠舍本性的行为；以侍候他人为己任，这是首陀罗本性的行为。这并不是说，某一阶级的人没有被赋予其他阶级的品质或不能培养这样的品质。但是，上面所提到的品质和工作，可以作为识别一个人的"瓦尔纳"的标志。如果每个种姓的品质和任务得到承认，那么他们之间就不会有不良竞争或仇恨之情，这里不存在高贵与低贱的问题。如果每个人都根据自己的本性无私地履行职责，那么他就会达到完美境界。因此，即使一个人的职责看起来没有价值，也比另一个人看起来有价值更好。当一个人履行他的天性赋予的职责时，就远离了罪恶，因为他摆脱了自私的欲

---

① 甘露（Amrit），亦译阿姆里特、仙露。

望。此外，一切行动都带有缺陷，犹如火焰总是带有烟雾。但是，履行天性注定的职责，不渴求结果，因而也就摆脱了束缚。

"平静的瑜伽行者，就这样履行自己的职责，他控制思想，放弃五种感官对象，战胜好恶，离群索居，即双眼内视，通过节制掌控思想、身体和语言，永远意识到神灵的活生生的存在，放弃傲慢、欲望、愤怒、贪婪等，这样的瑜伽行者就能与梵同一。他对所有人一视同仁，平等相待。他既不耽于享乐，也不沉溺于悲伤。这样的虔敬者具有神灵的真知，并与神灵融为一体。因此，他以我为寄托，凭借我的恩惠，达到永恒不灭的境界。

"因此，把你的一切献给我，把我当作你的至爱，旗帜鲜明地永远思念我。这样做你就会战胜一切困难。但是，如果你出于自私，听不进我的话，那么你就会走向毁灭。一件必要的事是，你应该抛弃所有相互冲突的观点，来我这里寻找庇护，从而摆脱罪恶。

"不要将这个真理告诉任何不虔敬者、不修苦行者、忌恨我者、不愿听我话者。但是，谁在信仰我的人中间宣讲这个最高级别秘密，以我为至高崇拜对象，无疑他将到达我这里。"

桑加亚这样向持国报告了阿周那和克里希纳之间的对话之后说：

"哪里有瑜伽之王克里希纳和弓箭手阿周那，哪里就有繁荣、胜利、幸福和永恒的正义。"

这里用"瑜伽之王"这个词语修饰克里希纳，意味着精神灵体验基础上的纯洁知识；用"弓箭手"修饰阿周那，意味着只要按照这种纯洁知识来行动，行动者就会实现一切高尚的愿望。

# 英文译者注释

## 第十二章

"每当我遇到能够背诵《薄伽梵歌》的人,都会对他或她肃然起敬。然而,我希望背诵者认识到,背诵本身并不是目的。背诵应该为思考和吸收《薄伽梵歌》的意义和信息提供帮助。如足够耐心,即使一只鹦鹉也能够学会背诵《薄伽梵歌》。但是,它并不会因为背诵而变得更聪明。《薄伽梵歌》的背诵者应该成为作者所期待的人,即广义上的瑜伽行者。信奉《薄伽梵歌》的人应在思想、语言和行动方面和谐平衡,在三者之间保持完美的一致。语言、行动与思想不一致的人,是一个骗子和伪君子。"(莫罕达斯·卡拉姆昌德·甘地:《印度教法》,纳瓦吉万,1950年,第170—171页)

"虔敬不仅仅是口头崇拜,它是与死亡搏斗。

"(它)不是慈心柔肠的感情流露,它绝不是盲目信仰,(它)与外表形式毫不相干。如果虔敬者愿意,他可以使用念珠和额痣,或奉献供品,但是这些东西并不能证明他的虔敬。

"流行的(虔敬)观念是慈心柔肠、数念珠之类,甚至不屑于从事爱心服务,唯恐打断数念珠。因此,这(虔敬者)使念珠仅仅用于吃喝之类,而不是用于碾米或照料病人。

"但是,《薄伽梵歌》中说:'没有行动,就不可能达到目标'。"(莫罕达斯·卡拉姆昌德·甘地:《印度教法》,纳瓦吉万,1950年,第160—161页)

在维伦达文①,克里希那·普雷姆看到一个毗湿奴派信徒患了伤寒,奄奄一息。四处都是毗湿奴派信徒,手拿念珠,来来往往,但是,甚至没有人给那位病友一杯水。"这种崇拜的价值何在?"他问。参看他的《追求真理》。

# 第一章

"我将难敌②和他的族人看成是人的卑劣冲动,将阿周那和他的族人看成是人的高尚冲动。战场就是我们的身体,一场永恒的战斗在这两个阵营之间进行着。克里希纳是内心主宰,永远在纯洁的心灵中低声细语。像钟表一样,心灵需要纯洁的发条,否则内心主宰就会停止报时。"(莫罕达斯·卡拉姆昌德·甘地:《印度教法》,纳瓦吉万,1950年,第156页)

---

① 维伦达文(Vrindavan),位于印度北方邦的一个小城,是印度教圣地,相传是克里希纳居住的地方,共修建了超过四千所供奉克里希纳的庙宇,也是各地寡妇的聚集之地。在最鼎盛时期,有超过一万五千名寡妇同时居住在这里,其中有许多是二三十岁的年轻妇女。2005年,身居美国的印裔导演达·曼德拉拍摄了影片《白色彩虹》,以一个年轻寡妇莫西妮·吉里的真实经历为原型,讲述了四个不同年龄的寡妇被夫家抛弃到维伦达文、受到犯罪集团威逼而奋起反抗的故事。

② 难敌(Duryodhana),持国的长子,持国有子一百人。

# 第二章

"英国朋友促使我阅读《薄伽梵歌》。他们将埃德温·阿诺德爵士翻译的《薄伽梵歌》放在我的眼前,这是一部杰出的译本。我如饥似渴地从头到尾阅读所有内容,被这个译本迷住了。从此,第二章最后十九节诗深深地铭刻在我的心底。它们包含我所需要的一切知识。它们宣讲的真理是'永恒的真理'。

"这些诗节是理解《薄伽梵歌》的钥匙。(莫罕达斯·卡拉姆昌德·甘地:《印度教法》,纳瓦吉万,1950年,第156页)

"《薄伽梵歌》的重要启示体现在第二章克里希纳有关思想平衡境界的说教,即心理平衡的说教。在最后十九节诗中,他解释了如何达到这一境界。他告诉我们,消灭你的一切激情之后,就可以达到这一境界。消灭你的一切激情之后,不可能杀死你的兄弟。"(莫罕达斯·卡拉姆昌德·甘地:《印度教法》,纳瓦吉万,1950年,第179页)

"我努力说明,《薄伽梵歌》的启示在于,人们要怀着不执着的精神履行职责。《薄伽梵歌》的主题包含在第二章,而落实这个启示的方法可以在第三章中找到。这并不是说,其他章节没有多少价值。事实上,每一章都有其自身的价值。

"我希望人们以正确的精神对待《薄伽梵歌》,并以坚定的意志履行这个圣歌的启示。"(莫罕达斯·卡拉姆昌德·甘地:《印度教法》,纳瓦吉万,1950年,第182页)

《时代》杂志1956年11月17日发表的一篇恰如其分的匿名文章,可以看作是对《薄伽梵歌》学说的很好的评论:

"在为明天(圣三节后的第二十五个星期天)做募集时,提出了这样的祷告：那些'展示善行成果'的人会受到'神灵的回报'。这个祷告似乎存在道德与精神信仰之间的矛盾。因为，前者强调做善行不能考虑回报，而是'履行职责'，后者强调神灵在善恶之间做了区别，结果一个受到赞赏，另一个受到谴责，这成为表达回报与惩罚的通用语。

"难道耶稣本人没有发问：'人若赚得全世界，赔上自己的生命，有什么益处呢？'但是，他的生命非常清楚地表明，全心全意为他珍视的神灵服务，就能完全摆脱自私自利的污染。即使一切已经非常清楚，他对神灵的忠诚也将导致他被朋友抛弃并牺牲在敌人之手，他的忠诚依然毫不动摇。十字架警示我们，如果忠于神灵和热爱人最终可以得到回报的话，那么这个回报并不在于普通赞赏或物质利益，而在于其他方面。

"那么，这个募集所说的回报是什么？答案可以在下面的话中找到：'受到保佑的是那些心灵纯洁的人，因为他们将见到神灵。'服务的回报并不是服务所附带的使其有价值的东西，它和服务本身具有相同的价值。对神灵的内心忠诚使人们得以成为神灵的伙伴，并对神灵的意志有更深刻的理解：神灵的爱能够造就与神灵相似的人。看到神灵的形象，充实人的身心，在神灵的王国事业中与他快乐地合作，这些是神灵赋予他的仆人的回报。

"但是，这并非全部。诚然，精神生命的主要回报是在精神领域，但是同样，品性和正直也会带来较低层次的实际好处。有好多这样的例子，公众舆论普遍支持某一领导，赋予他卑鄙之人得不到的权力和职位，原因就是众所周知他非常诚实，公正无私。在商业上极其公正，绝对可靠，会带来极大的好处，这种好处不会降临到那些只考虑眼前利益的人头上。

"当然,并不是说,行动就是为了获得这样的好处。'诚实是上策'这句格言是一句危险的格言。选择诚实是为了获得诚实带来的回报,这样的人也许会在形势发生变化不可能获利的情况下经受不住诱惑而放弃诚实。这个悖论是,诚实这样的美德在被人们实践的时候,只有当它是因为这种美德本身,而不是因为考虑是否会获得尊敬和成功,才会获得尊敬和成功。精神信仰和道德同样会受到自我利益的损害;神灵给的回报是他的形象,只有那些为神灵服务而不考虑自己得失的人,才能看到神灵的形象。

"服务神灵的回报只有那些为神灵服务而不考虑回报的人才能获得,也许这种悖论蕴藏在耶稣所说的话中,即凡要救自己生命的,必丧掉生命;凡准备丧掉生命的,必得到生命。有些人遵循真理和正义,只是因为它们是真理和正义,而不问他们的忠诚会带来什么结果,神灵将这些人接纳为他最好的仆人。用依纳爵·罗耀拉[①]的话说,他们劳动,不求回报,只是知道他们在遵行神灵的意志。"

---

[①] 依纳爵·罗耀拉(Ignatius Loyola),亦译伊格内修斯-罗尤拉(1491—1556),耶稣会的创始人。

# 参考书目

莫罕达斯·卡拉姆昌德·甘地:《无私行动的福音》(纳瓦吉万)。

埃德温·阿诺德:《天府之歌》(纳特森)。

安妮·贝赞特:《薄伽梵歌》(纳特森)。

斯瓦米·普拉巴瓦南德、克里斯托弗·伊舍尔伍德:《神之歌:薄伽梵歌》(门特书屋)。

S.拉达克里希南:《薄伽梵歌》(乔治·艾伦和欧文)。

克里希那·普雷姆:《薄伽梵歌瑜伽》(瓦特金斯)。

R.C.扎赫尼尔:《在多样的时代》(费伯-费伯)。

# 建设纲领

# 前言

《建设纲领》初版是我于1941年写的,这次再版经过了全面的修订。其中的项目是随意排列的,没有按照它们的重要性排列。如果读者发现遗漏了某个特别的主题,它在争取民族独立的运动中又非常重要,请理解我不是故意忽略的,应该立即把这个主题加进项目中,并让我知道。我觉得我的项目还不够详尽无遗,它只是举例说明。读者会看到几项新的重要的增补。

无论读者是不是非暴力抵抗运动的工作人员和志愿者,都应该明确地认识到,建设纲领是赢得"普尔那司瓦拉吉"[①]的真理和非暴力的道路,建设纲领的全面实现就是完全的独立。全体四亿人民投身于整个建设纲领的实施,就是从根基开始自下而上建设我们的国家。独立必须意味着各个方面的完全独立,包括驱逐外国人的统治,难道有人会对此提出质疑吗?批评家嘲笑这种主张,在他们看来四亿人民绝对不会精诚团结去实现这个纲领。无疑,他们的嘲笑是有道理的。但我的回答是,这个纲领仍然值得努力。如果有一群热忱的工作者不屈不挠地为之奋斗,纲领的实施就会像其他事情一样切

---

① 普尔那司瓦拉吉(Poorna Swaraj),即完全独立。

实可行，甚至更加容易。总之，它建立在非暴力原则之上，没有任何东西可以替代。

无论是个人的还是人民的"文明不服从"[①]，都有助于建设性的努力，可以完全替代武装起义。为发起文明不服从运动，我们必须先进行人员培训，就像武装起义也需要培训一样，只是方式不同。这两种情况都是在特定条件下发生的：军事起义的训练意味着学习使用武器，最终结局也许是在原子弹面前自取灭亡；文明不服从的训练则意味着学习如何实施建设纲领。

因此，工作人员绝不会专注于文明不服从。如果建设性的努力看来要遭受挫折，他们将会为此做好准备。从几个例子中可以看到，哪些场合可以实施文明不服从，哪些场合不可以。我们知道，政治协定可以被阻止，但是个人友谊不可能被阻止，这种友谊是无私而真诚的，是政治协定的基础。同样，集中的土布产业容易遭到政府的破坏，但任何权势都无法阻止个人生产和使用土布。我们不能把土布的生产和使用强加于老百姓头上，而是把它作为争取民族自由的一项运动，让人们自愿地、明智地接受，它只能以村庄为单元进行。在实施纲领过程中，先驱者可能遇到重重困难，他们必须经受人世间烈火的严峻考验。没有磨难就没有自治，在暴力冲突中，真理是首当其冲的最大受难者；而在坚持非暴力过程中，真理永远是胜利者。况且，组成政府的人不能被当作敌人看待，如果这么做的话，就违背了非暴力的精神。我们必须分道扬镳，但是作为朋友分道扬镳。

如果读者能够初步接受以上意见，将发现建设纲领深入人心。事

---

① "文明不服从"（Civil Disobedience），亦译"公民不服从"。

实将证明它像所谓的政治活动和演讲一样引人入胜,当然它更加重要和有益。

莫罕达斯·卡拉姆昌德·甘地
1945 年 11 月 13 日
于浦那

# 导言

换言之，或更确切地说，建设纲领可以通过真理和非暴力的手段实现普尔那司瓦拉吉或完全独立。

我们知道，暴力的手段必然是非真理的手段，通过这种手段争取民族独立，只会给人们带来痛苦。看看目前战争中每日的财产损失、生命的伤亡和对真理的背叛，我们就会明白这一点。

用真理和非暴力的手段争取完全独立意味着我们民族每个部分的独立，包括其中最谦卑的阶层，不分种族、肤色和教派。这种民族独立绝不是排外的，因此它是完全和谐一致的，并且是内外互相依存的。实践总是落后于理论，就像画出来的线不可能是欧几里得的理想之线，因此完全独立实现的程度，在于实践中我们接近真理和非暴力的程度。

如果读者能在心里勾画出整个建设纲领，他就会同意我的看法：如果能够成功地实施建设纲领，我们盼望已久的民族独立最终就会实现。埃默里先生不是说过，各大派别之间的协议应受到尊重吗？用我的话来说，这个协议就是教派团结协议，教派团结只是建设纲领中的一个项目。我们不需要质疑它的真诚，因为如果这样的团结是真诚的，是用非暴力获得的，它自身就包含了接受协议的力量。

另外，无法想象或完美地定义通过暴力取得的独立。因为它的先决条件是，只有本国中那个最有效使用暴力的党派才会占据优势。在这里经济或其他方面的完全平等是难以设想的。

我的目的是让读者确信，以非暴力的手段实施建设纲领是完全必要的。但是，我并不因此要求读者接受我的主张，即暴力是争取民族独立的无效手段。我也不反对读者相信使用暴力有可能达到最谦卑的个体的独立，如果这种努力也能促使他承认，通过全民族贯彻建设纲领肯定能够做到这一点。

现在让我们来介绍这些项目。

# 第一章　教派团结

每个人都赞成必须实现教派团结①，但是每个人都不知道，团结并不意味着强加的政治团结，它意味着坚不可摧的心灵团结。对每个国大党人来说，实现这一团结的首要条件是，不管他的信仰如何，他自己要代表印度教徒、伊斯兰教徒、基督教徒、琐罗亚斯德教徒、犹太教徒等。简言之，他要代表印度教徒和非印度教徒，必须感到他与印度斯坦千百万人民中的每个人亲如一家。为此每位国大党人要与不同信仰的人做朋友，他应该尊重他人的信仰，如同尊重自己的信仰一样。

在这样的幸福状态中，车站上不会有令人蒙羞的叫卖声："印度教水！""穆斯林水！"或"印度教茶！""穆斯林茶！"在中小学和大学里，不会有为印度教徒和非印度教徒分设的房间或水罐，取消了为不同教派分设的中小学、大学和医院。我们必须从国大党党员开始发起这样一场革命，并且在正确的行为背后不得有任何政治动机，政治上的团结才会水到渠成。

---

① 教派团结（Communal Unity），指印度教与非印度教各大派别之间的团结，特别是指印度教徒与穆斯林之间的团结。

长期以来，我们习惯认为权力来自立法议会。我认为这种思想是极其错误的，它是由人的惰性或被迷惑造成的。涉猎一下英国史我们就能明白，议会的所有权力最终归于人民，权力在民是不争的真理，并且眼下权力是委托给人民推选出来的代表。议会没有权力，甚至离开了人民它就不能独自存在。在最近的二十一年里，我努力让人们懂得这条简单的真理。文明不服从是权力的宝库。想象全体人民不服从立法机构制定的法律，并甘愿承受不服从的一切后果，那该是怎样的壮观！他们将使整个立法机构及其执行机构瘫痪。警察和军队的作用是强制少数人，无论他们多么有力量。但是，如果一个民族决心接受最严峻的考验，那么警察或军队就无法摧毁他们坚强的意志。

并且，只有当议员们愿意顺应绝大多数人民的意愿时，议会的程序才是公正的。换种说法，当人民和议会和谐一致时，它才会有相当的影响力。

在印度，我们一直自命在分开选区下运行议会制度，但分开选区制造了人为的不和。这些人为组合到一个共同平台上的实体不可能实现强有力的团结。立法机构也许能起作用，但它只能是个争吵的平台，分享着从统治者手里掉下的权力碎片。挥舞铁棒的统治封杀了反对意见。我相信完全的民族独立不可能来自这种耻辱。

尽管我持有如此强烈的观点，但还是得到如下结论：只要选区出现了不受欢迎的候选人，国大党为了防止反动分子进入选区应该事先策划好候选人名单。

## 第二章　根除不可接触制

现在这个时候，我不必详细叙述根除这种耻辱的必要性，并谴责印度教。国大党党员肯定做了许多这方面的努力。但我遗憾地说，许多党员仅仅把它看作是一种政治上的需要，而不是义务。印度教徒所关心的只是印度教的生存。如果印度教的党员为了根除不可接触制担负起这项事业，他们对"萨纳坦尼"①产生的影响将远远超过他们迄今做过的任何事情。党员不能以强硬的态度接近不可接触者，而要以与非暴力相符的友善态度与他们交往。就"哈里真"②来说，每位印度教徒应该和他们一起为共同的目标奋斗，在可怕的隔离状态中和他们交朋友。人们在印度看到的这种隔离状态，其可怕程度在世上任何地方都罕见。从经验中我知道这项任务有多么艰巨，但它是建筑自治大厦不可缺少的一部分。通往自治的道路陡峭又狭窄，还有许多滑溜溜的坡道和万丈深渊，在我们到达山顶呼吸自由的新鲜空气之前，必须以稳定的步伐顺利地克服艰难险阻。

---

① "萨纳坦尼"（Sanatanis），印度教三大神灵的统称。
② "哈里真"（Harijans），甘地创造的一个词语，专指印度被排斥在种姓制度外、社会地位最低的不可接触者（贱民），音译为"哈里真"。

## 第三章 禁酒

虽然像教派团结和根除不可接触制一样，从1920年起，禁酒就被列为国大党的纲领，但国大党党员对这项重大的社会和道德改革还没有产生应有的兴趣。如果我们想通过非暴力努力达到目标，就不能把在酒精和毒品灾祸下饱受煎熬的众多男女的命运留给未来的政府。

医疗人员能为根除这类罪恶做出最有成效的贡献，他们必须找到戒酒和戒毒的方法。在推行这项改革过程中，妇女和学生能起到独特的作用，他们可以采用多种爱心服务形式，对瘾君子进行管教，强迫他们聆听放弃恶习的呼吁。

国大党各级委员会可以开放一些休息室，让疲惫的劳动者放松身体，吃到健康、便宜的点心，玩玩适当的游戏，所有这些工作令人陶醉和振奋。用非暴力争取自治是前所未有的革新，其中旧的价值观要让位于新的价值观。如果以暴力方式进行斗争，则这类改革无立足之地。信奉暴力方式的人缺乏耐心，并且据我看来愚昧无知，他们要把改革推迟到自由之日。他们忘记了持续和健康的自由来自人的内心，即自我净化。即使建设纲领的工作者不能为禁酒铺平道路，也能使合法的禁酒变得容易并取得成功。

# 第四章 土布

土布是一个有争议的话题。许多人认为我提倡土布生产是在逆风行船，肯定会把自治之舟沉没水底，他们还认为我正在把整个国家拖向黑暗时代。在此我不想在简要的概论中针对土布的话题多费口舌。我在别处已经充分地进行了辩驳。我想说的是每位国大党党员、每个印度人都能够推广土布事业，它潜藏着国家经济自由和人人平等的萌芽。"要想知道布丁的味道必须先尝尝"，让每个人都来试试，他将从实践中发现我说的话有没有道理。土布的含义是多方面的：它意味着全面推广司瓦德西的精神，意味着在印度寻找一切生活必需品的决心，并且依靠村民的聪明才智和辛勤劳动实现自给自足；它还意味着对现行过程的颠倒，也就是说，印度和英国的六七个大城市再也不能以剥削和毁灭印度的七十万个村庄为生了。七十万个村庄将很大程度上保持自给自足，并且甘愿为印度城市甚至印度以外的地区服务，使双方都能有所受益。

这需要人们在精神和爱好方面做出许多革命性的变化。尽管运用非暴力在许多方面是轻而易举的，但在其他许多方面又步履维艰。土布计划活生生地触动了每个印度人的生活，焕发出内心潜伏着的力量，使它和每个印度人融为一体，并以此为荣。这种非暴力不是我们长期以来误认为的那样空洞浅薄，它是迄今人类已知的最有效的力量，是人类赖以生存的力量。我竭力向国大党呈献的，并通过国大党向全世界呈献的，正是这种力量。对我来说，土布是印度人民团结的象征，是经济自由和平等的象征，从而最终如尼赫鲁①诗化的语言所表达的，是"印度自由的服装"。

此外，土布精神意味着生活必需品的分散生产和分配。因此，迄今形成的原则是每个村庄先生产自己所有的必需品，再增加一定的产量供应城市的需要。

重工业需要集中化和国有化，但重工业在广泛的国家经济活动中占据最小的份额，而广泛的经济活动主要在农村进行。

解释了土布的含义之后，我必须说明国大党党员在推广土布方面能够并应该做什么。土布的生产包括种棉花、采棉花、去棉籽、清洁、梳理、梳条、纺纱、上浆、染色、准备经纬线、织布和清洗。除了染色外，它们都是基本的工序，每一步都能在村庄操作完成，也能在"全印纺织协会"涵盖的许多村庄实施。根据最新报道，以下是一些有意思的数据：

有至少 13451 个村庄的 275146 位村民被接收为纺纱工和织布工，其中 19645 名哈里真和 57378 名穆斯林。1940 年产值为 3485609 卢比。绝大多数手工纺纱者是妇女。

然而这只是土布计划的百分之一，如果国大党真诚地投入土布计划，还可以完成剩下的百分之九十九。自从这一主要的乡村产业和相关手工业遭到肆意破坏后，智慧和欢快就从村庄逃逸了，剩下的只有

---

① 尼赫鲁（Jawaharlal Nehru），甘地的忠实追随者，印度第一任总理。

空虚和黯淡。村民的状况几乎沦落到病恹恹的畜牛的地步。

如果党员忠实于国大党的土布号召,将执行"全印纺织协会"随时发出的指令,发挥他们在土布计划中的作用。下面是几条概括性的原则。

每个家庭应有一块耕种棉花的土地,至少够自家使用。棉花很容易生长。在比哈尔邦①,法律强制农民在二十分之三的可耕地上种植靛青,这是为了外国靛青种植园主的利益。为什么我们就不能占用一定比例的土地自愿为国家种植棉花?请读者注意,土布生产从一开始就是分散的。如今棉花作物是集中种植,被送往远离印度的地方。战争开始之前,棉花主要被送往英国和日本。它过去是经济作物,受制于市场的变动,现在仍然如此。在土布计划中,棉花种植避免了市场的不确定性和风险。农民种植自己需要的庄稼,农民应该明白,他的首要任务是为满足自己的需要而进行生产。这样的话,就减小了受低价市场冲击的可能。

如果没有自己的棉花,每位手工纺纱者可以购买足够的棉花供轧棉之用。即使没有手工轧棉筒,也很容易轧棉花,用一块板和铁制擀面杖可以自己把棉籽轧掉。如果这么做不现实,就只能买手工轧过棉籽的棉花进行梳理。不用花费多少力气,用一个小弯弓就可以梳理棉花。劳动越分散,使用的工具越简单、便宜。棉条做好后,就可以开始纺纱。我极力推荐弓形纺锤,我经常使用它,它的速度和脚踏纺车速度一样。我拉出一根细线比较了一下,在弓形纺锤上纺纱的强度和均匀性超过脚踏纺车纺的纱。也许这种方法并不是对人人有益,我

---

① 比哈尔邦(Bihar),印度东北部的一个邦。

强调使用弓形纺锤是因为它制造起来更容易，所需费用也更少，它不像脚踏纺车那样经常需要修理。除非纺纱者知道怎样做两个纺锤，当它们滑落时知道怎样调整，或者在脚踏纺车出故障时知道怎样修理，否则脚踏纺车不得不经常闲置。另外，如果数百万人要同时进行纺纱——他们也许必须这样做，由于弓形纺锤最容易制造和操纵，它就成了唯一能满足这一需求的工具，它甚至比简单的纺锤更容易制造。最好、最容易和最便宜的方法是自己动手做工具，真的，一个人应该学习怎样使用和制作简单的工具。想象全民同时参与到手工纺纱过程中，那将产生怎样的团结一致和教育的影响。穷人和富人共同劳动的纽带可起到消除贫富差别的作用。

生产出来的棉纱有三种用途：为了穷人而送给"全印纺织协会"，自己使用而织成布，或卖了它买回等量的土布。显然，越是高质量的细纱，价格越贵。如果国大党党员真心投入这项工作，他们会改进工具，做出许多发明。由于知识分子脱离劳动者，结果导致我们的国家停滞。如果双方能紧密地团结起来，就像我在此提倡的那样，他们产生的影响将难以估量。

全国范围的手工纺纱计划，需要一种奉献精神。我期望，每人每天用于纺纱的时间平均不超过一个小时。

# 第五章  其他乡村产业

其他乡村产业和土布的情况不同，在这些产业中义务劳动没有多大的施展余地。每种产业的劳动只需要一定的人手。这些产业是为土布生产服务的。离开土布，它们不能独自存在，脱离了它们，土布也将丧失尊严。基本的乡村产业，如手工碾磨、手工捣碎、制造肥皂、造纸、生产火柴、制革、榨油等，都是乡村经济不可或缺的一部分。如果国大党党员对此感兴趣，无论他是村民还是愿意落户村庄的人，都可以让乡村产业旧貌换新颜，充满新的生机。无论何时何地，只要有可能，人们都应以只使用乡村产品为荣。如果大家一致同意这种观点，乡村就可以满足绝大部分的需求。如果我们都以乡村为出发点，就不需要模仿西方了，也不需要机器制造的产品，我们将发展具有民族风貌的新印度，贫穷、饥饿和懒惰会销声匿迹。

## 第六章　乡村卫生

　　知识和劳动的分离导致对农村的忽视，这是罪过。因此，星罗棋布在大地上的不是雅致的小村庄，而是满目粪堆。走进村庄，通常不是一件赏心悦目的事。一个人往往闭眼塞鼻，以免看见四周的肮脏和闻到扑鼻而来的臭味。如果绝大多数党员来自农村，他们本该如此，他们应该把乡村建设成卫生的典范，使她无论从哪方面看都是干干净净的。但在日常生活中，他们从未考虑过要与农民打成一片。我们还没有把全国或社会的文明卫生当作一种美德。我们舒舒服服地洗个澡，却随随便便地弄脏了井水、水池或河流，还在河边或河流中举行沐浴，我觉得这些弊端是严重的陋习，它使我们的村庄和圣河的岸边不堪耻辱，并引发疾病的蔓延。

# 第七章 新式或基础教育

这是一个新的课题。工作委员会的成员对此极其投入，他们给予"印度斯坦塔里米协会"组织者一份纲领，该协会自从哈里普拉会议以来一直在发挥作用。对许多党员来说，这是一个广大的活动天地。新式教育要把乡村儿童塑造成模范的村民，原则上它是为农村儿童设计的，它的灵感来自农村。如果党员想从基层建立自治的框架，就不能忽视儿童。外国的统治在教育领域确切地是从儿童开始的，尽管他们是无意识的。初等教育如果不考虑印度农村的需要，甚至也不考虑城市的需要，它就是一场滑稽的闹剧。基础教育面向所有的儿童，无论是农村的还是城市的，它关系到印度的百年大计。新式教育同时发展学生的身体和精神，让儿童的双脚立足于大地，儿童怀着对未来的憧憬，意识到学校是他将来步入社会的开端。党员会发现新式教育的迷人之处，既能使自己受益，又能使受教育的儿童受益。

## 第八章　成人教育

　　令人悲哀的是，成人教育被党员忽视了。在没有被忽视的地方，他们满足于教文盲读读写写。如果我负责成人教育，将从开启成人学生的心智开始，让他们了解祖国的幅员辽阔和博大精深。农民心目中的印度就是他的村子，如果他去另一个村子，提起自己的村子就当是自己的家。对他来说，印度斯坦只是个地理上的术语。我们对村庄里的这种普遍无知不甚了解。村民不知道外国人的统治和它的罪恶，他们道听途说的一点事情，使他们对外国人感到恐惧，结果导致村民对外国人和他们的统治既害怕又仇恨。他们不知道怎样战胜恐惧和仇恨，他们不明白外国人的存在是由于他们自身的弱点，并忽视了自身拥有的摆脱外国统治的力量。因此我的成人教育首先是口头上的政治教育。我们可以规划成人教育，无所畏惧地去实施。我认为权威部门干涉新式教育已经为时太晚，但如果他们这么做的话，我们就要为这项基本权利抗争，因为缺少了成人教育就不会拥有自治。当然我所写的一切都是公开的，非暴力厌恶恐惧，它没有任何秘密。与口头教育一起实施的是文化教育，它是一个特别项目。为了缩短教育的时间，我们尝试多种方法。工作委员会可以指定一个暂时或长期的专家组，把我的概述具体化，并指导工作人员。这节中的内容只是方向指引，并不会告诉每位党员怎样执行，并且不是每位党员都适合做这项高度专业化的工作，但党员中的教师理应毫无困难地根据我提出的建议拟定课程。

# 第九章  妇女

我把妇女的服务包含在建设纲领中。虽然非暴力抵抗运动自动地把妇女从黑暗中带领了出来——没有其他任何力量能够在如此不可思议的短时间内做到这一点，但是，党员没有响应号召，没有把妇女看作是争取自治斗争中的平等伙伴。他们没有认识到，在履行服务的使命中，妇女必将是男人忠实的助手。妇女一直受到男人支配的习俗和法律的压迫，而对于这些习俗和法律的形成，妇女从没有参与过。在以非暴力为基础的生活规划中，妇女和男人一样拥有改变自己命运的权利。但是，由于非暴力社会中的每一项权利都始于原先履行的义务，所以，顺理成章的是，社会行为规则必须通过互相合作和协商制定，它们决不能从外界强加进去。男人还没有意识到在对待妇女的行为中，这条真理的充分含义，他们自认为是妇女的君王和主人，不把妇女看作是朋友和合作者。改善印度妇女的状况是国大党党员的莫大荣幸。妇女在某种程度上处于老奴的地位，老奴不知道自己能够甚至必须获得自由，当自由到来的那一刻，她感到不知所措。长期以来妇女被告知，要把自己看成是男人的奴隶。党员要尽量使妇女意识到她们的完整身份，她们可以和男人们平等地发挥作用。

如果我们下定决心，这场变革是容易进行的。让党员从自己的家庭做起。妻子不再是丈夫的玩偶，不再是泄欲的对象，而是共同服务中引以为荣的同伴。为了达到这个目的，没有受过普通教育的妻子应该能从她们的丈夫那里得到这样的教育。同样的规则做一些必要的变革，也适用于母亲和女儿。

毋庸置疑，我描述的印度妇女的无助状态只是一个方面。我相当清楚地意识到，在有些乡村，妇女通常与男人平起平坐，在某些方面还管理着男人。但对于毫无偏见的局外人来说，妇女的法律和习俗地位到处都是很糟糕的，需要进行彻底的变革。

## 第十章　健康与卫生教育

在论述了乡村公共卫生之后，有人会问，为什么还要单独论述健康和卫生教育？健康和卫生教育也许应该与乡村公共卫生归为一类，但我不想使这几个项目相抵触。仅仅提到乡村公共卫生，不足以涵盖保健和卫生。保健的方法和卫生知识是独立的学科，需要我们付诸实践。在秩序良好的社会里，公民了解并遵守保健和卫生的法则。人们公认，绝大多数的疾病是由对健康和卫生的无知与忽视引发的。我们国家的高死亡率主要是由令人揪心的贫困造成的，但如果人民受到适当的保健和卫生教育，高死亡率就会下降。

"健全的心灵寓于健康的身体"①，这也许是人类的首要法则。健康的精神寓于健康的身体，这是一条不言自明的真理。身体和精神之间存在必然的联系。如果我们拥有健康的精神，就会放弃所有的暴力，自然而然地服从健康法则，不用费力就有健康的身体。因此，我希望党员不要对建设纲领的这项内容置之不理。保健和卫生的基本法则简单易学，困难的是怎样落实到行动中。下面列出几条。

---

① "健全的心灵寓于健康的身体"：Mens sana in corpore sano，英文为 A sound mind resides in a healthy body。

让头脑充满最纯洁的想法，排除一切无聊和肮脏的想法。

白天和晚上都要呼吸最新鲜的空气。

协调体力劳动和脑力劳动。

站有站相、坐有坐相，一举一动都要干净利落。让外在的行为举止流露出你内心的状况。

人吃饭是为了维持生命，而人的生命是为了服务同胞。不要为了放纵自己而活着。因而，食物仅够维持你的身心健康即可。人吃什么像什么。

你的饮水、食物和空气必须清洁。不要只满足于个人的清洁，还要带动周围的人保持饮食和空气的清洁，正如你对自己的期望一样。

## 第十一章　地方语言

　　我们对英语的喜爱超过了自己的母语，这使受过教育、有政治头脑的人与广大人民之间形成了一条鸿沟。印度的语言失去了活力，当我们徒劳地用母语表达深奥的思想时，需要绞尽脑汁。母语中缺乏与科学术语对应的词汇，这就导致不幸的后果，至今人民仍然与现代思想脱离。我们对印度伟大语言的忽视所造成的危害，目前还难以正确评价。但显而易见的是，除非我们铲除这个祸根，否则人民的头脑仍将受到禁锢，使他们不能对自治建设做出切实的贡献。基于非暴力原则的自治，本质上是每个人为民族独立运动直接贡献力量。除非人民理解每个步骤的完整含义，否则他们不可能充分做到这一点。当我们用人民的语言解释每个步骤时，才有可能被他们理解。

## 第十二章 国语


为了便于全印度人的交往，我们需要从既有的语言中挑选出一种语言，这种语言既为大多数人了解和掌握，其他人学起来也轻松。不容争辩，印地语就具备这些条件。北部的印度教徒和穆斯林都讲印地语，并能互相理解。当它用乌尔都字母书写时，称为乌尔都语。1925年国大党在坎普尔①会议上通过的著名决议，把全印度通用的语言称为印度斯坦语。自从那个时候以来，至少理论上印度斯坦语就是"国语"②。我说"理论上"是因为，连党员也没有像他们本应该做的那样将之付诸实践。1920年，为了对人民进行政治教育，我们开始有意识地尝试承认印度语言的重要性及全印度通用语的重要性，这种全印度通用语能被关心政治的印度人轻而易举地掌握，也能被来自不同地方的国大党党员在全印各种集会上听懂。这样的国语应该能使人们理解和表达两种口语，并使用两种书写体。

我遗憾地说，许多党员没有贯彻那项决议。因此，在我看来，我们便有了一种耻辱的场面：国大党党员还在坚持讲英语，并且由于他

---

① 坎普尔（Kanpur），印度北部城市。
② 国语，即印地语。

们的缘故，也迫使别人讲英语，笼罩在我们身上的英语魔力还没有破灭，我们正在阻碍印度向着她的目标迈进。如果我们不花数月来学习印度斯坦语，就像花许多年来学习英语那样，那么我们对广大人民的热爱就必定只停留在表面。

# 第十三章　经济平等

经济平等是非暴力民族独立的重要核心。为经济平等而努力意味着消除资本和劳工之间没完没了的冲突，意味着一方面减少少数富人掌握国家巨额财产的现象，另一方面改善半饥饿的、衣不蔽体的广大人民的生活状况。显然，只要贫富之间的鸿沟还存在，就不可能建立非暴力制度的政府。新德里的宫殿和附近贫困的劳动阶级的简陋茅舍形成强烈的对比，这种现象在自由的印度绝对不允许存在，穷人将和最富裕的人享受同等的权利。除非富人愿意主动地放弃财产和特权，愿意为了共同的利益与穷人分享它们，否则暴力流血的革命是不可避免的。

我坚持托管制的原则，尽管它遭到了嘲弄。我们真的很难做到托管制，非暴力也是如此。但是，1920年我们决心奋勇攀登险峻的非暴力之路，并发现付出的努力是值得的，人们对非暴力的赞同日益增加。我们期待党员孜孜不倦地探索和分析非暴力的原因和目的，他们应该自问，如何通过暴力抑或非暴力消除现存的不平等。我想我们知道暴力的方法，它还没有在任何地方成功过。

这场非暴力的试验仍在进行中，我们还没有太多经验以证实它的效力。然而可以肯定，非暴力的方法在争取平等方面开始发挥缓慢的作用。既然非暴力是一个转变过程，一旦转变过来就是永久性的。用非暴力建设起来的社会或国家，一定能经得起来自内部或外部对其结构的攻击。在国大党组织中，那些富裕的党员必须起带头作用。争取经济平等，为每位党员最彻底的内省提供良机。如果我们想获得平等，就必须从现在开始奠定基础。那些认为获得自治后才能推行重要改革的人，在非暴力自治的基础工作方面是在自欺欺人。自治不会在某个晴朗的早晨突然从天而降，它必须在共同的努力中一砖一瓦地建设起来。我们在这个方面已经取得了相当的进展，但在达到光辉灿烂的自治之前，我们还有漫长的、令人疲惫的路要走。每位党员都要扪心自问：我为实现经济平等做了什么？

## 第十四章 农民

纲领还没有详尽无遗。自治是一项宏大的工程,需要八亿只手共同参加它的建设。其中,农民①占绝大多数。由于农民人数众多(可能超过人口的百分之八十),他们本应该是国大党党员,但他们不是。一旦农民意识到他们的非暴力力量,地球上就没有任何势力能够阻挡他们。

我们不能利用农民去追求政治权力。我认为,这么做与非暴力方法相抵触。想了解我对农民的组织方法,可以从查姆帕兰②运动中得到启发。这是"非暴力抵抗"在印度的第一次尝试,其结果人人皆知,它成为一场群众性运动,并且自始至终彻底坚持了非暴力。它影响了两百多万农民。这场斗争围绕一项持续了百年的具体问题展开,曾经爆发过几次暴力起义,企图解决这一问题,但是,农民遭到了镇压。但这场非暴力运动,却在六个月内取得了完全的胜利。不需要任何直接的宣传,查姆帕兰的农民具备了政治意识。非暴力确实消除了他们的不公平,把农民吸引到国大党方面。在布里基绍尔·普拉沙德

---

① 农民(Kisan),甘地用的是古吉拉特语。
② 查姆帕兰(Champaran),亦译三巴朗,印度比哈尔邦狄特专区的一个县,1917年以前,这里到处都是靛青种植园。

先生和拉金德拉·普拉沙德先生[①]的领导下，他们在过去的文明不服从运动中表现出色。

读者也能从凯达、巴多利和波尔沙德农民运动学习中有所收获。成功的秘诀在于，不要置农民的个人不满于不顾，不要利用农民达到政治目的，运动的开展围绕一个显而易见的弊端。农民不需要非暴力的说教，先让他们学会把非暴力作为他们能够理解的有效方法来运用，过后再告诉他们使用的方法是非暴力的，这时他们就心甘情愿认可非暴力了。

从这些例子中，关心农民的党员可以学习怎样在农民中开展活动。我坚持认为一些党员组织农民的方法，对农民没有产生良好的作用，可能反而害了他们。不管怎样，他们尚未使用非暴力的方法。据说，一些工作者坦率地承认，他们不相信非暴力的方法。我劝告这些人不要打着国大党的名义，也不要自称是国大党党员。

现在，读者明白了为什么我克制自己不去组织全国范围的农民和劳工。我多么希望所有的人向着同一个方向努力！但在我们这样广袤的国家里，这是不可能的。不管怎么样，非暴力不是强迫的，非暴力的客观理由和展示出来的力量一定会取得人们的信任，并依此行动。

我认为，像劳工一样，农民应该在国大党下面设立一个专门的部门，致力于解决他们的具体问题。

---

[①] 布里基绍尔·普拉沙德先生（Babu Brijkishore prasad）和拉金德拉·普拉沙德先生（Babu Rajendra prasad），Babu 音译为巴布，是印度人对男子的尊称，意为先生或父亲。

# 第十五章　劳工

"艾哈迈达巴德劳工联盟"是值得所有印度人学习的榜样。它立足于非暴力、纯洁和俭朴。它的事业一帆风顺，从未遇到过挫折。它的力量逐渐强大，但从不小题大做和炫耀自己。它建立起自己的医院，有专门为工人子弟开办的学校、成人学习班、自己的印刷厂和土布仓库，还有自己的居住区域。几乎所有的人都是选民，他们决定选举的命运。国大党省委员会邀请他们参与讨论选举人名单，该组织从未参与国大党的党派政治。它影响了该市的市政政策，它发动了非常成功、值得赞赏的罢工，这些罢工完全是非暴力的。工厂主和工人的纠纷主要通过自愿调停解决。如果我能自行做主，则会以艾哈迈达巴德模式管理印度的所有劳工组织，它从来不谋求挤进全印工会大会，也不受该大会的影响。我希望有一天，工会大会能够采纳艾哈迈达巴德的方法，并吸收艾哈迈达巴德组织为全印工会大会的一分子。但我并不着急，它会自行到来。

## 第十六章　原住民

与"黑人"一样,"原住民"也是个新发明的词汇。"黑人"代表"黑皮肤的人"(意思是黑人,虽然他们的肤色并不比其他人黑),这个词是由朱伽多林先生发明的。"原住民"①的字面意思是土著民,这个词是我发明的。

为"原住民"服务也是建设纲领的一部分。虽然"原住民"在该纲领中位居第十六,但就其重要性而言,他们丝毫不差。我们的国家地域辽阔、种族多样,没有人能够了解各个民族,以及他们的状况。当某个人发现这一点时,他会意识到声明我们是一个民族是多么困难,除非每个民族活生生地意识到与其他各个民族是一家。

全印度有两千多万"原住民"。几年前,塔迦尔先生在古吉拉特的比尔人中开展工作。大约1940年,巴拉沙希·凯尔先生以其惯有的满腔热情,投身于塔纳地区亟待需要的服务工作。现在,他担任"原住民协会"主席。

在印度其他地方也有这样一些工作人员,但他们的人数仍然太

---

① "原住民"(Adivasi),字面意思是土著居民,是比尔人、冈德人和其他山区部落或土著人的统称。

少。真的是"收获丰盛,但耕耘者寥寥"。谁能否认所有这类服务不仅仅是慈善行为,而且巩固了各民族的团结,使我们接近真正的独立?

# 第十七章　汉森氏病人

汉森氏病人即麻风病人，麻风病是一个不受欢迎的词汇。也许，印度是仅次于中非的麻风病之国。然而，麻风病人是社会的组成部分，像我们中的大高个一样，虽然大高个并不需要人们关注，但是他们的确引人注目。以往人们忽视了亟需关注的麻风病人。我把这种态度称为冷酷无情，从非暴力的角度来说，这的确是冷酷无情。值得称道的是，传教士主要承担了照顾麻风病人的义务。唯一一个由印度人经营的、展现纯洁爱心的机构，是曼奴哈尔·迪万先生在瓦尔达附近创办的，它在维奴巴·巴维先生的激励和指导下开展工作。如果印度搏动着新的生机，如果我们渴望通过真理和非暴力手段以最快的方式赢得独立，那么在印度就不容许有一个麻风病人或乞丐遭到冷落和排斥。在这次的修订版中，我慎重地把关爱麻风病人列为建设纲领的一部分。这是因为，麻风病人在印度的处境，正如我们在现代文明世界中的处境，如果我们愿意审视自己的话，印度麻风病人的状况反映的就是我们的状况。广泛地关注我们的兄弟，真理会从我的话中显现。

# 第十八章 学生

我把学生作为最后一项。我总是和他们保持着密切的联系，他们了解我，我也了解他们。他们给我提供过帮助，许多被开除的大学生是我的合作者，他们令人尊敬。我知道他们是未来的希望。在不合作运动的全盛期，他们受到吸引，离开了学校。响应国大党号召的一些教授和学生始终矢志不渝，为国家也为他们自己赢得了荣誉。离校的号召没有被再次提出，因为气氛不合适。经验表明，现行教育尽管虚伪和矫揉造作，但对我国年轻人的诱惑还是太大了。大学教育为人们提供就业机会，它是进入上层圈子的通行证。一些人不经过常规的学习就无法满足对知识的渴望，而这种渴望是情有可原的。他们不在乎浪费多年的宝贵时间，不用母语而是用外语来获取知识，其中的罪孽还没有被人们觉察。学生和他们的老师认定在追求现代思想和现代科学中，本地语言毫无用处。我疑惑日本人是怎样过日子的，就我所知，他们是用日本语接受全部教育的。中国战区盟军的最高统帅[①]对英语也是所知甚少。

但正是从这些年轻的学生中，将会诞生未来的国家领导人。不幸

---

① 指蒋介石，第二次世界大战期间，蒋介石任中国战区盟军的最高统帅。

的是他们受到各种思潮的影响，非暴力对他们没有什么吸引力。一报还一报，或者二报还一报，容易被人理解，它能产生虽短暂但却立竿见影的效果。但我们看到暴力在野兽之间或人与人之间的战争时期，带来无穷的灾难。赞同非暴力的手段意味着耐心的探索，也意味着更为耐心和艰苦的实践。我还没有组织过学生运动，因为我的行动方向是农民和劳工。但我自己是更广泛意义上的学生的同伴，我的大学和他们的不同。我随时邀请他们来到我的大学，和我一起探索。下面是我对学生的一些建议。

一、不要参加党派政治。他们是学生，是探索者，不是政治家。

二、不要诉诸政治罢课。他们肯定有自己的英雄，如果英雄被囚禁或死亡，或者被送上绞刑架，他们对英雄的崇敬应表现为学习英雄的优秀品质，而不是罢课。如果他们的痛苦实在无法忍受，并且所有的学生都有这种感觉，在这种特殊场合下，征得校长同意，学校可以暂时关闭。如果校长不答应，学生可以以适当的方式离开学校，直到管理者懊悔并请他们返校。他们没有理由采用强迫的方式对待持不同意见者或当权者。如果他们团结一致，行为高尚，一定有信心获得成功。

三、必须以科学的方法从事富于牺牲精神的手工纺纱。他们使用的工具应保持整齐、干净、有序和完好无损。如果有可能，他们应学习为自己纺纱织布。他们纺的纱理应质量优异。他们要学习有关手工纺纱的具有经济、社会、道德和政治意义的文献。

四、要始终使用土布和乡村产品，拒斥一切国外或机器制造的同类产品。

五、不能把《向祖国母亲敬礼》①或国旗强加于人。他们可以亲自佩戴国徽,但不能强迫别人也这样做。

六、可以在自己人中推行三色旗②的寓意,他们的心中既没有教派主义也没有不可接触制。他们将与不同信仰的学生,以及哈里真建立真正的友谊,把他们当作自己的亲友。

七、要学会如何为受伤的邻居急救,要在附近的村庄做清洁卫生工作,指导村民的孩子以及成年人。

八、要学习国语,即印度斯坦语。目前它有两种口语和两种书写形式,即他们应能熟练地掌握印地口语或乌尔都口语,并且掌握纳加里语文字或乌尔都语书写体。

九、要将学到的一切新东西翻译为自己的母语。每周访问周围的村庄时,他们要向村民进行讲解。

十、所做的一切都是公开的,所有的交往都会公之于众。他们带头过一种自我约束的纯洁生活,克服所有的恐惧,随时准备保护同学中的弱者,准备奋不顾身地以非暴力的方式平息骚乱。当斗争变得白热化时,他们愿意离开校园。必要的时候,他们愿意为祖国的自由捐躯。

十一、对待女同学,他们的行为要符合道德规范,尊重女性。

为了写作建设纲领,我大致地列出了这些条目,学生必须找时间去实施。我知道,他们无所事事,浪费了大量的时间。如果精打细算,就会有充沛的时间。但我不愿过分地向他们施加压力,因而我劝告爱国的学生拿出一年的时间,不是连续的一年而是从整个学习阶段

---

① 《向祖国母亲敬礼》(Vande Mataram),印度独立运动时期的国歌。
② 三色旗(Tricolour Flag),即国旗。

中断断续续地抽出一年的时间。他们将发现，这样的一年不是在浪费时间。他们付出的努力能丰富自己的知识和精神素养，还能提高道德水平和增强体质，甚至使他们在学习期间就能为自由运动做出实质性的贡献。

## 文明不服从运动的地位

在上面的叙述中,我已经表明,如果能够保障全民族在建设纲领实施中的团结一致,那么在用纯粹的非暴力方法赢得民族独立的运动中,文明不服从就不是绝对必要的,但是这种好运很难青睐全民族或个人。因此,我们有必要了解文明不服从运动在全国的非暴力斗争中的地位。

它有以下三种明确的作用。

一、它可以有效地纠正某种区域性错误。

二、尽管它是针对某个特定的错误或罪行的,但不计效果,它是用自我献身的方式激发当地人的意识或良知。查姆帕兰的情况就是这样。当时,我发动这场文明不服从运动时,没有考虑效果,而且我很清楚人们很可能无动于衷。根据我的感受,后来的事实证明,除了可以有其他的理解外,这场文明不服从运动可以看成是神灵的恩惠或一次好运的降临。

三、它可以全面响应建设性努力,就像1941年所做的那样。虽然它是自由斗争的一部分,为自由斗争做出了贡献,但是,它有意识地集中于某个特定的问题,即言论自由。文明不服从运动绝不能用于诸如争取独立的普遍事业,它所针对的问题一定要明确,能够清楚地被人们理解，并在对手能够做出让步的范围内。如果我们适当地运用这种方法，就一定会实现最终的目标。

在此我没有考察文明不服从运动的广泛领域和可能性。我涉及的内容足以让读者明白建设纲领和文明不服从运动的联系。在前面的一、二两种情况中，不需要也不可能需要精心设计的建设纲领。但是当文明不服从运动是为争取民族独立而开展时，先前的准备就是必要的，它需要参加者付出具体和自觉的努力。文明不服从运动对战斗者来说是一种激励，对敌方来说是一种挑战。读者应该明白，实施建设纲领缺乏广大人民的参与和合作，以民族独立名义开展的文明不服从运动只能是虚张声势，不如取消为好。

# 结论

这不是一份代表国大党或应中央办公室提议写的论文，而是我在塞瓦格拉姆和一些同事谈话的结果。他们认为我有必要写点东西，阐明建设纲领和文明不服从运动之间的联系，以及如何实施建设纲领。为此我努力满足他们的请求。这本小册子并不企图详尽完善，但它充分表明了实施建设纲领的方法。

希望读者不要错误地嘲笑其中任何一项，它们是争取民族独立运动的一部分。许多人做许多事情，有大有小，和非暴力或民族独立并没有任何关系，可以预料这些事情的意义是有限的。同一个人如果以平民身份出现，并没有什么影响，但如果以将军的身份出现，他就是一位大人物，无数人的生死由他定夺。同样，一位贫穷寡妇手中的手纺车①，只能为她带来微薄的收入，但是手纺车在一位尼赫鲁式的人物手中时，却是争取印度自由的工具。赋予手摇纺车以尊严是领导人的职责，赋予建设纲领不可动摇的声望和力量也是领导人的职责。

这至少是我的想法，也许是疯人痴语。如果它无法引起国大党的

---

① 手纺车（Charkha），亦译查卡。

兴趣，他们就会把我拒之门外。因为缺少了建设纲领，我的文明不服从运动就像用瘫痪的手去拿一把勺子。

1945 年 11 月 13 日

于浦那

# 附录

## I 畜牛的改善

（这是甘地前一段时间写的关于为母牛服务的项目，附加到《建设纲领》中。吉万吉·德赛）

选自甘地写给吉万吉·德赛的一封信：

"……你是对的；为母牛服务应该包括在建设纲领的项目中。我将用"畜牛的改善"作为标题，我觉得本不应将它排除在外。等下一次再版时，我们会看到它已经加进去了。"

1946 年 1 月 16 日

于苏底堡

## II 国大党的地位

印度国大党是最早的全国性政治组织，她用非暴力的方式为自由战斗了许多年，我们绝不能允许她消失，她要和国家共存亡。一个活生生的组织不是成长就是死亡。国大党赢得了政治自由，但她还要争取经济、社会和道德的自由。因为这些自由是建设性的，所以不太辉煌和令人激动，争取的过程将比政治自由更加艰难。包罗万象的建设性工作唤起了广大人民群众的热情活力。

在争取自由的斗争中，国大党已经发挥了初步的作用，尽到了应尽的职责。但前面的任务更为艰巨。在迈向民主国家的艰难过程中，不可避免地产生不平等选区①，导致腐败，产生名义上的民主和表面上受欢迎的机构。我们该怎样清除蔓延的杂草，并制止它们的顽固生长？

国大党必须取缔对党员的特殊注册，党员从未超过一千万，即使这样也不能轻易地识别党员。曾几何时，它对数百万可能并不需要的党员进行过我们不知晓的登记。现在，它的登记应当与全国男女选民登记同时扩展。国大党应该确保不混进任何虚假的名字，也不遗漏任何合法的名字。在它的注册机构，要有一个由工作人员组成的全国服务团体，随时履行分配给他们的工作。

对国家来说，不幸的是，眼下党员主要来自城市居民。大多数党员应该为印度农村工作，并到印度农村去，农村党员的人数应该增加。

我们期待这些服务人员在他们周围的环境中，为依法登记的选民工作，并为他们服务。许多人和党派将追随他们，最佳者将获成功。只有这样国大党才能重整旗鼓，挽救它在全国急剧衰落的独一无二的地位。过去国大党不知不觉地成为国家的仆人，它是"神灵的仆人"。

---

① 不平等选区（Rotten Boroughs），指选民少而占较多议席的选区。

现在，让它对自己和全世界宣布，它只是神灵的仆人，仅此而已。如果它卷入争权夺利的冲突中，那么它会发现某个晴朗的早晨它将不复存在。感谢神灵，它现在不再独家占有政治活动领域。

  我只是描绘了前方的景观。所有的公民，即全部成年人，无论男女，都是公仆的主人、服务的对象。如果时间、健康都允许的话，我希望能在这些栏目中继续探讨国家公仆如何才能在公民心中树立威信的问题。

莫罕达斯·卡拉姆昌德·甘地

1948 年 1 月 27 日

于新德里

# 健康之匙

## 出版社说明

1942年至1943年,甘地被监禁在浦那的阿加汗宫。在这段时间,他写下了这些章节。手稿上显示,他开始写作于1942年8月27日,完成于1942年12月18日。这个题目对他如此重要,使他一再犹豫是否立即发表。他一遍遍耗时检查,直到完全满意。如果他的与日俱增的经历需要的话,他打算修改这些章节。原文是用古吉拉特语写成的,在甘地的指导下,苏希拉·纳亚尔博士把它译成了印度斯坦语和英语。甘地也检查了两种译文,并给予了最后的修改。

因此,读者可以把译文看作是甘地自己想要传达给他的人民和世界的关于健康问题的思考。对他而言,这一问题的研究是为造物主和他的造物服务的一部分,这正是他的使命。

1948年10月2日

# 序言

大约1906年，为了《印度舆论》（南非）读者的利益，我以《健康指南》为标题，写了几篇文章。后来，它们结集成一本书出版。我发现印度的公众也知道这本书，但在印度却买不到。斯瓦米·阿坎达南德征得我的同意后，在印度出版了这本书，结果受到广泛的欢迎。它被翻译成几种印度语，还翻译成英语。传播到西方后，又翻译成几种欧洲语言。以至于在我出版的书中，这本书的发行量最大。我始终不理解，这本书为什么畅销。我随便写下了它们，不认为有多么重要。畅销的原因可能是，我从一个新颖的角度看待健康问题，与正统医学和传统的印度医生采用的方法有些不同。无论我的猜想是否正确，许多朋友敦促我出版一个新版本，把迄今为止的观点放进去。我不可能修改原文了，实在是没有时间，但目前被迫的休息给了我一个机会，使我能够利用这段时间来写作。原文不在身边，这么多年的经历在我的脑海中必然留下了印象。凡是读过原来那本书的人会发现，我的观点从1906年至今没有根本性的变化。但我的头脑是敏锐的，无论读者发现什么样的差别，我都希望这是进步的自然体现。

我起了一个新的标题:《健康之匙》。如果人们遵守书中提到的健康原则,那就像获得了一把打开健康之门的钥匙。他不需要经常去敲医生的门。

莫罕达斯·卡拉姆昌德·甘地

1942 年 8 月 27 日

于耶罗伐达

阿加汗宫

# 第一部分

# 第一章 人体

在描述人体之前,需要理解健康一词的含义。健康是指身体安然放松。一个健康的人没有任何疾病,从事正常的活动不感到疲乏。他每天能轻松地步行十至十二英里①,一般的体力劳动不会使他感到劳累。他能消化简单的食物,他的心灵和感觉处于和谐与平静的状态。不过这个定义不适用于职业拳击手一类的人。身体格外强壮的人并不一定健康,他仅仅发展了肌肉组织,可能付出了其他的代价。

若想达到上述健康标准,我们需要足够的关于身体的知识。

没有人知道古代盛行的是什么样的教育。研究人员也许能告诉我们这方面的一些事情,但只是局部。在我们国家,所有人都体验过一些现代教育。但由于它脱离日常生活,使我们几乎完全忽视了自己的身体,那些关于我们村庄和田地的知识也有类似的命运。另外,它教给我们许多脱离生活的事情,我不是说这类知识毫无用处,但万事都有自己的位置,在学习其他事情之前,我们必须首先了解自己的身体,我们的房屋、村庄和它周边的环境,了解那里的庄稼生长情况和它的历史。只有建立在自身和周围环境知识之上的普遍知识,才能丰

---

① 一英里约为一点六千米。

富我们的生活。

人的身体由古代哲学家描述的五种元素组成,它们是土、水、以太[①]、阳光和空气。

所有人类活动都是大脑借助十种感官进行的。它们是五种行动器官,如手、脚、嘴、肛门和生殖器;五种感觉器官,如皮肤的触感、鼻子的嗅觉、舌头的味觉、眼睛的视觉和耳朵的听觉。思考是大脑的功能,有些人称之为第十一种感官。在健康状况下,各种感官能与大脑完美地合作。

身体内的工作奇妙无比。人体是微型宇宙,身体内找不到的东西在宇宙中也找不到。所以哲学家常说:内在的宇宙反映了外在的宇宙。由此可知,如果我们能全面地了解身体,就能完整地了解宇宙,但即使是最好的医生也无法做到。如果外行人想追求它,也不算胆大妄为。至今没有人发明出一种仪器能给予我们关于大脑的任何信息。科学家对人体内外活动的描述颇具吸引力,但没有人说得出是什么力量使身体运行。谁能知道死亡的原因或提前预知死期?总之,无数的阅读和写作之后,无数的经历之后,人才意识到自己所知甚少。

人体机器和谐地运行,依赖于各部分的和谐运动。如果所有的运行有序,机器就运转正常。如果主要的部件,即使只有一个出了故障,机器就得停下来。例如消化系统出了故障,整个人就会变得无精打采。因此,对营养不良和便秘等闲视之的人,其实不了解健康的基础知识,营养不良和便秘是无数疾病的根源。

我们关注的下一个问题是:身体的用处是什么?世界上任何东

---

[①] 以太(Akash),音译阿卡什,指大气、空气、天空、虚空。

西都可以善用和滥用。对身体而言，也是如此。当我们出于自私和自我放纵来利用身体或用它伤害别人时，就是滥用身体。如果我们练习自我控制，并致力于为整个世界服务时，就是善用了身体。人的灵魂是宇宙精神的一部分，只有意识到这层关系，并约束我们的行为，身体才能成为精神栖居的圣殿。

有些人把身体描述为肮脏的矿山。从某个角度看，这种说法并不夸张，假如身体仅仅是这般模样，就不需要煞费苦心去照顾它了。但是如果要合理使用这座肮脏的矿山，我们的首要责任是清洁它，并保持健康状况。宝石矿和金矿表面上看不过是普通的土地，但黄金和宝石埋在地下的知识，诱惑人们耗资数百万元，雇佣科学家去勘探矿山中的宝物。同样地，为保持我们的精神圣殿——身体的健康，花费多少精力也不算多啊。

人来到尘世是为了还清他的欠债，也就是说为了服务造物主和他的造物。把这个观点放在最重要的位置，人就成为身体的保护者。那么，照顾好自己的身体，以便身体发挥最佳状态去实践服务的理想，就是他的职责。

# 第二章 空气

人类离开水可以活几天，没有食物能支撑更长的时间，但没有空气根本无法生存。大自然用空气包围我们，我们不费力就能得到它。

鼻子吸进的空气会进入肺部。肺的作用就像一个风箱。我们吸进的是生命物质——氧气，呼出的是体内废气，如果废气不能立刻被大气扩散和稀释，就会有损健康。因此，一定要通风换气。

进入肺部的空气和血液密切接触，并净化血液。许多人不懂呼吸的正确方法，这使他们不能很好地净化血液。有些人用嘴呼吸而不用鼻子，这是个坏习惯。大自然设计的鼻子是为了能过滤和温暖空气。用嘴巴吸进去的空气，没有经过初步的过滤和加温。不懂怎样呼吸的人应该做呼吸练习，它们有用易学。在此我不想讨论各种瑜伽体式，但并不是说它们不重要或没有用。我想强调的是，有规律的生活比学习各种体式更加重要。要达到健康的目的，选择任何一种确保鼻子呼吸、胸腔自由扩张的体式就足够了。

如果我们把嘴紧紧地闭上，就只能通过鼻子呼吸。就像我们每天早上要清洁口腔一样，鼻子也要清洁。最好用冷的或温的干净水，把水放在一个杯子中或手掌中，先把左鼻孔堵住，用右鼻孔吸水，然后使水流到左鼻孔，同时堵住右鼻孔，再放开左鼻孔让水流出。然后从右鼻孔开始再做一遍。要轻柔地清洁鼻孔，以免难受，为清洁鼻子的后部——鼻咽，要把水从嘴里吐出或咽下去。

呼吸的空气要清新，锻炼露天睡觉是有好处的。不必担心着凉，身上盖得厚一些就不会冷了。但被子不要盖过脖子，如果脑袋觉得冷，可以用一块布盖上。呼吸通道的入口——鼻子——千万别盖任何东西。

睡觉前，脱下白天的衣服，换上宽松的睡衣。盖着被单睡觉时，不需要穿衣服。即使是白天也不要穿紧身衣。

我们周围的空气并不总是干净的，当然不是每个国家都如此。虽然我们不能任意地选择居住的国家，但某种程度上住在合适的地区和房间取决于我们的选择。一般的原则是，居住的地区不要太拥挤，房间要有良好的通风和日照。

# 第三章 水

接下来是生命必需的水。没有水我们活不了几天,就像没有空气我们活不了几分钟一样。像空气一样,大自然为我们提供了足量的水。在没有水的贫瘠土地上,人是无法生存的。例如,广阔的沙漠地带就不能居住。

为了保持健康,二十四小时内每人应饮用五磅水或其他液体。饮用水必须干净,许多地方很难得到干净水。喝井水总是有风险的,浅井里的水,甚至有一个梯子通往深井的水,应该说都不适宜饮用。问题是,从水的外观,甚至水的味道上很难辨别其纯净程度,看上去和喝起来都好像无害的水也可能有毒。不从陌生的井中喝水,不喝陌生人家的水,这些习俗值得借鉴。

在孟加拉,几乎每家房子旁都有一个坛子,通常这些水不是用来喝的。此外,河水也不能饮用,特别是河流被用作灌溉后,或者它流经一个大城市,混入大量污水后。

虽然我这么说,但我知道数百万人仍不得不喝脏水。然而,他们的做法不值得效仿。要不是大自然赋予了人类不息的生命力,人类早就因为自身的错误和不断地违背健康法则,而从地球上消失了。

这里我们只考虑水对健康的意义。无论如何,当我们怀疑水不干净时，一定要把它烧开再喝。平时我们最好都自带饮用水。在印度，许多正统印度教徒旅行时不喝水。当然，觉悟者为了健康这么做，而无知者以信仰的名义这么做！

## 第四章 食物

没有空气和水,人是活不下去的。但给予身体营养的是食物,因此俗话说食物是生命。

食物可以分为三类:蔬菜、肉类和杂食。肉食包括家禽肉和鱼肉。牛奶是动物产品,严格的素食者不喝牛奶,因为牛奶与肉类的作用相近,用医学的术语来说,它属于动物食品。不过一般人不认为牛奶是荤食,反而认为鸡蛋是,实际上恰好相反。

绝大多数医学观点赞成杂食,但有越来越多的学术观点持相反意见。从解剖和生理角度来说,人的牙齿、胃、肠等,似乎都显示出人是天生的素食者。

素食除了谷物、豆类,可吃的根类、块茎、叶子外,还包括新鲜水果和干果。干果包括杏仁、开心果、核桃等。

我喜爱纯粹的素食。但经验告诉我,为了保持良好的健康,素食应该包括牛奶和奶制品,如凝乳、奶油、印度酥油等等,这已经偏离了我的最初想法。我不喝牛奶六年,当时并没有觉得身体有什么不好。但1917年,由于我的一时疏忽,严重的腹泻使我卧床不起。我瘦得只剩一副骨架,却仍然固执地拒绝吃药,还同样固执地拒绝喝牛奶或脱脂奶。我恢复不了体力,没有力气离开病床。我已经发过誓不喝牛奶，一位医生朋友提议，我发誓的时候，脑海中想的只是牛奶和水牛奶，如果喝山羊奶不算违背誓言吧？我的妻子支持他的说法，我屈服了。说实话，不喝奶的人，尽管当时发誓时脑海里想的是牛奶和水牛奶，但任何奶类都应该是禁忌。所有奶都具有相同的成分，尽管每种奶的成分比例不同。也许有人会说我遵守了誓言的字面意思，而不是精神。后来他们很快挤了山羊奶，我喝下去了。山羊奶给我带来新的生命，我的身体恢复很快，不久就能下床了。由于这次经历，以及其他几次类似的经历，我被迫承认有必要把奶类加入严格的素食中。但我仍然坚信，在广泛的植物王国里一定有某种东西，能够提供我们从奶和肉类中得到的必需营养，这样无论从伦理或其他方面，都能弥补严格素食的缺陷。

在我看来，喝奶或吃肉确实有问题。为了得到肉就得屠杀，并且除了婴儿期吸收母亲的乳汁外，我们没有资格去喝其他动物的奶。除去道德方面的因素外，还有其他纯粹健康的原因。奶和肉都可能携带动物病菌，家养的牲畜几乎没有十分健康的，它们就像人一样，遭受着无尽的疾病痛苦。甚至定期的医学检查，也会忽视牲畜的某些疾病。到目前为止，在印度检查过的所有牲畜，似乎都不可思议地很健康。在塞瓦格拉姆真理学院，我负责管理奶制品，并且经常能从医生朋友那里得到帮助。然而，我仍不能肯定塞瓦格拉姆的乳牛场里所有的牛都健康。相反，大家认为健康的一头牛，却得了结核病。在诊断出疾病之前，真理学院经常喝它的奶。真理学院还从附近的农民那里获得牛奶，他们的牛没有检查过，确定牛奶能否安全饮用很困难。我们必须把牛奶烧开。如果连真理学院都不能信任那些糊弄人的卫生检查，不能肯定奶制品的安全，其他地方也好不到哪里去。对奶牛的讨论，也适用于为了肉食的屠杀。通常人是靠运气逃脱了这类疾病，他以为在医生的堡垒中很安全。他担心和关注的主要是怎样发财，怎样在社会上有地位，这种担心压倒了其他的一切。只要无私的科学家在对病人的研究成果中，还没有发现一种可代替牛奶和肉的素食，人就会继续吃肉、喝奶。

现在我们来谈谈杂食。人需要食物提供组织生长的物质，并补充每日身体消耗的物质，这些物质包括提供能量的成分、脂肪、某些盐类和帮助粪便排泄的粗糙食物。蛋白质是组成肌肉的物质，可以从牛奶、肉、鸡蛋、豆类和坚果中获得。牛奶和肉中的蛋白质，即动物蛋白更容易消化吸收，比蔬菜中的蛋白质更有价值。牛奶比肉容易吸收，医生告诉我们如果吃肉消化不了，牛奶容易消化。对素食者来说，牛奶是唯一的动物蛋白来源，是相当重要的饮食之一。生鸡蛋中的蛋白质，是所有蛋白质中最容易消化的。

但不是每个人都喝得起牛奶，也不是每个地方都有牛奶供应。在此，我愿意提到有关牛奶的一个重要事实。与流行的看法相反，脱脂奶是非常有价值的饮食。许多证据表明，它甚至比全脂牛奶更有营养。牛奶中的动物蛋白，是人体组织生长和恢复所需的重要物质。脱脂只是把脂肪去掉，对蛋白质没有一点影响。何况脱脂过程不可能从牛奶中除掉所有的脂肪，估计以后也不会有类似的方法。

身体除了需要全脂牛奶或脱脂牛奶以外，还需要其他食物。我把谷类放在第二位，如小麦、大米、高粱、珍珠粟等，它们是主食。在印度的不同省份，食用不同的谷物，许多地方同时吃几种谷物。例如，少量的小麦、珍珠粟和大米经常同时摆上餐桌。对身体需要的营养来说，混合谷物是不必要的，一起吃反而让人不好控制食量，并给消化过程增加了额外的负担,由于各种谷物的作用主要是提供淀粉,一次只吃一种比较好。小麦是谷物之王。如果看一下世界地图,就会发现小麦的产量在谷类中占据首位。单为健康着想,如果我们有小麦吃,就不需要大米和其他的谷物了。如果没有小麦,又不能消化或不爱吃其他谷物,那还可以选择大米。

要把谷物弄干净,用石磨将其碾磨成粉食用。最好不要筛去麸皮,就像果皮一样,它们富含重要的营养成分盐和维生素。果皮和麸皮都很粗糙,有助于肠道的蠕动。大米好吃,但稻子的外壳不能吃,为了把外壳去掉,稻子需要脱粒加工,脱粒应该仅把外壳去掉,但是机器脱粒还抛光了大米的皮层。据说抛光大米皮层便于储存,大米皮层有甜味,容易受到某些微生物的侵蚀。但没有皮层的精制大米和精制小麦几乎是纯粹的淀粉,谷物中的重要营养成分随着皮层的脱离而流失。大米的皮层同样以精制大米的价格出售,可以把大米皮层和麸皮煮熟后吃掉,也能把它们做成薄煎饼和大饼。这样做出来的薄煎饼可能比全大米更容易消化吸收,它使人饭量减少,却一样有饱腹感。

每吃一口薄煎饼前,我们习惯在菜汤或肉汁中蘸蘸,致使绝大多数人不经过咀嚼直接把食物吞下去。咀嚼是消化过程中很重要的一步,特别是淀粉。淀粉的消化开始于食物进入口腔和唾液接触的时候,咀嚼确保食物与唾液彻底地混合。因此,淀粉食物应当做得比较干燥,能够迫使口腔充分咀嚼,引起大量的唾液分泌。

谷物提供淀粉,豆类提供蛋白质。豆类有黄豆、扁豆等。几乎人人都认为豆类是食物的一个重要组成部分,甚至连肉食者也要吃豆类。显然,重体力的劳动者,如果买不起牛奶,不吃豆类就没有力气干活。但我毫不迟疑地说,从事办公室工作的人,如职员、商人、律师、医生和教师，还有那些可以买得起牛奶的人，不吃豆类也无妨。一般认为，豆类不容易消化，比谷物的消耗量小多了。在各种豆类中，豌豆、鹰嘴豆、扁豆最不容易消化，绿豆和小扁豆其次。

蔬菜和水果是第三类食物。人们以为，在印度这类东西既丰富又便宜，其实不然。通常它们是城里人的美味，在农村新鲜蔬菜很少，大部分地区也没有水果供应。绿色蔬菜和水果的短缺，是印度政府部门的耻辱。只要村民愿意，他们可以种植大量的绿色蔬菜。但是，水果的问题没有那么容易解决。村民认为土地法问题严重，不过不宜在本文中讨论。

新鲜蔬菜中，每天必须吃一定量的叶蔬。土豆、红薯等主要提供淀粉，它们应该位列提供淀粉的谷物之后。食用一定量的新鲜蔬菜，是明智的。某些品种，如黄瓜、西红柿、芥菜、水芹和其他嫩叶蔬菜不需要煮熟，洗干净后少量地生吃。

日常饮食包括时令水果，如杧果、蒲桃、番石榴、葡萄、番木瓜、莱姆树的果实等，应该在水果收获的季节吃。食用水果的最佳时间是早上。水果加牛奶的早餐令人称心如意。午饭吃得早的人，早饭只需吃水果。

香蕉是很好的水果，牛奶加上香蕉是一顿美餐。

一定量的脂肪也是需要的，可以从印度酥油或食用油中获得。如果有了印度酥油，食用油就不用了。纯粹的印度酥油不易消化，也不是很有营养，每人每天约四十毫升的酥油即可满足身体的需要。全脂牛奶也是酥油的一个来源。买不起酥油的人，可以从食用油中获得足够的脂肪。在油类中，橄榄油、菜油、花生油、椰子油较受人们欢迎。油一定要新鲜，如有可能，最好是手工压制的油。市场上出售的食用油和酥油，通常没有什么营养，这真是一件悲哀和耻辱的事。无论是通过立法还是教育，只要诚实还没有成为商业道德的一部分，个人不得不用耐心和勤奋来获得纯净的食物。我们千万不能满足于能得到的东西，而忽视了它们的质量。即使不吃酥油和食用油，也比吃腐败和假冒伪劣的油好得多。

正如人需要脂肪一样，一定量的糖也是必需的。每天可以吃三十至四十克糖，无论是白糖还是红糖。如果一个人吃不到甜水果，糖就是必需品。但是，如今过分地强调甜食是有问题的。城里人吃太多的甜食，如牛奶布丁、奶糖和其他的甜点。只有摄取适量的糖才有利健康，多吃有害无益。毫不夸张地说，在一个数百万人吃不饱饭的国家，吃甜点和其他的美味与抢劫无异。

甜点的情况也一样适用于酥油和食用油，没有必要把食物放在油里炸。用酥油做油炸薄饼和圆形甜点，是一种无节制的奢侈。不习惯这类食物的人，一点也吃不下去。例如首次来我国的英国人，不吃我们的甜点和油炸食品，我经常看到吃这类食品的人病倒。人对味道的需求，不是与生俱来的。世界上所有的美味，无法等同于饥饿的人有饭吃的享受。饥饿的人吃到一块干面包就会觉得这是最好的佳肴，而一位吃饱饭的人会拒绝精美的糕点。

现在我们考虑一个人每日几餐、每次吃多少合理。吃饭是为了维持身体机能，千万不能贪图食物的味觉。愉快的感觉来自饥饿后吃饱的满足。因此，对食物的享受来自饥饿，而不是饥饿之外的东西。由于我们错误的习惯和人工化的生存方式，几乎没有人知道我们的身体需要什么。做父母的也不懂得用自我约束的原则来培养孩子。他们的习惯和生存方式在一定程度上影响了子女。母亲怀孕期吃的食物必定对孩子有影响，早期发育阶段后，母亲纵容孩子吃各种有滋有味的食物。无论吃什么，她都要塞给孩子一点，这使孩子的消化系统从婴儿期就受到了不良影响。习惯一旦形成了就难以改变，只有极少数的人改掉了坏习惯。当人意识到自己是身体的保护者，他的身体是奉献给了为人类服务时，他就会渴望掌握健康的规律，并刻苦地去实现。

我们把久坐工作的人的每日食物需求量写下来，绝大多数人的需求量是：

牛奶　900克

谷物　170克（小麦、大米、高粱等各种各样的谷物）

蔬菜叶　85克

其他蔬菜　140克

生蔬菜　30克

印度酥油　40毫升

或者奶油　60毫升

红糖或白糖　40克

新鲜水果的数量，根据每个人的口味和经济条件而定。无论如何，每天吃两个酸柠檬是有好处的。把柠檬汁挤出来，放入蔬菜里一起吃，或者放进水里喝，冷热水都可以。最重要的是，生吃水果。我没有计入盐量，根据每人口味添加。

每天应该吃几顿饭？许多人每天吃两餐，常规是每日三餐：清早出去工作之前的早饭，以及中饭和晚饭。没有必要一天吃三餐以上。一些城里人不停地吃零食，这个习惯不好，消化器官需要休息。

# 第五章　调味品

　　上一章我没有提到有关调味品的事情。食盐也许是调味品之王，许多人没有盐就吃不下饭。身体需要盐类，食盐是其中的一种。各种食物本身含盐，但如果不科学地加工食物，如倒掉米汤、倒掉煮土豆或蔬菜的水，食物中的部分盐分就流失了。流失的部分必须加入额外的盐类来补充，对身体来说食盐是最重要的盐类之一。在上一章里，我已经说过添加少量的盐。

　　按照常理，有几种调味品不是身体必需的。例如新鲜辣椒或干辣椒、胡椒、姜黄、芫荽、葛缕子、芥末、蜂蜜和阿魏[①]等等。以我五十多年的个人经历来说，为了保持良好的健康，以上提到的调味品都可以不用。消化不良的人，如果需要的话，在某段时间里，可当作药物使用。但是，应该避免为了口腹之欲而用它们。所有的调味品，甚至盐，都破坏了蔬菜和谷物等的自然口味。味觉没有被破坏的人，对食物天然味道的喜爱远胜过加盐或其他调味品。盐只有当作辅助品需要时才加。辣椒使嘴里火辣辣的，使胃难受，从来不吃辣椒的人刚开始吃的时候根本受不了，我见到好几个人由于吃辣椒口腔疼痛。我

---

[①]　阿魏（Asafortida），植物树脂。

还知道有一个人酷爱辣椒，吃得过度后导致他过早地死亡。南非的黑人不碰调味品，他们受不了食物中姜黄的颜色。同样，英国人也不适应我们的调味品。

# 第六章 茶、咖啡和可可

茶、咖啡和可可,都不是身体必需的。茶叶据说起源于中国。在那个国家,茶叶有特殊的用途。那时人们不能确定水是否干净,为了安全起见饮用之前要把水烧开。一些聪明的中国人发现了一种植物,称之为茶,把它在开水中放一点,就使水变成金黄色。只有水烧开了,颜色才会出现,从此这种植物就用来测试一定量水是否烧开了。测试方法是把茶叶放在一个过滤网上,让开水流过滤网。如果水开了,颜色就变成金黄色。茶叶的另一个特点是在水中能散发出美妙的香味。

上面提到的用茶方法是无害的。但茶叶中含有的鞣酸对身体不好,鞣酸一般用于加工皮革,喝下茶水后,它会对胃黏膜和肠道产生一种类似的效果,导致消化不良。据说由于茶叶中的鞣酸,英国有无数的妇女因嗜茶而患病。在固定时间饮茶的人如果到时候喝不到茶,就会感到局促不安。依我看,只有把牛奶掺进茶,搅成一杯热乎乎的甜奶茶时,茶叶才有点用处。同样,可以在烧开的水中加一点牛奶和糖。

我对茶的看法,或多或少也适用于咖啡。印度人有一种流行的说法:"咖啡缓解咳嗽,减轻肠胃气胀,但它损害身体和性活力,导致贫血，因此三项缺点抵消掉它的两项优点。"我不知道这种说法多大程度上是正确的。

  对待可可，我也持类似的观点。消化正常的人不需要茶、咖啡或可可。一位健康的人，从普通的食物中能够得到充分的满足。我曾经因为没有节制地饮用这三种饮料而患病，放弃它们后我毫发未损，获益无穷。比如从蔬菜汤里得到的满足，与从茶水中得到的一样。热水、蜂蜜和柠檬是健康的饮用品，完全能够代替茶水或咖啡。

## 第七章 瘾品

印度主要有以下几类瘾品:酒精饮料、大麻、印度大麻、烟草和鸦片。除了从国外进口大量的酒外,还包括地方手工酿造的酒和椰汁酿的亚力烈酒,所有这些都应该严格禁止。酒精使人忘乎所以,长期影响后,使人做不了任何有用的事情。嗜酒成性不但使人堕落,还能毁灭一个民族,嗜酒者丧失了所有的礼仪规范。

有一种论调宣扬经常少量饮酒,并坚信这么做有好处。我没看到他们有令人信服的证据,即使我们暂且认同他们的观点,仍得面对事实,无数的人不能严格控制自己。因此,禁止饮酒是我们的责任,即使只为了大多数的人。

印度拜火教徒强烈支持使用"嗒滴"[①]。他们说尽管"嗒滴"是瘾品,但它也是一种食品,还能帮助消化其他的食物。我认真思考他们的观点,阅读了相当多的有关文章,但我亲眼看见了食用"嗒滴"的可怕后果,它使穷者更穷。因此我得到结论,在人的食品中,应将其排除在外。

"嗒滴"的作用可以用其他食物替代。"嗒滴"是从枣椰树汁中提

---

① "嗒滴"(Tadi),一种土汤。

炼出来的，新鲜的枣椰树汁不是瘾品。在印度韭菜汁很有名，许多人喝了韭菜汁治愈了便秘。我自己就用过它，尽管不是用于通便。我发现它和甘蔗有相同的食用价值。比如，一个人早上不喝茶，而是喝一杯韭菜汁，早饭就不需要吃其他的东西了。和甘蔗汁一样，棕榈树汁也可以烧开做成棕榈粗糖。枣椰树是不同品种的棕榈树。在我们的国家自然生长着几种棕榈树，它们的树汁都可以饮用。由于棕榈树汁发酵起来很快，一般难以做到在采集处立即把它喝完，于是人们就把它加工为棕榈粗糖。棕榈粗糖完全可以取代蔗糖，事实上有些人更加偏爱前者，棕榈粗糖没有蔗糖那么甜，可以多吃一些。"全印乡村工业协会"做了大量的普及棕榈粗糖的工作，但仍然有许多事情要做。做"嗒滴"的棕榈汁如果用于制造棕榈粗糖，印度就再也不会缺糖了，穷人只需付很少一点钱就能买到优质的棕榈粗糖。棕榈粗糖可以加工成糖蜜和精制糖，但粗糖比精制糖更有营养。粗糖中的盐类在精制过程中丢失了，就像精制的小麦粉和精制的大米，由于外壳的抛光损失了营养，精制糖也丢掉了粗糖中的营养。总的说来，经过人为加工的环节越少，食物营养价值越高。

谈到"嗒滴"，就自然联想到韭菜汁，然后又继续讨论了棕榈粗糖。现在，让我们回到酒的话题。

我在南非体验到的酗酒恶习的痛苦经历，可能没有哪位社会工作者有过。那里绝大多数的印度人是作为契约劳工去的，他们沉溺饮酒。那时法律不允许把酒带回家，除非他们有一份医疗证明。于是他们去售货棚喝酒，想喝多少就喝多少。甚至妇女也沦为嗜酒恶习的受害者。我看到过最悲惨的情况，在公共酒吧附近看见过那种场面的人，再也不会支持饮酒。

最初非洲的黑人是禁止喝酒的，据说是酒精毁了他们。人们看到大量的黑人劳动者把挣来的钱全部浪费在喝酒上，以致他们的生活变得一团糟。

那么，英国人怎么样呢？我看到过体面的英国人，喝得醉醺醺掉进排水沟里。我说的没有任何的夸张。战争期间，许多英国人必须离开德兰士瓦。有些人住到了我的家里，其中一位是工程师，不喝酒时，怎么看他都是一个好人。他是一位神智学者，不幸的是他喝酒成瘾，一喝酒，就完全失去控制。他努力地想要改掉酗酒习惯，但就我所知从来没有成功过。

我从南非返回印度的途中，也有过类似的痛苦经历。有几位公子哥嗜酒如命，和很多富裕的年轻人一样，他们正在被酒毁掉。普通劳动者嗜酒的结果，就更可怜了。经历这些痛苦之后，我开始坚决地反对酒精饮料，这回读者应该能理解了吧。

概括而言，喝酒损伤人的身体、摧毁人的道德、降低人的智力并浪费人的钱财，有百害而无一利。

## 第八章 鸦片

反对酒类饮料的理由同样适用于鸦片，尽管两者的作用大不相同。在酒精的作用下，人变得粗暴，而鸦片却使瘾君子麻木和懒惰，还会变得昏昏沉沉，干不了任何事情。酒类饮料造成的灾难触目惊心，吸鸦片的灾难没有那么明显。要想看到毁灭性的后果，应该到阿萨姆邦或奥里萨邦，在那里数千人成为鸦片的受害者。他们给人们留下的印象是，生活在死亡的边缘。

据说，中国是受鸦片毒害最大的国家。中国人的体格，胜过印度人，然而，中国的鸦片瘾君子看上去惨不忍睹、生不如死。瘾君子为了得到鸦片，什么事情都干得出来。

众所周知，许多年前中国和英国发生了鸦片战争。中国不想从印度买鸦片，但英国强加于中国。在此印度也该受到谴责，几位印度人在国内做鸦片交易，这项贸易获利丰厚，鸦片财源可达几千万卢比。这明显是罪恶贸易，但它仍然繁荣昌盛。最后，它在英国激起了强烈的批评，被迫终止了。像这类毁灭人的事情一分钟都不能忍受。

说完我对鸦片瘾品的看法，我必须承认在药物学中它有着不容争辩的地位。作为一个医疗机构，不可能没有这种药。但是，这不能成为瘾品的理由。鸦片是一种广为人知的毒品，应该严格禁止它的使用。

## 第九章　烟草

烟草对人类有破坏性作用。一旦陷入其中,很少有人能够摆脱。烟草的使用遍及全世界。托尔斯泰把它称为所有瘾品中最有害的一种。我们应该尊重这位伟人的判断,他早年曾纵情烟酒,熟知这两者的害处。然而,我对烟草的认识,不如对酒和鸦片那样在行。但是,我可以肯定地说,吸烟绝对没有好处。吸烟是开销昂贵的习惯,我知道一位英国人每月花五英镑买烟抽,相当于七十五卢比,他每月只挣二十五英镑,光抽烟就得花掉收入的五分之一。

吸烟者变得冷漠无情,不顾及别人的感受。不吸烟的人无法忍受烟草的气味,但在火车上和电车中,经常能碰到旁若无人抽烟的人。吸烟导致唾液分泌过多,所以绝大多数的吸烟者随地吐痰。

吸烟者的嘴里会散发出一股臭味。也许是烟草扼杀了细腻感觉,让人麻醉,或许正是为了这个目的人要吸烟。毫无疑问烟草是瘾品,在它的作用下,一个人忘记了焦虑和不幸。当托尔斯泰作品中的人物必须做一件可怕的事情时,托尔斯泰先让他喝酒。这个人要去谋杀某人,尽管在酒精的作用下,他还在犹豫。迷茫中他点燃了一支雪茄开始抽。当他注视着烟雾袅绕时,他大叫道:"我真是个胆小鬼!当谋杀是我的任务时,为什么我还要优柔寡断呢?振作起来,勇往直前。

做你的事去。"这个证据并不具有很强的说服力。吸烟者不都是坏人，我知道绝大多数的吸烟者过着正常的生活。但这个例子仍应引发我们的思考，托尔斯泰的意思可能是，吸烟者的小小罪恶，通常被忽视了。

在印度，人们抽烟、吸鼻烟，也咀嚼烟草。一些人相信吸鼻烟有益，他们在医师的指导下使用它。我认为没有必要，健康的人从来不需要这些东西。

咀嚼烟草，是三种烟草使用方法中最脏的。我坚信，它的用处只是想象虚构出来的，我觉得没有理由改变我的看法。古吉拉特人有一种普遍的说法，认为三种方法都该受谴责：抽烟者的房间满是烟雾，咀嚼者弄脏了每个角落，吸鼻烟者弄脏了衣服。

要是这些烟民还通情达理的话，会在身边放一个痰盂。但绝大多数人往地上、角落和墙上吐痰。吸烟者的房间烟雾腾腾，有失火的危险；吸鼻烟的人把土弄到身上。随身带着手帕的人可以避免把衣服弄脏，少数人的做法可以说明普遍的规则。如果热爱健康的人被这种恶习束缚，一定要摆脱出来。有些人沉溺于其中一种恶习，有些人沉溺于两种恶习，有些人沉溺于三种恶习，他们对这些恶习好像并不讨厌。如果我们静下来想一想，抽烟或嘴中塞着烟草整天嚼个不停，或者打开吸烟盒，不停地拿出鼻烟，这类事情都无聊至极。总之，无论抽烟、嗅烟还是嚼烟都是十分肮脏的恶习。

# 第十章 禁欲

禁欲的字面意思是一种生活方式，通过它引导人们实现对神灵的认识。如果没有自我约束的实践，这种认识是不可能的。自我约束是指控制所有的感官。但一般来讲，禁欲是指控制性器官和性本能以防止精液的流出。对一位在各方面都能做到自我约束的人来说，这是自然而然的事情。只有当禁欲变得自然时，他才会从中获得最大的益处。这样的人没有愤怒之类的情绪。而人们常遇到的所谓"禁欲者"，却总是无法克制他们的坏脾气。

这些人无视禁欲的一般规则，他们认为抑制性交就是禁欲成功，但仅仅克制性欲还不是禁欲。只要性交的欲望还存在，就没有完全实现禁欲。只有当性欲完全消失，才算完全实现了禁欲。不射精只是禁欲的一个直接结果，但不是全部。成熟的禁欲者具有某些非凡的品质，他的言谈、思想和行动都体现出他旺盛的生命力。

真正的禁欲者不会从女人身边逃开。他不追求女人的陪伴，也不回避，需要时可以有女人陪伴。在他看来，男人和女人的区别几乎没有了。在此任何人不要歪曲我的话，把它作为放荡的一个理由。我的意思是说，一个没有性欲的人不再区分男女之间的差别，这是因为他的美感改变了，他不在乎外表的长相。只要人格是美的，无论是男人或女人，在他眼里这人就是美的。因此当他看到美女，不会情迷心乱或激动。他的性器官也显得与众不同，他不是由于缺少性腺的分泌物而变得阳痿，他的精液升华为弥漫全身的生命力。据说，阳痿的人不是没有性欲。某些人来信告诉我，他们渴望勃起，却怎么也不行，而且还会遗精。这样的人不但阳痿而且还在不断地损失身体必需的精液，这实在令人同情。但如果没有性欲，把精液转化为生命力，那么不勃起是与阳痿根本不同的。虽然每个男人都渴望如此，但这样的禁欲者真的是很难找到。

1906年我发誓禁欲。或者说，三十六年前我开始努力成为禁欲者。我不能说已经达到了我所定义的禁欲的境界，但我在不断进步。如果神灵允许，我也许能在今生获得圆满。无论如何，我不会有丝毫的松懈，也不会失去勇气。我不认为三十六年的时间太漫长，越是勤奋地努力，收获越大。同时，我更强烈地感觉到禁欲的必要性。目前我的一些尝试还不能达到公之于众，使大家都能受益的阶段。如果它们成功了，我希望有一天能够公开。我的成功经验，也许能使其他人的禁欲比较容易。

本章我重点讨论如何做到不遗精。这只是禁欲的一个初级阶段，但没有人可以超越阶段性而达到完美的境界。

要想保持良好的健康，必须通过禁欲来保存精液。使有生育力的精液白白浪费，至少是一种极端愚昧的表现。铁的事实是精液只能用于生殖，它不是为了自我沉溺，不是为了放纵情欲。我们应该向人们灌输千万不能浪费精液的常识，从而约束男女对性交的疯狂渴望。因此，婚姻有另一层意义。而目前对待婚姻的方式令人厌恶。婚姻应该是两颗心的结合。如果夫妻除了生育目的外，从不想到性交，这样的夫妻可以看作是禁欲者。除非双方都渴望，否则性交是不可能的。如果不是为了生育，就不要用性交来满足情欲。作为一项义务履行性交后，绝对不要再渴望重复。

请不要把我说的话当作纸上智慧。读者应该知道，我写的内容是经过长期的个人体验得来的。我知道我说的与大众生活的现实恰好相反，然而我们只有超越普遍经验的局限性，才能有所进步；只有不拘泥经验、不故步自封，才能有伟大的发明创造。就连火柴杆这样普通的发明都是对经验的挑战，而电流的发现让人们对先前的观念困惑不已。

能适用于身体的道理，也同样适用于精神。远古时期没有婚姻，男人和女人就像动物一样杂乱地交配，人们不知道自我约束。一些意识超前的人冲破了常规，明白了自我约束的道理。我们的责任是研究人自我约束的潜力，所以我前文提到的理想的婚姻关系也不一定不可行。如果人类的生活被塑造成它应有的样子，对每个人来讲，做到不遗精是件轻松的事情。

性腺每时每刻在分泌精液，精液应该用于提高人的智力、体力和精神的能量。学会使用它的人将会发现保持健康只需要很少的食物，他可以完成任何一项体力劳动，开动脑筋也不易疲劳，也不会流露出常见的衰老迹象。如同一个成熟的果子或一片成熟的叶子自然地掉落，当这样一位禁欲者临终的时候，他的所有功能可完整地与他脱离。虽然随着时间的推移，身体机能会出现自然的衰退，但他的智力没有衰退，思路反而更加清晰明了。要是这样的话，健康的关键就在于保存生命力。

在我所知的范围内，我列出保持生命力的如下原则。

一、性欲的根源存在于人的思想中，因此我们要彻底控制思想。控制的方法是千万别让你的头脑闲散，让它时刻充满美好有益的想法。换句话说，不断地思考你现有的责任。不用为你的责任担忧焦虑，但要想想怎样成为你所在行业的专家，然后把你的想法付诸行动。不要浪费思想，当你胡思乱想时，"加帕"（重复神灵的名字）是极其有帮助的一个办法。专注你描绘出的神灵的形象，除非你知道他是无形的。理想的状态是当你不停地重复神灵的名字时，不允许其他的念头冒出来。如果做不到的话，各种杂乱的思绪就会纷纷而来，但不要沮丧。应该继续满怀信念地重复神灵的名字，并坚信最终的胜利必将到来。

二、我们的阅读和谈话与思想一样，应该保持健康、洁净。不要读色情作品，无聊、淫秽的言谈会导致淫秽的行为。显然，不愿意满足情欲的人会避免诱发它的事情。

三、像头脑一样，身体也要保持良好的状态。做有益身心的事，白天的疲劳会带来恢复精力的无梦睡眠。尽可能露天工作。由于各种原因不能做体力劳动的人，要进行有规律的活动。我觉得露天轻快散步是最好的活动方式。走路时嘴巴要闭起来，用鼻子呼吸。坐立行走时，身体要挺直，否则人容易变得懒散。懒散是自我约束的敌人。瑜伽练习也是有益的。以我个人的经验来说，如果一个人的手脚、眼睛和耳朵充满健康的事物，控制情欲不会太难，每个人都可以试试看。

四、梵文书上说一个人吃什么，像什么。毫无约束的贪食者是肉体欲望的奴隶，不能控制味觉的人，绝不可能控制住其他的感官。我们获取身体需要的食物，但不能贪多。食物应该卫生、均衡。千万别把身体当作垃圾桶，装满味觉追求的食物。食物的作用是维持身体运行。神灵赐予的身体是自我实现的工具，自我实现意味着神灵的实现。把这种实现作为人生目标的人绝不会成为肉体欲望的奴隶。

五、男人应该把每位女子看作是他的母亲、姐妹或女儿。没有人会对自己的母亲、姐妹或女儿有不纯洁的想法。同样，女人也应该把每位男子看作是她的父亲、兄弟或儿子。

在我的其他文章里给出的建议更多，但都包括上面提到的五个方面。任何一个遵守它们的人或许会发现，克服最强烈的性欲是容易做到的。虽然有人说遵守这些规则是不可能的，一百万人里有一个能做到就不错，但一位决心禁欲的人绝不会因此退缩，因为努力本身就是一种快乐。换句话来讲，拥有健康的快乐是其他快乐无法比拟的。奴隶是不可能享有良好健康的。束缚于人的肉体情欲，可能是所有事情中最坏的事情。

在此说几句关于避孕的话。通过人工的方法避免怀孕不是新鲜事，过去这类方法在秘密地实行，很简陋。现代社会把它们置于令人尊敬的地位，并加以改进，还给它们披上仁慈的外衣。避孕的倡导者说，性欲是一种自然的本能——有人把它称为一种恩惠，他们说即使有可能也不要压抑性欲。用自我约束的方法避孕很难实行。如果没有指定自我约束的代用品，无数的妇女就要遭受不断怀孕的痛苦。他们还说，如果不控制生育，人口将会过剩，一些家庭就会沦为贫民，他们的孩子营养不良，衣衫褴褛，缺乏教育。因此，他们提出，发明无害、有效的避孕方法是科学家的责任，但这些论据不能使我信服。使用避孕用品去纵情享乐，会释放我们心中的魔鬼。更危险的是，使用避孕法会扼杀自我约束的愿望。在我看来，为图一时痛快，它所付出的代价实在太沉重。在此不是争论的地方，凡是想深入了解这个话题的人，可以参阅《自我约束与自我放纵》这本小册子，阅读并思考我在其中说的话，然后听从理智和内心的指引。那些不愿意或没有空闲读小册子的人，如果听从我的忠告，就应像拒绝毒药一样拒绝避孕法。我们应该尽力运用自我约束的方法，应该从事占满整个身心的活动，让身体能量有合适的宣泄渠道。当体力劳动使人疲劳时，确实需要一些健康的休闲和消遣，但不能有片刻的懒散，以免魔鬼趁机溜进来。在此基础上建立起的真正的夫妻爱情，能使双方通往健康之路。在道德方面，夫妻也会取得不断的进步。一旦他们品尝到自我约束的真正欢乐，就不愿意退回到肉欲的享受中。如果只是自己骗自己，强压心中的欲火，避免身体接触，往往徒劳无功，只有控制自己的思想，消除自己的性欲，才能真正把握自己。男人应该明白，女人是他生活的伴侣和帮手，不是满足肉体欲望的工具。我们必须清醒地认识到，人类存在的目的完全不在于满足肉体的需要。

# 第二部分

# 第一章 土

我写这几章是为了向读者介绍治疗学的这一最重要的分支,并且告诉大家我在生活中是怎样应用这些方法的。前面的章节对这个话题已有所涉及,下面我将详细叙述。自然疗法科学建立在治疗疾病和五种元素的基础上,这五种元素与组成身体的元素一样。为提醒读者再说一遍:土、水、以太、阳光和空气。我会尽量说明为了健康怎样应用它们。

1901年以前,虽然每次生病我都不会急匆匆地去找医生,但在一定程度上我的确使用了医生的治疗方法,比如,我用果子盐治疗便秘。已故的皮·捷·梅赫达医生来到纳塔尔,他向我介绍了一些消除疲倦的药物,促使我阅读药品使用相关的文章。在纳塔尔的一个村舍医院,我申请到做小时工的机会,增加了一点药品的知识。我持续用药一段时间,但最终没有一种药能让我好转起来。头痛和身体疲劳的感觉一如既往。我非常失望,对医学所剩无几的信任开始彻底消失。

在吃药这段时间,我坚持进行饮食疗法,并坚信自然疗法。但没有人给我具体的指导。通过阅读一些自然疗法的文章,在收集到的各种知识的帮助下,我用饮食调理法进行自我治疗。长距离的散步对我很有好处,正是这个习惯使我不沉湎于床榻。一天,当我正要外出散步时,波拉克先生递给我一本贾斯特的书,书名是《重归自然》。波拉克除了自己饮食调理外，其他方面没有采纳贾斯特的建议。出于对我的了解，他认为我会喜欢这本书。贾斯特特别强调土疗法，我觉得应该试一下。贾斯特认为，把冷泥土敷在下腹部上可以治疗便秘。于是，我把水和干燥清洁的泥土掺和在一起，用薄布包好做成一个泥土膏，通宵敷在下腹部上，结果令我十分满意。第二天早晨，我顺利地排出形状完整的大便。从那天起，我几乎再也没有用过果子盐。偶尔我需要通便时，清晨用调羹浅浅地喝一匙蓖麻油。泥土膏应该是三英寸宽、六英寸长、半英寸厚。贾斯特说，用湿土包裹人的全身还能治愈被毒蛇咬伤的人。我提到这点，是因为它很有价值。让我还是回到自己的尝试中。我的经验是，把泥土膏贴在头上绝大多数情况下能够减轻疼痛，我已经试过了几百例。头痛的原因可能不同，但不管什么原因，长期以来我都使用泥土膏减轻了头痛。

　　泥土膏可以治愈普通的疖子。我用泥土膏排出脓疮，把土包在一块干净的布里，浸入高锰酸钾溶液；用高锰酸钾溶液洗净脓疮后，再把做好的泥土膏贴上去。绝大多数情况都能彻底治愈脓疮，我不记得有过失败。土疗法能立即减轻黄蜂的蜇咬，我还多次用它来治疗蝎子蜇，尽管不太成功。在塞瓦格拉姆，蝎子令人烦恼，我们尝试了所有已知的治疗方法，但没有一种绝对有效。我敢说，土疗法的效果不比任何其他方法差。

　　高烧时，在头上和肚子上贴泥土膏非常有用，虽然不是每次都能够降低体温，但它能安慰病人，使他感觉好受一些，病人甚至自己要求使用泥土膏。在几次伤寒热中，我用了这种方法。无疑发烧有自身的规律，但泥土膏能使人安静，减少痛苦。在塞瓦格拉姆，大约发生了十次伤寒热，每一次病人都完全康复，因此我们真理学院再也不害怕伤寒热了。在治疗过程中，我没有使用任何的药物。除了泥土膏外，我还用了其他的自然疗法，在此不讨论。

在塞瓦格拉姆，我们使用免费的热泥土膏代替消炎软膏，在泥土中加进一点食用油和盐，然后加热足够长的时间确保它杀菌。

我还没有告诉读者，什么样的土适合做泥土膏。开始，我习惯用有香味的干净红土，当它和水混合时，散发出清香。但是，这种土不容易找到。像孟买这样的城市，要想获得任何一种土都成问题。软的冲积土是安全可靠的，它既不含砂也不黏。千万别用施过粪肥的土。泥土应该干燥，把它捣碎，再通过一个细孔筛子过滤。如果不放心它的卫生状况，就对它进行高温杀菌。如果用过的泥土膏表面干净，不要扔掉。把它放在太阳下晒干或火上烤干，然后捣碎、过筛，可以一遍遍地使用。我不知道重复使用的泥土膏效果会不会减弱，反正我反复用过，没有发现任何疗效减弱的现象。一些常用泥土膏的朋友告诉我，朱穆拿[①]河岸的泥土特别灵验。

## 吃土

贾斯特写到，为了克服便秘可以吃些干净的土。最大的剂量是五至十克。这是由于土不能消化，身体会把它作为粗糙物排泄出去，但肠道的蠕动却有效地刺激了粪便的排泄。我自己还没有试过。如果谁想试试，应该自行承担责任。我倾向于不妨试一两次，看上去对任何人没有害处。

---

① 朱穆拿（Jumna），亦译作亚穆纳，是恒河右岸的最大支流。

## 第二章　水

水疗法是众所周知的古代治疗形式。有许多这方面的书，但在我看来库赫尼建议的水疗法简单有效。库赫尼关于自然疗法的书在印度非常普及，已经翻译成几种不同的印度语言。在安德拉，库赫尼的追随者最多。他还写了大量的有关食物的书，但本节我只限于讨论他的水疗法。

坐浴和摩擦浴，是库赫尼对水疗法最重要的贡献。他为此专门发明了一种特殊的浴盆，当然不用它也可以。根据病人的高度，浴盆一般长三十英寸[①]至三十六英寸，凭经验选择合适的大小。浴盆里倒进新鲜的冷水，当病人坐进去时，保证水不会溢出。夏天如果水不够冷，不能给病人一阵激灵，要先把水冷却一下。通常把水放在陶罐中过夜，或者把一块布盖在水面上，然后用扇子使劲地扇，使水变冷。浴盆要靠浴室的墙放置，浴盆里放一块木板当作靠背休息。病人坐在浴盆里，脚放在盆外，露出水面的身体要盖上东西，以免着凉。病人在浴盆舒服地坐好后，用一块柔软的毛巾轻轻地摩擦他的肚子。坐浴的时间五分钟到三十分钟。结束后擦干病人的身体，并让他卧床

---

① 一英寸等于二点五四厘米。

休息。

坐浴可以使高烧降温。上面讲的方法不但无害，还大有裨益。坐浴还能减轻便秘，改善消化系统。浴后病人感到清新愉快、焕发生机。库赫尼建议，便秘者坐浴后立刻轻快地走半个小时。奉劝大家千万不要吃饱后坐浴。

我试过坐浴多次，成功率达到百分之七十五。高烧时如果病情允许，病人坐在浴盆里，体温会很快地降低至少两三度，神志昏迷就会消失。

按照库赫尼的说法，坐浴的基本原理在于：无论发烧的表面原因是什么，每种情况的根本原因是相同的，即粪便在肠道中的积累。粪便腐败时产生的热量，以发烧或其他疾病的形式呈现出来。坐浴把身体的内热降下来，表面的发烧和其他的疾病就自动地消退了。这个原理有多大的正确性，我不敢说，这是专家们应做的事。尽管医学专家从自然疗法中吸收了某些做法，但整体来说，他们对自然疗法不屑一顾。依我看来，双方都该受到责备。医学专家陷入医学范围的套路中，他们对例行公事外的任何事情，如果不是轻蔑的话，都显得漠不关心。另外，自然疗法专家总是对医生有抱怨之情，尽管他们的科学知识有限，却提出过高的要求。他们缺乏组织精神，每一位专家独自工作，缺少交流。他们没有把所有的资源集中起来促进自然疗法发展，没有人以科学精神研究系统中所有潜在的可能性，没有人培养谦逊精神（如果谦逊精神能够培养的话）。

我说这些，并不是要贬低自然疗法。作为一名非专业人士，我希望自然疗法专家能看清事物的本来面目，一旦有条件就能做出改进。我确信如果专家缺乏使命般的热情，自然疗法仍将维持现状。正统的医学有自己的科学、联盟和教学制度,并取得了一定的成功。我们不要期待,医学专家会突然相信未经充分实验和科学证明的事情。

同时,大家应该知道自然疗法的特殊性在于它的自然性。普通人可以安全地尝试。如果头痛,把一块布放在冷水中浸湿,然后放在头上不会有什么害处,泥土加上冷水效果会更好。

下面讨论摩擦浴。生殖器是人体最敏感的部位之一。人们对龟头和包皮的敏感性存在着一些错误的看法,我不知道怎样描述。为了治疗疾病,库赫尼建议用一块柔软的湿布轻轻地摩擦外生殖器,同时洒上冷水。在摩擦之前,龟头应该被包皮盖住。库赫尼说在冷水中放一个板凳,浴盆中水的高度接近座位高度。病人坐在凳子上,两条腿放在浴盆外,生殖器位于水面,轻轻地摩擦生殖器,千万不可引起疼痛。摩擦浴结束后病人会感到身心愉快,得到了休息和放松。无论什么样的病,摩擦浴总能使病人感觉良好。库赫尼认为摩擦浴比坐浴重要。我对前者的体验远比后者少,我想主要责任在我自己,我该受责备,我松懈了。我建议别人去尝试摩擦浴,但他们没有耐心,而我又不能依据个人经验说出摩擦浴的有效性,但它值得人人去试试。如果找不到浴盆,可以从罐子中倒水进行,病人肯定会感到放松和平静。通常人们不关心性器官的清洁,而摩擦浴正好能起到清洁作用。要特别仔细地彻底清洗积累在包皮和龟头之间的脏东西。如果不懈地保持性器官的洁净,耐心地按照上述步骤进行,我们就会发现禁欲比较容易。摩擦浴使局部神经末梢的敏感性降低,使人们不太情愿让精液流出,至少精液的流出是非常不卫生的。如果我们持之以恒地清洁生殖器,应该而且将会产生对精液流出过程的反感。与各种预防措施相比,这种方法别具一格。

描述过库赫尼的两种水浴后，讲讲湿床单包裹法。它对治疗热病和失眠很有效。湿床单的方法是，先在一张病床上铺三四块宽羊毛毯，再放一张在冷水中浸过并拧干的厚棉布床单。病人躺在湿床单上，头垫在湿床单外面的枕头上。然后用湿床单和毯子把病人全身包裹起来，头部用湿毛巾盖住。由于病人被层层裹住，外面的空气进不去。虽然病人刚躺上湿床单上会感到一阵激灵，过一会儿他就会舒服。一两分钟后，他就感到暖和。除非发烧持续不退，一般约五分钟时间体温就开始随着出汗而下降。在不发汗的情况下，我把病人裹在湿床单中长达半个小时，最终病人便会大汗淋漓。有的时候，病人不出汗却睡着了，这时别叫醒他。湿床单的包裹给病人带来了安慰，使他感觉放松。湿床单包裹法每次能使体温至少下降一两度。

三十多年前，我的二儿子得了重度肺炎和高烧，结果导致神志昏迷。一位医生朋友劝我用他的方法，令他失望的是，我不愿意。我尝试水疗法，当儿子的体温急剧升高时，我总是把他放进湿床单中包裹。六七天后，体温开始下降。在我的记忆中，我只给他服用过水。不过，也有可能给他喝过橘子汁，除此之外，再也没有别的东西了。伤寒接踵而来，一共持续了四十二天。除了简单的照料外，我没有对他进行医学治疗。我把牛奶和水当食物给他喝，每天都用海绵为他擦身，最终他痊愈了。如今，他是我四个儿子中最强壮、最健康的一位。至少可以说，水疗法没有使他变得更加虚弱。

湿床单疗法对于治疗刺痛热、风疹、皮肤发炎、麻疹、天花等都有效，我广泛地进行了尝试。对于天花和麻疹，我在水中放入适量的高锰酸钾，使水变成淡粉色。这类病人的床单，用过后要放进沸水中消毒，并把它留在沸水中慢慢冷却，再用肥皂和水清洗。

在血液循环缓慢的情况下，人会感到腿部肌肉疼痛，这种痛很特别。如果使用冰块按摩腿则很有效，夏天尤其显著，冬天用冰块按摩一周，也许有些风险。

现在说说热水治疗。在许多情况下，合理地使用热水可以减缓病情。对于各种各样的受伤，使用碘酒是非常普遍的方法。但在绝大多数这类病情中，使用热水同样有效。如果用热水热敷，即使不是很有效的话，也能减轻症状。耳痛时医生将碘酒滴入耳朵，如果用温水代替，绝大多数情况下也能起到作用。使用碘酒有一定的风险，病人也许会产生过敏，也许会误用，如果万一咽下去，那么后果很可怕。但使用热水安全可靠，烧开的水就像碘酒一样可以消毒。请注意我并不轻视碘酒的用处，也不建议任何情况下都用热水代替碘酒。我认为碘酒是少数几种最有用和最必需的药物之一，但穷人可能买不起，何况不能保证人人都能安全地使用，而水到处都有，轻易可得，我们不要轻视水的治疗价值。普通的家庭治疗常识，在紧要关头中往往被证明是天赐的恩惠。

在被蝎子蜇了的情况下，把伤口放在热水中浸泡，就可以在某种程度上减轻疼痛。

将病人包裹好，四周放上装满热开水的桶，或者让他待在用其他装置产生的水蒸气弥漫的房间里，可以医治寒战或发冷。橡皮热水袋也很有用，但不是每家都有。塞紧盖子的玻璃瓶装满热水，用一块布包着也能当热水袋使用。小心地挑选瓶子，避免开水倒入后玻璃瓶炸裂！

蒸汽浴是重要的治疗方法，它能使病人出汗，对于风湿病和其他关节疼痛尤其见效。最简单而又古老的蒸汽浴方法如下：在编制紧凑的帆布床上铺一两张毯子，把一两个盖住盖子装满开水的桶放在床下。病人躺在床上，用毯子把他盖住，脚底要余出一段毯子，防止水蒸气逸出和外面空气进入。一切安排妥当后，揭开桶上面的盖子，水蒸气很快就弥漫到病人四周。也许要更换一两次开水。在印度，通常把一个炉灶放在罐子下保持水处于沸腾状态，使它不断有蒸汽散发出来，但这么做容易发生事故，一个火星可能点燃毯子或床，危及病人的生命。建议用前面描述的方法，尽管它比较缓慢又乏味。

有些人把尼姆树[①]叶或其他草药加入开水中，我不知道是否能增加蒸汽的疗效。我们的目的是诱发出汗，我觉得只靠蒸汽即可。

对于脚冷、腿痛的症状，病人坐着把脚和腿浸入没膝盖的热水，水温要达到他能够忍受的极限。腿浴时间不要超过十五分钟，它能改善局部循环，迅速减轻症状。还可以放些芥末粉在热水中。

对于普通感冒和嗓子痛，可以用一个带有长壶嘴的普通茶壶式的蒸汽壶，使蒸汽对着鼻子或喉咙熏，为此可以在普通茶壶上接一个长度适当的橡胶管。

---

① 尼姆树（Neem），亦称印度楝、苦楝树，原产于印度、缅甸等地，一般高十五至四十米，早在一千多年前当地人们就已经发现了它的神奇功能。

# 第三章 以太

"阿卡什"是一个很难翻译的词,其他四种元素也是如此。"帕尼"①的原意不限于水,"伐尤"不限于风,"普里特维"②不限于土,"特加"③也不限于阳光,"阿卡什"更不限于以太。从字面意思上说,最接近"阿卡什"的词是空,它的原意难以言传。原初意义上的五种元素都是有生命活力的。如果我们把以太作为与"阿卡什"最接近的词,我们对以太了解不多,对"阿卡什"了解就更少了,那么关于它的治疗知识更是微乎其微。也许可以把"阿卡什"看作是包围地球的空间的大气,在晴朗的日子里,抬起头仰望到的蔚蓝色苍穹,就是大家知道的"阿卡什"。在我们讨论的范围内,"阿卡什"是无穷的,它处处包围我们,充满每个角落。我们和地球一起转动,"阿卡什"也在转动,每个人都在它里面,它是一种外面没有边界的包层。虽然我们看不到"阿卡什",但它运动时我们能感觉到它。

我们利用"阿卡什"保持或恢复健康。空气对生命来说最为重要,大自然使它无处不在,但无处不在的"阿卡什"只是相对的,现

---

① 帕尼(Pani),通常译为水。
② 普里特维(Prithvi),通常译为土。
③ 特加(Teja),通常译为光。

实中它不是无穷无尽的。科学家告诉我们,地球上方的若干英里外空气极其稀薄。据说,地球生物在大气层外不能存活。这也许是真的,也许是假的。我们这里关心的是,"阿卡什"超出了大气层。也许有一天,科学家证明以太也是一种充满"阿卡什"的某种东西。果真如此,环绕我们周围的这种"阿卡什"的神秘最令人好奇。除非我们能解开神灵自身的秘密,否则无法了解"阿卡什"的秘密。大致如人们说的那样,我们越是尽量利用重要的元素"阿卡什",就越健康。首先要学会的是,不在我们自己和"阿卡什"之间放置任何障碍物,"阿卡什"——无限者——既亲近又遥远。如果没有房子、房顶甚至衣服的妨碍,我们的身体就能接触"阿卡什",就能享受最佳的健康。虽然不是每个人都能做到,但大家可以接受上述观点的有效性,并以此调整自己的生活。通过不断地努力接近"阿卡什",某种程度上我们能达到身心安详的境界。与"阿卡什"全面接触到极致,就会使我们达到这样的境界:连身体也成了我们与无限亲近的障碍。理解了这条真理的人,就会对身体的死亡坦然处之,因为在无限中失去自己就是发现自己。身体不再是自我放纵的工具,人将利用自己的身体实现与无限的统一。在努力过程中,他将发现自己是周围生命的一部分,这就意味着他要为人类服务,通过服务发现神灵。

让我们从高邈的地方返回。与"阿卡什"的亲近使人们尽量做到四周开阔,房间里不要多余的家具,只需要极少量的衣服。许多人的家里塞满了各种繁杂的装饰物品和家具,其实没有这些东西,人照样可以活得很好。一个生活俭朴的人,在这种环境里会感到窒息。多余的物品除了积满灰尘、细菌和昆虫外,一无是处。在我监禁的地方,我觉得非常浪费,笨重的家具、椅子、桌子、沙发、床架和无数的镜子，所有这些使我心烦。地板上的昂贵地毯聚集了大量的灰尘，成了孕育蚊虫的温床。有天某个房间的地毯需要拿出去打扫灰尘，一个人根本干不了，六个男人花了一下午的时间，他们清理出的尘土至少重十磅。当他们把地毯放回原处时，有一种全新的感觉。地毯不能每天拿出去打扫，否则容易损耗，并极大增加劳动力的开支，这些我只是顺便提一下。我想说，正是渴望与无限相协调，才把我从生活的琐碎中解脱出来，使我不仅家居和服装俭朴，生活各方面也俭朴。简单地说，我日益不断地扩大与"阿卡什"的接触，我的健康改善了，我的心境变得更加知足和平静，而对附属物品的渴望近乎消失。与无限建立联系的人一无所有，但仍然拥有一切。从根本上看，人拥有适当的物品和适量的食物就足够了。如果大家都遵守这条原则，那么所有的人都有房住，既不存在匮乏也不会过度拥挤。

接下来，我们要重视露天睡觉。保证盖上足够的被子使自己避免天气的寒冷和露水。遇到雨季，可以用一把大伞遮雨。除此之外，繁星闪烁的天穹就是屋顶，每当睁开眼睛，就能欣赏到不断变化着的美丽景观。夜空绝不会让人感到厌倦，不会让人目眩或伤害眼睛。相反，它会对人产生抚慰效果。观察不同星座雄伟庄严地移动，真是大饱眼福。与繁星有过生动视觉接触的人，绝不允许任何邪念或不纯洁的想法溜进他的脑海，他的睡眠平静、深沉，第二天他将精神饱满。

让我们从天穹中的"阿卡什"回到体内和周围的"阿卡什"。皮肤有几百万个毛孔，如果把毛孔的缝隙都塞满，我们就会死去。阻塞的毛孔干扰了健康身体的流通。同样，我们不能向消化道填入过量的食物，应该只吃需要的分量，不能贪多。一个人往往吃得过多或吃了不消化的东西而不自知。偶尔的一次禁食，一周一次或两周一次，能使人保持平衡。如果做不到禁食一天，白天可以禁食一餐或两餐。大自然厌恶真空也许不完全对，大自然不停地需要真空，包围我们的巨大空间就是明显的证明。

## 第四章　太阳

就像已经讨论过的，人离不开阳光。太阳是光和热的源泉，如果没有太阳，就没有光线和温暖。不幸的是，我们没有充分利用阳光以保持健康。阳光浴和水浴一样有用，尽管两者不能互相替代。在身体虚弱和血液循环迟缓的情况下，光着身体沐浴早晨的阳光有如滋补营养包围着全身，可加速体内的新陈代谢。早晨的阳光富含紫外线，它是阳光中最有效的成分。如果病人感到冷，他可以躺在阳光下盖上一些东西，等到适应后，再让身体裸露得越来越多。或者找个私人围场或其他远离公众注视的地方，不穿衣服在阳光下来回踱步。如果找不到这样的一个地方，也可以遮住隐私部位，系一块布或穿三角裤，让身体暴露在阳光下。

我知道许多人从阳光浴中获益，它是结核病的一种著名疗法。阳光浴或日光浴不限于自然疗法的范围。传统医学把它从自然疗法中吸收过来，并进一步发展。在寒冷的国家，通过医学指导建设专门的玻璃建筑物，让光线透过玻璃，同时病人不会感到寒冷。

阳光疗法经常能治愈难以对付的溃疡。为让病人出汗，我让他躺在上午十一点钟的阳光下。不久病人浑身是汗，试验成功了。在这种情况下，用凉泥土膏盖住头部，避免日晒。也可以用香蕉叶或其他树叶盖住脸部和头部，使头部凉爽，并得到保护。千万不要让头部暴露在强烈的阳光下。

## 第五章  空气

第五种元素和前面讨论的四种元素一样重要。由五种元素组成的身体不能缺少其中的任何一种,因此不应该有人害怕空气。通常人们无论去哪,都用某种东西遮挡阳光和风,以致损害了他们的健康。如果从幼年开始,人就习惯住在有新鲜空气的开阔地方,他的身体将变得强壮结实,他绝不会因为头部受寒而痛苦,也不可能轻易得病。在前面一章中,新鲜空气的重要性我已经说得够多了,在这里就没有必要重复了。

# 译后记

本书由尚劝余、吴蓓和尚沫含合译,具体分工如下。

尚劝余、尚沫含:前言、目录、《印度自治》中的新版序言和附录、《薄伽梵歌简论》、注释,全书校对、修改和统稿。

吴蓓:《伦理道德》《给那后来的》《印度自治》(徐培校对了初稿)、《来自耶罗伐达圣殿》《建设纲领》《健康之匙》,全书校对、修改和统稿。

非常感谢"梵澄译丛"主编闻中先生和广西师范大学出版社的多加老师,没有他们的慧眼识珠和辛勤付出,就不会有本书的问世。

译者学识和水平有限,错误疏漏在所难免,敬请读者批评指正。

尚劝余

番禺广州雅居乐花园俊园啐啄斋

2024 年 6 月

给后来者：东西方文明沉思录
GEI HOULAIZHE: DONGXIFANG WENMING CHENSI LU

图书在版编目（CIP）数据

给后来者：东西方文明沉思录 /（印）莫罕达斯·卡拉姆昌德·甘地著；尚劝余，吴蓓，尚沫含译. -- 桂林：广西师范大学出版社，2025.3. --（梵澄译丛 / 闻中主编）. -- ISBN 978-7-5598-7888-5

Ⅰ．C53

中国国家版本馆CIP数据核字第2025N4L569号

广西师范大学出版社出版发行

广西桂林市五里店路9号　　邮政编码：541004

网址：http://www.bbtpress.com

出版人：黄轩庄

全国新华书店经销

北京博海升彩色印刷有限公司印刷

北京市通州区中关村科技园区通州园金桥科技产业基地环宇路6号

邮政编码：100076

开本：710 mm × 960 mm　1/16

印张：24.75　　　字数：250千

2025年3月第1版　2025年3月第1次印刷

印数：0 001~5 000册　定价：69.80元

如发现印装质量问题，影响阅读，请与出版社发行部门联系调换。